国务院发展研究中心欧亚社会发展研究所

2015
欧亚发展研究

EURASIAN DEVELOPMENT RESEARCH

李凤林 主编

中国发展出版社
CHINA DEVELOPMENT PRESS

图书在版编目（CIP）数据

欧亚发展研究 2015/李凤林主编；国务院发展研究中心欧亚社会发展研究所编．—北京：中国发展出版社，2015.5

ISBN 978-7-5177-0320-4

Ⅰ.①欧…　Ⅱ.①李…　②国…　Ⅲ.①欧洲—研究报告—2015②亚洲—研究报告—2015　Ⅳ.①D75　②D73

中国版本图书馆 CIP 数据核字（2015）第 083858 号

书　　　名：欧亚发展研究 2015
著作责任者：李凤林
出 版 发 行：中国发展出版社
（北京市西城区百万庄大街 16 号 8 层　100037）
标 准 书 号：ISBN 978-7-5177-0320-4
经　销　者：各地新华书店
印　刷　者：北京明恒达印务有限公司
开　　　本：700mm × 1000mm　1/16
印　　　张：20.25
字　　　数：245 千字
版　　　次：2015 年 5 月第 1 版
印　　　次：2015 年 5 月第 1 次印刷
定　　　价：48.00 元
联 系 电 话：（010）68990630　68990692
购 书 热 线：（010）68990682　68990686
网 络 订 购：http：//zgfzcbs. tmall. com//
网 购 电 话：（010）88333349　68990639
本 社 网 址：http：//www. develpress. com. cn
电 子 邮 件：bianjibu16@ vip. sohu. com

前言

Preface

2014年，欧亚地区形势进一步复杂化。乌克兰危机持续发酵，并引发了该地区二战以来最大规模的地缘政治博弈。

俄罗斯综合运用多种手段，强势应对乌克兰危机后的内政外交挑战。经济上，俄2014年国民经济增长0.6%，宏观经济形势严峻，2015年经济负增长可能性极大。俄能否有效发展进口替代和民族工业是俄今后发展的关键。政治上，克里米亚并入俄罗斯引发了俄民众巨大的爱国热情和民族自豪感，普京支持率达到历史最高值。面对西方制裁，俄国内空前团结，政府继续出台一系列政策和措施严防“颜色革命”，稳定仍是俄政治的主要特点。外交上，在强硬回击西方的同时，又为谈判留有余地。利用欧亚经济联盟和上合组织等多个平台打破外交孤立，东向政策渐显。军事上，出台新版军事学说，积极加强国防建设和武器更新，随时准备应对来自各方威胁。此外，随着西方制裁的持续，俄民众恐慌和悲观情绪逐步上升，而西方弱俄、遏俄政策短期内也不会改变，这对地缘政治、国际关系以及对俄政权稳定的影响值得跟踪研究。

中亚国家政治局势总体保持稳定，但经济下行压力增大，通货膨胀加重，安全形势仍不乐观。随着美军撤出阿富汗，恐怖主义、极端宗教势力对中亚国家的渗透日趋活跃，整体安全形势面临严重挑战。中亚国家努力发展同包括中国、俄罗斯在内的世界各国交流和合作，积极参与地区一体化进程，外交自主性、灵活性和进取性加强。

独联体国家大多数均受乌克兰危机影响，缺少投资和贷款，经济下行压力增大。欧亚经济联盟将于2015年1月1日正式启动，虽然白俄罗斯是主要成员，但与俄罗斯在此问题上仍存在政策分歧；乌克兰事实上失去克里米亚，东部战事短期内难以结束，俄乌关系再定位和发展尚需时日；格鲁吉亚经济形势继续向好，去俄化融入欧洲政策坚定；摩尔多瓦虽与欧盟签署了联系国协定，但在经济发展和社会政治稳定方面尚存隐忧。

《欧亚发展研究（2015）》所选文章，主要由参加欧亚社会发展研究所2014年年会的学者提供，部分文章由其他特约知名专家、学者撰写。书中的26篇文章主要内容是作者对俄罗斯、中亚和独联体其他国家、中东欧和巴尔干地区国家2014年的形势特点和发展趋势，欧亚地区重大和热点问题及其对我国影响的研究成果。

文中观点仅代表作者本人，不当之处，敬请广大同行和读者批评指正。

编　者

2014年12月

目录
Contents

俄罗斯治国模式之争

◎ 盛世良

受乌克兰危机影响，2014 年俄罗斯内外处境恶化。俄罗斯向何处去？治国模式之争又一次掀起。总的说来，只要普京在任，俄罗斯会坚持保守主义意识形态，建设民族国家，形成“俄罗斯世界”，同时继续推行市场经济改革，外交上在继续重视西方的同时开始侧重东方。

俄罗斯在乌克兰危机中收回克里米亚，改划欧洲地图，挑战美国主导的世界秩序，引起西方严厉制裁，造成本国经济恶化，国际处境严峻。怎么办？是坚持保守主义还是搞自由主义？是回归西方文明世界还是创立“俄罗斯世界”？是加强市场经济还是恢复苏联“动员经济”，是建立“帝国”还是满足于民族国家？是面向西方还是转向东方？俄罗斯再掀治国模式之争。

一、是回归欧洲还是建立“俄罗斯世界”？

俄罗斯的民族性格和行为模式跟它的地理空间一样，容易两极化。

盛世良，国务院发展研究中心欧亚社会发展研究所研究员。

俄罗斯的斯拉夫派奠基人之一阿列克谢·霍米亚科夫（1804～1860）主张以东正教和传统道德凝聚俄罗斯。他认为，俄罗斯民族既能令人神魂颠倒，也能让人大失所望。俄罗斯永远奇迹频发，既能激起最狂热的理想和挚爱，也能激起同样狂热的绝望与仇恨；既能产生专制主义和国家至上，又能滋长无政府主义和自由放任；既可能残忍暴力，也可能善良人道；既有俄罗斯至大和民族优越感，也崇尚普济主义和全人类共同价值；既有救世精神和正义感，也有虚无主义；既有民粹主义，也有贵族气质。俄罗斯民族是一个在两种极端力量之间搅得自己和世界都不得安生的民族。这种禀性来源于东西方两股世界历史潮流在俄罗斯的相互碰撞。俄罗斯人既不是纯粹的亚洲人，也不是典型的欧洲人。说得好听点，俄罗斯本身就是一个完整的世界，是东西方融为一体；说得难听点，是东西方彼此冲突，演绎出《启示录》式的悲剧。

俄罗斯在历史上向来迷恋西欧，崇拜西欧，不断地诉求于西方，以期找到本国前进的方向。一方面，这是由西方近代在诸多领域长期领先所决定的，另一方面，俄罗斯精英在意识形态上一直依附于西方，这一倾向至今未变。

早在彼得大帝“西天取经”、向西方学习不久后，俄罗斯的思想界和文化界就已经分化为斯拉夫派和西欧派。

前者认为，俄罗斯文化不同于西欧文化，而且优于西欧文化；俄罗斯大地、村社和东正教，真正体现了基督教朴实的兄弟情谊美德。

后者恰恰相反，认为俄罗斯的本土文化已经彻底落伍，甚至是反动的。为了自救，为了摆脱沙皇专制和农奴制，俄罗斯必须向西方学习，必须经历类似西方的文艺复兴、工业革命和启蒙运动①。这一争论持续了几十年，演变出民粹党人、社会民主党人、社会革命党人和布尔什维克党人。布尔什维克坚持的马克思主义之所以能为两派所接受，能适应

① Андрей Володин：《Русские разделились на две нации》，rosbalt. ru，2014/10/01.

两派的不同诉求，是因为对于西欧派而言，马克思主义产生于比俄罗斯文明更高级的西方工业文明，某种程度上是“西化”；对于斯拉夫派而言，马克思主义激烈地批判和否定了西方资本主义文明，反证了斯拉夫主义的合理性。

苏联解体后，俄罗斯起先全盘西化。叶利钦总统在 1991 年 8 月说过：“只有西方民主国家才是我们的真朋友！”

俄罗斯外交和国防政策理事会名誉主席谢尔盖·卡拉加诺夫等学者曾提出俄罗斯是继西欧和美国之后的“第三西方”的论断。

北约东扩，西方坚持不懈地在后苏联地区挖俄罗斯的墙脚，俄罗斯精英的主流终于明白西方“亡俄之心”不死，挥泪斩断亲西欧情结，重新凝聚以东斯拉夫国家为主包括境外俄罗斯族的“俄罗斯世界”。克里姆林宫通过获取对俄语、俄罗斯文化和俄语族群的解释权，为收回克里米亚、支持东乌克兰亲俄群体、保护境外俄罗斯族居民预设理论根据①。

二、是自由主义还是保守主义？

在俄罗斯，“自由派”和“保守派”之争从未停息。

俄国历史上不乏对自由主义鞭辟入里的批判。

名作家陀思妥耶夫斯基 1868 年借长篇小说《白痴》主人公梅思金之口批判了极端自由主义：“俄罗斯的自由主义攻击的不是现有的事物规律，而是我们事物的本质、事物本身，而不仅仅是规律，攻击的不是俄罗斯的规律，而是俄罗斯本身。自由主义者竟然堕落到否定俄罗斯的地步，也就是仇视和打击自己的母亲。俄罗斯每个不幸或失误，都会激起他们的嘲笑，简直让他们欣喜若狂。自由主义者仇视民间习俗、俄罗

---

① Иван Преображенский：《Русский мир vs. Русский миф》，Политком 12 августа 2014 г.

斯历史和俄罗斯的一切。”①

他在长篇小说《恶魔》中写道：“我们的自由主义者，首先是仆从走狗，只知道给人擦靴子拍马屁。”② 他在《作家日记》中写道：“俄罗斯自由主义者对俄罗斯的仇视可以说是出于本能，他们仇视俄罗斯的气候、田野、森林、农奴解放、俄国历史，一句话，仇视一切的一切。”③

今天，在支持普京、崇尚强人治国的“保守派”看来，不论彼得大帝和叶卡捷琳娜二世时期，还是斯大林和勃列日涅夫时期，凡是集权的时期，必然国家实力强、经济发展顺利、社会稳定、国际地位高；不论是戈尔巴乔夫时期还是叶利钦时期，凡是模仿西方民主的时期，必然国家实力萎缩、经济衰退、社会混乱、国际地位下降。

然而，在亲西方的自由派看来，没有彼得大帝“西天取经”，俄罗斯可能难以摆脱莫斯科公国、拜占庭帝国和金帐汗国的传统，就不会有现代社会政治制度，就不会有普希金、托尔斯泰、柴可夫斯基、芭蕾舞和“巡回画派”，就不会有加加林上天和核大国地位。

普京上任之初曾亲近西方。促使他下决心抛弃“欧洲选择”的是北约欧盟双双无节制东扩、蚕食俄罗斯战略空间。他选择的治国思想是扎根于本国传统价值观同时反对倒退的、务实的保守主义。

2013 年 9 月，他在瓦尔代国际辩论俱乐部作主旨演讲时，提出了俄罗斯国家认同和价值观问题。他摒弃了三种意识形态，即“被社会彻底抛弃的苏联时代意识形态、把革命前俄国理想化的保皇主义和原教旨保守主义、西方的极端自由主义”。

2014 年 10 月 24 日，普京再次在瓦尔代国际辩论俱乐部作主旨演讲，明确定义了俄罗斯——“由俄罗斯人民、俄罗斯语言、俄罗斯文化、俄罗斯东正教和其他传统宗教凝聚成的文明国家”。他主张用公民

① Ф. М. Достоевский，Роман “Идиот”，1868 г.

② Ф. М. Достоевский，роман “Бесы”，1871 г.

③ Ф. М. Достоевский，“Дневники писателя”，1877 г.

认同来凝聚民心："在俄罗斯，仅通过种族和宗教不可能求得认同，首先应该注重公民认同。"

莫斯科"俄罗斯民族价值和国家利益"俱乐部根据普京演讲中提出的五个观点，总结出"普京五原则"：

精神高于物质："离开由基督教和其他世界性宗教确立的价值观，人必然失去尊严。"

总体高于个体："俄罗斯从一开始就是一个多民族、多宗教国家，一旦走上民族主义和分离主义道路，就会丧失自己的遗传密码，俄罗斯的主权、独立和完整不容动摇。"

正义高于法律："生活模式不可能自上而下强加，不可能建立在意识形态垄断的基础上。"

服务高于控制："俄罗斯公民应该成为本国主人，只有切实的自治机制才能培育出真正的公民社会和民族精英。"

祖国高于政权："在俄罗斯历史上，反对派否定的往往不是政权，而是俄罗斯国家。"①

三、是帝国还是民族国家？

普京2005年曾把苏联解体说成是"20世纪最大的地缘政治灾难"。2011年，他提出建立欧亚联盟的倡议，俄罗斯要依托后苏联空间重新崛起为跟美中欧三大力量中心平起平坐的世界第四力量中心。西方通常把普京这一创意说成是企图"重建苏联"。俄罗斯归并克里米亚并支持东乌克兰民间武装，西方就宣传，俄罗斯如不遭遇强烈抵抗，下一步会染指波罗的海国家和波兰。

① Михаил Лермонтов：《Валдайская Яса Путина》，KM. RU 09 декабря 2013 г.

在美国前总统国家安全事务助理兹比格涅夫·布热津斯基看来，俄罗斯无疑是帝国。他建议用两个手段来剥夺俄罗斯的“帝国”地位。第一，让俄罗斯“成为自由的邦联，由其欧洲部分、西伯利亚共和国和远东共和国三部分构成”；第二，让乌克兰倒向西方，“离开了乌克兰，俄罗斯就不可能成为欧亚帝国，而基本上将是一个亚洲国家。如果莫斯科恢复对乌克兰的控制，就会自动获得成为地跨欧亚的强大帝国的资本”①。

在俄罗斯知识界，帝国思潮有相当深厚的基础，其代表人物是新欧亚主义奠基人、国际欧亚运动主任亚历山大·杜金。早在 21 世纪初，时任俄罗斯地缘政治鉴定中心主任的杜金，就主张通过俄罗斯与前苏联国家一体化，结成新的欧亚联盟，而且还规划了 2013 年前要完成的欧亚联盟的“路线图”：第一步列入俄罗斯、白俄罗斯、亚美尼亚、哈萨克斯坦、乌兹别克斯坦、吉尔吉斯斯坦和塔吉克斯坦等七国，以及南奥塞梯和阿布哈兹，第二步加上阿塞拜疆、土库曼斯坦、东乌克兰和克里米亚，第三步再加上蒙古、北阿富汗和塞尔维亚②。

在乌克兰问题上，“帝国派”鼓吹占领基辅③，自由派则认为“克里米亚应该归还乌克兰”④。

然而，国际社会对俄罗斯的帝国思潮无须过于担心。在俄罗斯掌舵的是务实的保守主义者，他们如同抒发 20 年代苏联革命青年情怀的歌曲《动荡的青春时代》中所唱的，“我们别无他求，但愿亲爱的祖国长寿”。克里姆林宫最有代表性的思想家弗拉季斯拉夫·苏尔科夫提出

---

① “Бжезинский о Евразии”，http：//zerkalokryma. ru/lenta/people/interview/sohranit_ pokornost_ vassalov_ i_ ne_ dopustit_ obedineniya_ varvarov/.

② 瓦西里·齐普利亚耶夫：“谁将‘进入’俄罗斯?”，《论据与事实》周报，2007 年第 25 期。

③ Михаил Хазин：《Мир на Украине установится，если ополченцы возьмут Киев》，KM. RU 22. 09. 2014.

④ 伊万·苏霍夫：“俄罗斯前外长库纳泽：未来归还克里米亚不可避免”，俄罗斯《侧面》周刊，2014 年 9 月 15 日。

“主权民主”的概念，着眼点便是巩固本国政权，反对西方意识形态扩张。他反对公开插手乌克兰危机，被“帝国派”杜金批评为在乌克兰“葬送俄罗斯之春”。

杜金们的理想很丰满，现实却很骨感。苏联解体后，俄罗斯进入的“新常态”与其说是“新帝国”，不如说是“后帝国”。即使俄罗斯已经成功建立欧亚经济联盟，也改变不了这一现实。

任何一个帝国崩溃后，帝国心态和帝国情结还会残留相当长的时间。奥斯曼帝国崩溃后，青年土耳其党政府还于1915年屠杀前帝国境内百万亚美尼亚人。英国曾于20世纪80年代为保卫帝国的遗产跟阿根廷打了马岛战争，直到前不久还想就香港事务说三道四。波兰学者帕维尔·罗耶克在《帝国的终结》一文中提出独到见解，认为乌克兰危机的起源“不是俄罗斯新帝国的冲动，而是后帝国的痉挛”①。

帝国一定要有维系帝国的意识形态。帝俄时期有东正教，苏联时期有共产主义。现代俄罗斯的复兴，依靠的是难以成为帝国意识形态的民族主义思想。俄罗斯收回克里米亚和支持东乌克兰分离主义者，在观念上依据的是“俄罗斯世界”，是保护属于“俄罗斯世界”的俄语居民。

莫斯科卡内基中心学术委员会委员、政治学家尼古拉·彼得罗夫认为：“长时期以来，普京和俄罗斯精英一直举棋不定：是建立民族国家呢，还是复兴帝国？克里米亚事件表明，选择已经作出。普京决定建立新俄罗斯民族国家。”②

四、是自由民主还是威权主义？

俄罗斯独立后几乎全盘接受西方社会的民主政治，成为“西方文明

---

① http：//inosmi/russia/20141117/224325199. html#ixzzZOYmEYG4V.

② “同托马士·霍尔博夫斯基的谈话”，波兰《Znak》月刊，2014年9月号。

社会”的一个组成部分。然而，俄罗斯实施的是具备西方民主一切表征的威权主义统治。

在政治领域，俄罗斯最有价值的资源是普京的“强人统治”。

至于民主制，当局曾提倡有别于西方民主的俄罗斯“主权民主”——根据本国历史传统和现实情况决定实现民主的方式和进度。

为了维护政治稳定，当局民主和威权双管齐下。例如，以多党制瓦解反对派，新增加的60多个合法政党，原先斗争矛头指向当局和“政权党”统一俄罗斯党，现在忙于争夺进入立法机构和地方政权的机会，同中央政权相安无事。又如，通过《政党法》《社会联合会法》《非商业组织法》和《外国代理人法》等法律管控非政府组织，严防外国插手。再如，通过《群众集会法》《游行示威法》等法律规范游行集会，防范颜色革命。还有，利用收回克里米亚和反对外国经济制裁，凝聚民心，提升领袖支持率，普京的支持率于2014年10月达89%，比一年前上升34个百分点。

俄罗斯总统办公厅第一副主任沃洛金2014年10月22日在索契会见世界“俄国通”非政府组织“瓦尔代俱乐部”成员时，提出“有普京就有俄罗斯，没有普京就没有俄罗斯”的论断，反映了俄罗斯的普遍民意。

亲西方自由派明白，享有崇高威望的普京是他们夺权道路上的最大障碍，指望于2015年底2016年初，或是2017年初俄罗斯爆发突发事件迫使普京下台。

惯于“放炮”的反对派政论家斯坦尼斯拉夫·别尔科夫斯基于2014年9月发表“我的政治声明”：普京政权将于2017年3月崩溃①。

2013年被普京“恩赦”、现在流亡国外的前石油寡头霍多尔科夫斯基2014年9月20日表示：“我愿意在俄罗斯发生推翻普京的宫廷政变

---

① 《В гостях политолок Белковский》，《Эхо Москвы》，30 сентября 2014 г.

后领导临时政府。”①

五、要“华盛顿共识”还是要俄罗斯模式？

2014年9月，俄罗斯科学院院士、总统的欧亚一体化问题顾问谢尔盖·格拉济耶夫发表题为《我们平地栽跟头》的谈话，批评俄罗斯央行的宏观经济政策死守“华盛顿共识”的教条：第一，轻信外国投资者的善意，放弃对外汇的调控和对资本跨国运作的监督；第二，轻信私人资本，特别是轻信外国私人资本的魔力，放弃国有制；第三，不相信国家能合理地管控货币，过分收紧货币发行，影响经济发展。其结果是，俄罗斯经济发展服从于同世界货币发行中心密切勾连的外国大资本的利益，经济失去竞争力；俄罗斯依赖原料经济，外贸成为最大经济部门，经济受制于油价、外国贷款和外国资本等外部因素；俄罗斯成为美国主宰的国际金融系统的“供血者”——每年流失资金约1500亿美元；经济极度脆弱，外资一旦撤走，就会造成市场崩溃、投资锐减、非国有经济再生产过程中断的后果。这就是俄罗斯1998年、2008年和当前这三次经济危机的轨迹。

他认为，西方制裁扣准了俄罗斯的经济命脉——既彻底放开又极端依赖于外国流动资本的金融市场。这是因为，俄罗斯5000亿美元的银行和公司债务中，80%以上是欠北约国家的；俄罗斯从2014年底到2015年底必须偿还的银行和公司债务超过1500亿美元；俄罗斯由于外汇法和税法的漏洞，每年流失上千亿美元的资金。

格拉济耶夫认为，如果抛弃“华盛顿共识”，俄罗斯本来不存在发生经济危机的客观原因：三分之一的生产潜力尚未使用，财政连年盈

---

① http://www.vz.ru/politics/2014/9/22/706907.html.

余，国债仅占 GDP 的 13%，不存在丧失清偿能力的风险，外贸一贯出超，外汇储备额超过流通的卢布总额。俄罗斯依靠新工业化和创新发展，GDP 的增长率可以达到 6% 至 8%①。

主管经济的俄罗斯政府早已遭本国保守派诟病。

自称为“坚定的马克思主义者”的政治咨询师阿纳托利·瓦塞尔曼发表见解：“政府早就应该换，但要换的不是人，而是方针。问题不在具体的人，而在整个经济领导从盖达尔时期以来，一贯遵循不切实际的自由主义经济理论，反对国家干预经济，反对利用本国资本。最高经济学院、俄罗斯经济研究所、俄罗斯国民经济暨国家行政科学院制订的一切规划、建议和改革方案，全是错误的。”②

俄罗斯沙拉波夫经济学会主席、莫斯科国际关系学院国际金融系教授瓦连金·卡塔松诺夫认为，俄罗斯领导没有考虑对外部的经济挑战作出回应。制裁是西方近百年来对俄罗斯打压的一部分，过去以军事手段为主，现在综合运用军事、经济和信息手段。卡塔松诺夫指出，要复兴祖国，必先恢复领土。对俄罗斯而言，收回克里米亚犹如一场热身赛，由此开始恢复二十多年前被肢解的祖国。他主张，既然面临经济战，就要在经济领域采取动员措施，抛弃自由主义意识形态和经济政策，自由主义经济政策的实质就是把国家经济管理权拱手交给西方。国家还要对外贸和外汇实行垄断，控制某些商品的进出口，外贸同经济发展规划实行衔接，杜绝离岸经济，制止资本跨国流动——这正是当前卢布急剧贬值的主要原因。只有这样才能完成进口替代。英国的工业革命是在高关税的条件下完成的。俄罗斯经济也需要自我保护，不是保护主义，而是国家对外贸的垄断③。

① http：//www. vz. ru/opinions/2015/1/22/725687. html.

② Анатолий Вассерман：Правительство давно надо менять，но дело не в конкртных людях. КМ. RU 01122014.

③ http：//www. km. ru/world/2014/12/11/situatsiya – vokrug – kryma/752198.

从俄罗斯政府2015年将采取的反危机措施看，俄罗斯经济不会闭关自守，更不会采用动员经济模式，而将继续放松控制，走市场化道路。第一，仍将以市场方式加快并推动企业创新，包括修改经济法案，降低行政成本；保障企业活动自由，实行资本大赦；稳定税收政策，税率四年内不动；禁止干扰小型企业经营活动；帮助外贸企业偿还债务。第二，动用外汇储备和国家福利基金，扩大预算赤字，实行浮动汇率，以刺激经济，稳定财政和卢布汇率。第三，开拓新市场和替代产品，满足本国消费需求。

六、要“欧洲选择”还是要“中国选择”？

2014年11月15～16日，俄罗斯自由派领军人物，前总理卡西亚诺夫和前第一副总理涅姆佐夫主持共和党—人民自由党代表大会。涅姆佐夫在报告中指出，现在俄罗斯政治力量分为两大派，一派是以普京、久加诺夫和米罗诺夫为代表的“中国选择派”，另一派是人数仅占15%～20%的“欧洲选择派”。他说，“中国选择派”尽管获得多数人拥护，但会把俄罗斯引向“崩溃和殖民地附属国”的状态。“欧洲选择派”急需结束一盘散沙的状态，尽快提出吸引选民的纲领，在2015年的地方选举中争得席位，待机夺取政权。

“欧洲选择派”和“中国选择派”——俄罗斯外交方向之争非自今日始。

几年前，瓦尔代俱乐部就讨论过“俄罗斯选择：退回欧洲还是前进亚洲”，主流意见是俄罗斯从文化和传统看，属于欧洲，从地理和前景来看，应该侧重亚洲。

遭遇西方制裁后，俄罗斯希望在政治和经济上得到非西方国家，特别是中国的支持和合作，对中国好感迅速升温。俄罗斯列瓦达中心2014

年 11 月底的民调表明，74% 的被征询者认为，对俄最友好的国家是中国；对美国、欧盟和乌克兰持友好态度的仅分别占 18%、36% 和 28%，而 2014 年 1 月，这三个数字为 43%、51% 和 66%①。

同时，“俄中结盟，天下无敌”之类的主张也应运而生。俄罗斯有识之士的看法是，加强对华关系，不是权宜之计。俄中将在涉及本国或伙伴的危机中合作，起码是彼此全面沟通，但在其他问题上对西方持开放甚至合作的态度。

与此相反，反对俄中合作的声浪也不时冒出。向来鼓吹“中国威胁”的俄罗斯军事专家亚历山大·赫拉姆奇欣，在《对莫斯科而言，北京是伙伴不是朋友》一文中说：“中国永远不会为了西方跟俄罗斯吵翻，也永远不会为了俄罗斯而跟西方吵翻。中国用经济和人口这种最方便的方式控制俄罗斯。以为莫斯科能控制中国的扩张进程，纯属荒谬绝伦。中国人的行为证实了一句俄谚：爪子陷泥鸟必死。”②

2014 年 11 月 18 日，“莫斯科回声”网站上挂上了博主伊利亚·瓦尔拉莫夫的文章《中国什么时候夺取俄罗斯?》。他写道：“最近越来越多地听到一些吓人的言论：中国会占领俄罗斯，我们会把西伯利亚和远东卖给中国，气死西方；我们将成为中国的原料附庸……”他还附了一段流传于远东的政治笑话：中国领导人游览西伯利亚，普京问他观感。答：“伊尔库茨克是一座美丽的城市。克拉斯诺亚尔斯克是一座美丽的城市。鄂木斯克就留给你们吧!”③

直到现在，俄罗斯依然有人主张与美国结盟对付中国。自称“坚定的经典自由主义者”的俄罗斯政治艺术中心群工部主任阿列克谢·罗申，提出了“邻国不能成为盟国”的地缘政治理论：“跟你有共同边界的邻国会死盯着你的领土，视其为‘争议领土’。如果它比你强大，有

① “俄罗斯人在东方找到朋友”，《生意人报》，2014 年 12 月 8 日。

② 《Независимое военное обозрение》, 10 ноября 2014 г.

③ www. echo. msk. ru/blog/varlamov_ i/1439364 – echo/.

朝一日必然会提出领土要求。”他认为，盟友要“隔邻而交”，俄德关系史便是例证，俄中关系将再次证明这一真理。他告诫俄美和乌克兰领导人：“乌克兰把强邻俄罗斯或欧盟看作盟国是愚蠢，它应该跟中国和美国结盟。俄罗斯对付中国的天然盟友只有一个——美利坚。同样，美国要对付中国，只能找俄罗斯。但愿美国在中国吞掉俄罗斯之前明白这一道理。”①

冷战后，华盛顿把美国主导世界看作天经地义。普京否定美国领导的单极世界，批评“美国破坏全球安全体系，对其他国家实施专政。美国在冷战后的所作所为不负责任，像个暴发户，不会妥善支配从天而降的财富，想按自己心愿重新安排世界”②。

对俄罗斯来说，当前国际秩序还不如苏联解体前：美国一超独霸，不愿与任何国家平等相处，把俄罗斯排除在新秩序之外。俄罗斯当前的国力虽然不足以挑战美国，但可以充当世界上不满意于美国独霸的国家的“带头大哥”。与其屈从“美国秩序”，不如引领非西方国家，主导国际游戏规则的制订。

俄罗斯议会上院国际事务委员会主席康斯坦丁·科萨乔夫说：“俄罗斯成了通往‘幸福的’单极世界道路上的最后一个桥头堡。当然，有中国和拉丁美洲，还有远非亲西方的非洲，俄罗斯并不孤单。但是，甘冒本国福利受损之风险的，是我们。”③

俄罗斯能否打破美国主导的世界游戏规则，创立国际新秩序，能否顺利完成经济转型，创新发展模式，能否整合后苏联空间，崛起为世界一极，近期内不可能尘埃落定。俄罗斯治国模式之争也难在短期内有定论。

---

① www. ng. ru/…/pochemu – rossii – ne – nuzhno – sblizhatsya – s – kitaem. php.

② 普京2014年10月24日在瓦尔代俱乐部年会上的主旨演讲。

③ К. Косачёв：“Россия представляет собой последнийфорпост на пути к однополярному миру”，《Аргументы и факты》，25 января 2015.

俄罗斯的现代化

◎ 薛福岐

经济现代化是俄罗斯重建全球大国地位的基础，因而是一个十分迫切的政治任务和目标。在现代条件下，参与经济现代化的主体是多元的，首先需要较为适宜的制度环境。2014 年索契冬奥会场馆建设中采用“公私合营”模式是一个有益的尝试。乌克兰危机及其持续发酵给俄罗斯的发展带来一系列不确定性。与此同时，俄罗斯国内政治稳定仍然是可预期的。经济现代化进程依然是观察当下和今后一个时期俄罗斯发展趋势和走向的重要参照系。

2014 年爆发的乌克兰危机、克里米亚并入俄罗斯、西方和俄罗斯围绕乌克兰的较量、西方对俄罗斯的制裁等等，似乎使俄罗斯的经济发展和经济现代化问题退居次要地位。与此同时，透过当前乌克兰危机背景下的纷繁事件和冲突，依然可以清晰地看到，经济现代化，乃至于政治、社会文化现代化依然是俄罗斯独立以来，甚至是其千年发展史上所面临的十分迫切的任务。与此同时，俄罗斯的现代化并不意味着西方化，而是指俄罗斯需要在新的历史条件下找到切合自身特点的发展道路，摆脱目前的在科技社会文化诸方面的落后局面。这也是俄罗斯领导

薛福岐，国务院发展研究中心欧亚社会发展研究所研究员。

人所坚持的大国复兴所必需的前提。

一、经济现代化是俄罗斯的“无上命令”

一般认为，现代化指的是一个国家从传统社会向现代社会的转变过程。在这个过程中，传统的社会或前技术的社会逐渐消逝，转变成为另一种社会，其特征是具有机械技术以及理性的或世俗的态度，并具有高度差异的社会结构。布莱克（C. E. Black）① 认为现代化包括理智、政治、经济、社会和心理五个方面。现代化的内容涉及工业化、城市化、普遍的参与、世俗化、结构分化、普遍的成就感等等。现代化也是一个全面的社会变革过程。

在现代化问题上，无疑有英国、法国、荷兰等“先进国家”的示范效应。一般认为，这些国家的现代化是内生的，国内的自然经济体系（指的是产业之间的比例关系，即在现代化开始之前，农业占最大比例，工业和服务业的比例较小）较为发达成熟。随着新技术的采用，工业的比例逐渐扩大，农业的比例逐渐减少，大量人口从农业部门转移到工业部门，第一、第二和第三产业之间比例的变化较为平稳，趋于合理。

而许多“后进国家”在现代化开始之前，自然经济本身就不发达。自上而下的现代化意味着大规模引进来自外部的技术、人才和组织方式。用于支持现代化的资源往往来自对国内第一产业部门的剥夺。这种“外生型”现代化往往会导致经济结构的扭曲，乃至于社会的分化，现代化人口在全国范围内一般属于少数。因此，这种现代化在经济社会发

① 西里尔·E. 布莱克：《现代化的动力》，四川人民出版社 1988 年版；西里尔·E. 布莱克：《比较现代化》，上海译文出版社 1996 年版。

展意义上往往形成“孤岛”或者“绿洲”，无法引领经济走向全面的现代化，而是引起各种失衡，在社会部门成员当中引起抵制甚至反抗。因此，这种现代化模式往往是不可持续的，也难以完成。

俄罗斯的所谓四次现代化就是一个例证。彼得一世、19 世纪末 20 世纪初、斯大林时期的工业化以及苏联 60 ~ 70 年代的现代化努力，一个重要的动因是，需要发展较为先进的军事工业，应对领土扩张（苏联时期的军备竞赛）的需要。军事工业带动是其重要特点。彼得一世的现代化伴随着农奴制，对农民的剥夺。斯大林的工业化伴随着集体农庄，也是对农民的剥夺。今日俄罗斯现代化的最大困难是，动员型的、以军事工业为主，也就是重复过去的历史经验的“赶超式”的现代化，是不可持续的。这里既有外部环境因素，也有内部发展的因素。

在外部环境方面，世界在发生重大的变化，新的发展模式正在显现，力量格局正在发生深刻嬗变，新的主体正在出现。在内部环境方面，俄罗斯独立以来的国家建构尚未完成，制度建设在形式上已经结束，但尚存深刻矛盾，国家仍处在深刻的变革之中①。

因此，在新的历史条件下的现代化，实则是一个多维度、多层次的复杂进程（слоенный пирог）——外部环境、俄罗斯自身、俄罗斯周边都在发生巨大的嬗变，而且未来的轮廓尚无法辨析。俄罗斯现代化的关键是经济现代化，是发展经济。而当代经济发展的两个突出特点是结构性和国际化。发展的结构性使经济活动对整个社会产生影响，经济发展成为一种社会运动；发展的国际化使经济活动成为一种国际活动。这意味着孤立主义注定是一条死路。因此，俄罗斯所要完成的现代化是既超越西方历史经验也超越自身历史经验的现代化。

① Куда пойдет Россия：новые возможности и ограничения современного развития：сборник статей/Ин－т《Справедливый мир》，Российская ассоциация политической науки，Фонд им. Фридриха Эберта，Ин － т социологии РАН；［редкол.：Л. И. Никовская （отв. Ред.），В. Н. Шевченко，В. Н. Якимец］. －Москва：Ключ－С，2013. －стр. 3

与此同时，俄罗斯当前存在的诸多失衡和矛盾当中，制度环境的缺失、地区发展不平衡和社会文化的分裂状态是其实现现代化的主要障碍。

①地区发展的不平衡主要体现在俄罗斯全国83个联邦主体当中的70个（84%多）依靠中央财政转移支付过日子，能够养活自己的地区只有13个（莫斯科市、圣彼得堡市、鞑靼斯坦共和国、彼尔姆边疆区、沃洛格达州、彼得格勒州、利佩茨克州、萨马拉州、斯维尔德洛夫州、秋明州、涅涅茨、汉特—曼西斯克、亚马尔—涅涅茨自治区）。这意味着许多地方政府在提供和保障经济发展的软环境和硬条件方面缺乏足够的能力。

②从社会文化的角度来看，20世纪80年代末以来，俄罗斯再度在政治、经济、社会和文化上发生分裂。2000年以来，俄罗斯已经成为一个新传统主义国家。这是俄罗斯社会对1990年代激进改革的“反动”。以新自由主义为核心的西方价值未能在俄罗斯生根，其根本原因也许是未能给大多数人带来自由，也未能给俄罗斯国家带来繁荣。这也是自20世纪80年代以来高强度大范围政治动员和政治参与之后的“疲劳症”，表现为一定程度的政治冷漠。近年来俄罗斯全国性和地方性选举的投票率低迷足以证实这一点。

③就发展创新经济而言，事实上，早在20世纪70年代苏联就已经实现工业化、城市化。当今俄罗斯受过高等教育的人口比例在世界上名列前茅。专家认为，俄罗斯创新体系可谓具备一切必要的要素，但作为一个整体却无法运作。这显示出，俄罗斯在创新的制度环境方面有重大缺失①。

---

① http：//expert. ru/expert/2013/13/sistemnyie – illyuzii/？ n = 66995.

二、"公私合营"——索契冬奥会的尝试

实现经济现代化不仅是一个战略问题，更多的是需要找到解决具体问题的模式。这里试以俄罗斯筹办索契冬季奥运会的实践为例加以说明。

俄罗斯筹办第22届冬奥会的最大挑战是，已经不能像昔日的苏联那样，由国家一手包办奥运会的全部筹备工作。在索契冬奥会的筹备过程中，俄罗斯采用的模式是，国家财政提供部分资金，主要用于基础设施建设，同时国家控制的银行（俄外经银行、俄储蓄银行）提供贷款，大型私人企业负责建设和运营比赛场馆及酒店并偿还贷款。俄罗斯著名大企业，如俄罗斯天然气工业公司、俄罗斯铁路公司等，以及俄罗斯福布斯富豪榜上前10名的资本家，如波塔宁、杰里帕斯卡、韦克谢列别尔特等人旗下的企业，负责部分场馆和设施（如酒店等）建设。可以说，这是俄罗斯在冬奥会场馆建设和运营方面尝试采用国家与私人资本伙伴关系（Государственно - частное партнерство，ГЧП）[①]。

俄罗斯今日面临的经济现代化这一重大的历史性任务，受诸多因素限制。昔日苏联时期的全民动员模式已经难以想象，经济现代化的重任单靠国家财力无法完成。从索契冬奥会的实践看，国家—私人资本伙伴关系模式的基本内涵是，国家确定投资方向和项目，并在关键领域发挥引领作用和启动作用，国家银行提供贷款，私人资本参与、承担具体的建设项目并负责偿还贷款。

因此，无论是经济现代化还是基础设施改造，吸引投资，首先是俄

① 按照中国比较通行的说法，也可以叫做"公私合营"（Public private partnership，PPP）。

罗斯本国私人资本的投资是一个无可替代的政策方向。也正是在这个意义上，索契冬奥会场馆建设所采用的国家—私人资本伙伴模式，及其正面和负面的经验，对于俄罗斯发展创新经济、实现经济现代化具有十分重要的参考意义。

三、乌克兰危机及其可能造成的变数

俄罗斯学者卢基扬诺夫认为，在乌克兰危机过程中德国政策选择基于重大的立场调整，而德国政策调整的基础，则是它决意走出百年沉寂，替代法国担负起整合欧洲这一重任。此前，德国满足于站在“阴影里”，与俄罗斯保持某种特殊关系[①]。譬如，俄罗斯与欧洲的能源合作，普京曾经提出“互换资产”，俄罗斯的政策是深度进入欧洲天然气的终端市场，与用户直接接触。在这种情况下，俄罗斯不得不重新考虑与欧洲的关系问题，集中力量打造独联体区域一体化的关键项目——“欧亚经济联盟”，并在未来将其打造成为“欧亚联盟”。

在此背景下，在俄罗斯与欧盟、俄罗斯与美国的关系当中可以预见到以下几个方面。

首先，俄罗斯不会放弃克里米亚，而美国西方也不会承认克里米亚入俄。对于俄罗斯利用乌克兰内部危机，速战速决将克里米亚纳入版图，外界的看法不一。有人认为这是俄罗斯早就策划之中的步骤，因为这涉及俄罗斯黑海舰队能否长期在克里米亚军港待下去的重大地缘战略利益。前总统办公厅官员表示，早在 2013 年就在一位高官的办公室里见过克里米亚被纳入俄罗斯的新版地图，似乎佐证这是早有预谋。当然，也有人认为，拿下克里米亚不过是俄罗斯“随机应变”、顺势而为

① http：//www. gazeta. ru/comments/column/lukyanov/6337589. shtml.

的结果。

俄罗斯内部人士声称，当局针对克里米亚和乌克兰东部地区的计划是建立一个“缓冲区”，目标有几个：保障俄罗斯与克里米亚之间的陆路交通联系；上述地区的不确定地位可以有效阻止乌克兰加入北约和欧盟；在俄罗斯与反俄的乌克兰之间建立缓冲区；俄罗斯可以借此加入到有关乌克兰东部冲突和未来地位问题的谈判，以此提升自己的国际地位。但目前来看，上述计划仅仅完成了第一部分。无论如何，克里米亚问题将是俄罗斯与西方关系当中的一个长期性矛盾。正是在这个意义上，俄罗斯与欧盟的关系在 2014 年越过了一个界限，已经无法回到原先的状态。

其次，乌克兰东部联邦化已经成为泡影。乌克兰东部地区的联邦化，是俄罗斯解决乌克兰危机的方案之一。总体来说，乌克兰东部的前途取决于俄罗斯与乌克兰以及西方之间博弈的结果。但是，从目前情况看，乌克兰东部已不可能成为俄罗斯的一部分（克里米亚模式），也不可能成为独立国家（阿布哈兹和南奥塞梯模式），而有可能成为“德左”模式（德涅斯特河左岸共和国，夹在摩尔多瓦和乌克兰两国之间，位于德涅斯特河沿岸的一片狭长地带，宣称独立，有自己的政权机构但未获得国际承认）。俄罗斯的目标实际上是在乌克兰东部地区形成一个“缓冲区”。同时，乌克兰危机的最直接结果是北约东扩的势头得到遏制。与此同时，持续不断的流血冲突所造成的人道主义灾难，对俄罗斯和乌克兰而言都是一场悲剧。鉴于克里米亚和乌克兰东部的问题，俄罗斯与乌克兰之间的关系将长久地处于某种紧张状态。这可能意味着，俄罗斯已经无法希冀西方为其提供实现经济现代化所需的资金和技术转移。

四、初步结论

近20年来俄罗斯的发展经历了自由主义民主化及其返退，似乎又面临着民主化的回潮。但无论如何，俄罗斯正在逐渐融入世界。与此同时，全球秩序也正在经历着重组，走向某种全新的结构和质量。从历史发展的角度看，这个重组的幅度与意义堪比18～19世纪的工业革命，或者20世纪的科技革命。在这个意义上，俄罗斯的创新发展道路符合其国家利益。而要走上创新发展道路，就必须对现有政治体制进行现代化改造[①]。

2008～2009年间，俄罗斯现代化曾一度成为舆论的中心话题，但2010年之后随着石油价格的攀升逐渐淡出。事实上，俄罗斯又一次错过了结构改革的时机。在这个意义上，今日俄罗斯面临的两大困境：多次努力却从未成功的现代化，与西方之间的差距越来越大[②]。

由此可见，俄罗斯实际上面临着异常复杂的任务，内外嵌套，相互影响。一方面，要对自身经济结构进行有效调整，充分利用劳动力素质高的优势，发展知识经济，走上创新发展的轨道，进而实现超越式发展。而这种发展则是在社会整体上趋于保守的背景下展开。另一方面，则要完成与周边国家的经济一体化，打造欧亚经济联盟，同时又要积极参与国际市场，争取外部世界的资金、技术等要素。而在乌克兰危机背景下，俄罗斯政府需要拿出相当的资源，使国内经济平稳渡过难关，同

---

① Куда пойдёт Россия：новые возможности и ограничения современного развития：сборник статей/Институт “Справедливый мир”，Российская ассоциация политической науки，Фонд им. Фридриха Эберта，Институт социологии РАН；［редкол.：Л. И. Никовская（отв. Ред），В. Н. Шевченко，В. Я. Якимец］. – Москва：Ключ – С，2013. – стр. 3.

② Консолидация и модернизация России. —Москва：《Канон +》РООИ《Реабилитация》，2014. – стр. 3.

时又要不断推动欧亚区域一体化，维持其周边环境的安全。这对于俄罗斯政府的政治意志和智慧以及执行力，对俄罗斯社会的团结，对俄罗斯精英阶层的政治成熟度等等，都是一个严峻的考验。如果俄罗斯能够平衡上述各个方面的利益，发展的利益，安全利益，民生利益，或许局面会好一些。否则，它将面对一个非常严峻的局面。正是在这个意义上，经济现代化进程依然是观察当下和今后一个时期俄罗斯发展趋势和走向的重要参照系。

俄罗斯经济困局：原因与前景

◎ 田春生

2014 年俄罗斯经济严重恶化并面临停滞。其主要表现是：卢布汇率大幅贬值，通货膨胀快速攀升，资本外流更为严重，内外部融资艰难等。困局出现的原因大致有：国际原油价格暴跌、地缘政治和西方制裁的影响、俄罗斯市场模式受到经济增长的结构性问题的限制等。西方制裁、油价下跌和卢布贬值的后果都将会在 2015 年叠加显现，俄将陷入经济的恶性循环与危机传导：货币金融—实体经济—投资消费—民生领域—货币金融。在未来的 2 ~ 3 年，如果俄经济受制裁与反制裁的局面得不到缓解，其对地区和全球经济的影响值得关注。

过去的 2014 年对于俄罗斯是极不寻常的一年。这一年，俄罗斯经历了乌克兰危机、西方经济制裁、国际石油价格和卢布汇率暴跌等，其经济遭受重创，陷入近乎停滞的困局。国际上，除美国经济持续复苏和美元走强外，欧洲经济和日本经济低迷不振，新兴经济体国家经济增速下滑，受国际经济总体下行趋势的影响，俄罗斯经济内外交困，面临停滞与衰退。

田春生，国务院发展研究中心欧亚社会发展研究所研究员。

一、2014 年俄罗斯经济的基本状况

2014 年，俄罗斯经济增长率大大低于预期。自 2014 年 6 月以来，随着国际原油价格持续走低和西方对俄经济制裁的升级，俄经济出现大幅波动（见图 1）；11 月，俄罗斯经济出现月度负增长。根据俄经济发展部报告（《俄罗斯联邦经济社会发展总结：2014 年 1 ~ 11 月》）的数据，俄罗斯 2014 年 1 ~ 11 月的经济增长率为 0.6%，其中 11 月份同比下降 0.5%（扣除季节性和日历因素则下降 0.2%），是自 2009 年 10 月以来俄经济首度出现月度的负增长[①]。拖累 2014 年 11 月俄经济的主要因素是加工工业、建筑业、交通运输、金融、租赁和劳务等领域出现增幅下滑[②]。2014 年，俄全年工业生产增长 1.7%[③]。据俄经济发展部 2015 年 2 月发布的《俄联邦 2014 年社会经济发展》报告中的数据，2014 年 GDP 为 709756 亿卢布，比上年增长 0.6%。

从表 1 可以看出，自 2014 年下半年特别是第三季度以来，俄罗斯经济增长放缓趋势加剧，以货币金融领域的跌势最为显著，卢布贬值和通货膨胀是突出表现，引起全球的广泛关注。

---

① 俄罗斯经济发展部：Мониторинг《Об итогах социально - экономического развития Российской Федерации в январе - ноябре 2014 года》, Минэкономразвития России. 29 December, 2014. http：//economy. gov. ru/minec/activity/sections/macro/monitoring/201412266。

② 俄罗斯联邦经商参处：http：//ru. mofcom. gov. cn/article/jmxw/201412/20141200852249. shtml，2014 - 12 - 30。

③ 俄罗斯联邦经商参处：http：//ru. mofcom. gov. cn/article/jmxw/201501/20150100880685. shtml，2015 - 1 - 28。

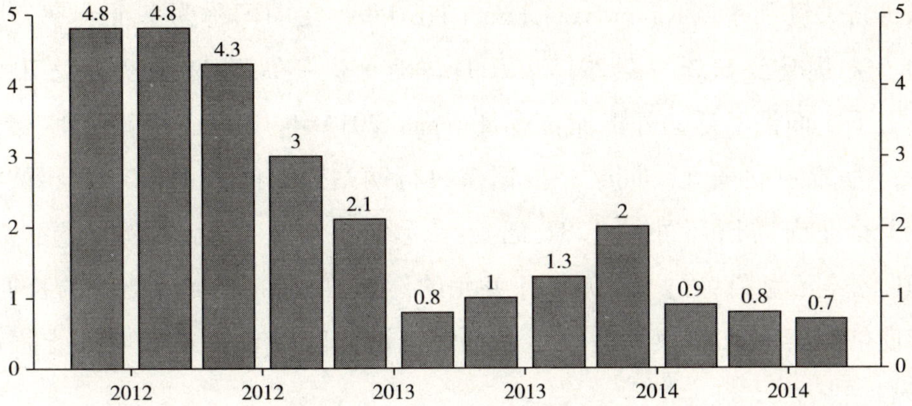

图 1 俄罗斯近三年国内生产总值季度增长率的变化（2012 ~ 2014 年）

资料来源：http：//ru. tradingeconomics. com/russia/gdp - growth - annual。

表 1 俄罗斯主要经济指标季度增长速度
（2013 ~ 2014 年，扣除季度因素，为上年的百分比）

年份	2013				2014				
季度/月	一季度	二季度	三季度	四季度	一季度	二季度	三季度	10 月份	11 月份
国内生产总值	-0.1	0.4	0.9	0.6	-0.5	0.0	0.0	0.1	-0.2
工业生产	-1.4	0.7	1.2	0.5	-1.6	1.2	0.1	0.2	-0.4
固定资产投资	-0.9	-0.4	0.5	0.6	-4.8	1.5	-0.1	0.5	-1.9
建筑业	-1.4	-2.2	1.3	-0.4	-2.5	-1.6	-0.4	3.5	-1.5
居民实际可支配收入	1.9	-1.5	0.5	1.0	-4.6	3.3	1.7	2.4	-2.9
实际工资	1.4	2.3	0.5	0.6	1.2	-0.5	-1.4	0.0	-0.1
零售业营业额	1.0	1.1	1.0	0.7	0.7	-0.2	0.3	0.0	0.2

资料来源：俄罗斯经济发展部：Мониторинг《Об итогах социально - экономического развития Российской Федерации в январе - ноябре 2014 года》，Минэкономразвития России。http：//economy. gov. ru/minec/activity/sections/macro/monitoring/201412266。

第一，卢布汇率大幅贬值。2014 年 7 月以来，国际油价的持续下跌和西方制裁等，导致俄卢布汇率持续走低，从年中的 1 美元兑 34 卢布一路下跌至 2015 年初的 68 ~ 70 卢布，卢布对美元已贬值 50% 以上，美元兑卢布曾达到 80：1。卢布汇率暴跌被认为是“卢布危局”。在卢布汇率不断下跌过程中，俄央行不断动用外汇储备，为此加息 650 个基点，将关键利率（Ключевая ставка ЦБ РФ，在中国称为基准利率）从 10.5% 提升至 17%。至 2015 年 1 月，美元兑卢布汇率在 1 美元兑 70 卢布上下。而俄罗斯的外汇储备逐月下降，2014 年 12 月已跌破 4000 亿美元，为 3750 亿美元。同时，根据俄央行网站公布的数据，2015 年俄银行及企业尚需偿还外债 1282 亿美元，其中 1081 亿美元为外债本金，201 亿美元为利息[①]。民众持有美元的意愿强烈和对卢布贬值的担心，即使俄罗斯采取加息等措施，也难以抵消国际油价下跌和美元走强的影响。

第二，通货膨胀快速攀升。卢布贬值加剧了俄罗斯国内的通货膨胀。2014 年 12 月，俄通胀率创 5 年新高并突破两位数，12 月 24 日达到 10.4%。从月平均水平看，11 月俄通胀水平为 9.1%，12 月升至 11.4%。俄国内食品和消费品很多为进口商品，卢布贬值效应最终体现为商品价格的攀升，卢布汇率下跌影响到国内市场价格的上涨。其中，2014 年 1～11 月份，食品价格涨幅为 11.8%，而 2013 年仅为 6.5%；非食品价格 2014 年 9 月月平均价格上涨幅度为 0.6%，自 2014 年 10 月卢布急剧贬值后加剧[②]。俄罗斯财政部长安东·西卢阿诺夫称，因受食品禁运和卢布大幅贬值影响，俄罗斯 2014 年通货膨胀率将高达 11.5%[③]。

第三，资本外流更为严重。2014 年以来，俄罗斯的卢布贬值加剧了资本外流。2014 年的资本外流不仅表现为货币资本的流出，按照普京的说法，俄居民将卢布兑换成美元或欧元，尽管这些外币并不能在俄

---

① 驻俄罗斯联邦经商参处：《2015 年俄罗斯的银行及企业需偿还外债 1282 亿美元》，2015－01－28。http：//ru. mofcom. gov. cn/article/jmxw/201501/20150100880745. shtml。

② 俄罗斯经济发展部：Мониторинг《Об итогах социально－экономического развития Российской Федерации в январе－ноябре 2014 года》，С. 24，Минэкономразвития России。http：//e-conomy. gov. ru/minec/activity/sections/macro/monitoring/201412266。

③ 《俄财政部长宣布俄 2014 年通货膨胀率将高达 11.5%》，环球网，2014－12－26 15：07：00。http：//finance. huanqiu. com/view/2014－12/5300594. html。

消费市场流通，但这对俄来说也是一种资本流出。2014 年，俄罗斯资本流出的规模预计达 1200 亿至 1300 亿美元，而 2014 年俄罗斯资本流出的一半，是居民将卢布兑换成外币造成的[①]。俄央行公布的俄罗斯资本流出数据比普京提供的数额更高，2014 年俄的资本外流量达到 1515 亿美元，同比增长 1.5 倍[②]。从俄股市的情况看，受西方制裁和金融状况恶化的影响，俄罗斯股市波动和下挫，如果以卢布计价，俄罗斯的 MICEX 股指[③]影响不大；但若以美元计价衡量，在 MSCI 全球基准股指排行榜中，在计入股息分配和股价后俄罗斯股市回报为 -42.3%[④]。

第四，内外部融资艰难。俄罗斯内外部资金流紧张，特别是俄外部融资和信贷环境不断恶化，这使得俄企业在海外融资受到限制。根据美国的测算，俄银行系统约 30% 的资产都在制裁范围内，如果俄银行被禁止进入美国债券市场融资的时间超过半年，这些银行的企业客户无法及时获得贷款，将影响到俄在国外发行的银行和企业债券。一旦这些银行无法在欧美市场获得长期融资，将在偿还到期债务时遇到困难，对俄金融体系造成破坏。俄报道，美国财政部负责对外经济制裁的海外资产控制办公室网站公布，对俄金融制裁将主要包括：一是债务融资被禁止，包括禁止在美从事发行债券、贷款、贷款展期、贷款担保、信用证、汇票、银行承兑汇票、贴现、商业票据业务。二是股票发行受到阻碍，包括禁止被制裁公司在美发行股票、存托凭证、股权证。这一制裁将限制

---

① 普京 2014 年 12 月 22 日在与俄罗斯国家杜马（议会下院）和俄联邦委员会（议会上院）代表会晤时的说法。环球网，国际新闻，http://world.huanqiu.com/hot/2014-12/5302592.html，2014-12-26。

② 驻俄罗斯联邦经商参处：《2014 年俄资本外流量达 1515 亿美元》，http://ru.mofcom.gov.cn/article/jmxw/201501/20150100872384.shtml。

③ MICEX（莫斯科银行间货币交易所）是俄罗斯旗舰交易所、俄罗斯最大的股票交易所之一，它是俄罗斯期货市场近年来发展改革的两个主要的衍生品交易所之一。

④ “2014 股市牛熊榜 俄罗斯‘熊’冠全球股市”（MSCI 指数跌幅排行），华尔街见闻，2015-01-01。http://stock.hexun.com/2015-01-01/171982857.html。

俄公司的海外融资和资本市场的规模[①]。三是被制裁的公司很难获得西方长期贷款。因受制裁，被列入制裁名单中的俄罗斯企业在整体融资中所占份额约为60%。根据俄储蓄银行的数据，2014年第四季度俄企需融资290亿美元，2015年需要1060亿美元[②]。

尽管俄罗斯经济受到严重打击而面临衰退，但2014年的一些经济数据仍然趋好。例如，据俄新社2014年12月1日的报道，2014年11月，俄采购经理指数（PMI）数据为51.7%，它与51.8%的长期平均值基本持平，也高于9月份的47.4%，这表明俄制造业总体情况正常。2014年俄谷物产量达到1.038亿吨，蔬菜收成为1545万吨，这“绝对创下现代俄罗斯史上记录”[③]。汇丰银行俄罗斯和独联体地区首席经济学家莫洛佐夫指出，俄目前内需强劲，11月新订单大幅增加，生产规模扩大，达到2014年6月以来最高值，仅略低于长期平均水平，而且俄失业率很低[④]。其他经济指标如外贸进出口，在西方对俄制裁加剧的背景下仍保持顺差。据俄新网2015年1月19日报道，2014年俄对外贸易顺差为1856亿美元，较2013年增长2%；国际收支平衡表经常账户顺差为567亿美元，较2013年增长66%。此外，俄罗斯政府的年度负债率水平一直很低，大约为12%。2014年，俄罗斯财政盈余约占全年GDP的0.5%，但在年底俄为帮助国内银行业融资，发行了总额为1万亿卢布（约合153.9亿美元）的国家借贷债券，使该年俄财政赤字为3279.63亿卢布（约合50.5亿美元）[⑤]。这说明，2014年俄罗斯国内经

---

① 载俄罗斯《公报》2014年7月31日报道，美国财政部负责对外经济制裁的海外资产控制办公室网站公布。http://www.mofcom.gov.cn/article/i/jyjl/e/201408/20140800683164.shtml。

② “俄企的忧伤：中国无法取代西方融资”，腾讯财经，http://finance.qq.com/a/20141113/017186.htm。

③ http://sputniknews.cn/russia/20150109/1013476063.html。

④ 俄新社2014年12月1日报道的汇丰银行公布的俄罗斯经济数据。http://www.qqjjsj.com/elsjjdt/40701.html。

⑤ “2014年俄罗斯财政赤字占国内生产总值0.5%”，新华网2015年1月22日。http://news.xinhuanet.com/2015-01/22/c_1114082917.htm。

济运转保持基本正常。

二、对俄罗斯经济困局原因的分析

2014 年是全球地缘政治与地缘经济发生裂变的年份，它对世界主要国家的经济社会变革产生消极作用。在这一年前后，各国都在经历经济社会的变革，都在寻求新技术的突破与创新，以求得经济的复苏与增长的路径。然而，除美国经济一枝独秀、中国经济进入“新常态”外，其他各国仍在艰难苦寻经济新出路。这对于面临乌克兰危机和西方制裁、国际油价和卢布汇率暴跌下的俄罗斯经济如雪上加霜。为了更好地把握2015 年俄罗斯经济，这里对影响俄经济的若干重要因素加以分析。

1. 国际原油价格的波动、暴跌与走势：国际原油价格的均衡点在哪里？

国际油价暴跌成为俄经济难以承受的重中之重。2014 年以来，包括大宗商品在内的所有资源品价格都出现跌势，而国际油价下跌的幅度最大。2014 年 6 月国际油价冲至每桶 115 美元后，国际市场石油价格立转向下，半年多时间跌去了 50% 还多，截至 2015 年 1 月，布伦特原油为 46 美元/桶。2014 年，作为乌拉尔原油定价的基准油价的北海布伦特原油价格下跌 50% 以上①。俄罗斯《观点报》2015 年 1 月 5 日报道说，世界石油价格走势将决定卢布与俄经济状况。目前，无人能够对 2015 年的国际油价做出准确预测，但再难出现 100 美元/桶的价位。国际能源署专家预测，若主要产油国不做产量调整，那么 2015 年石油市场供

① 新华网，2015 年 1 月 6 日。

需不平衡的现象将会持续到2016年，国际油价下行压力将持续存在，原因主要是：石油产量增速高于需求，2015年全球石油库存可能会出现较大的增加①。

作为全球最大的能源出口国之一，国际油价的持续性下跌对于俄货币金融乃至整个经济的影响十分强烈。

一是俄罗斯的能源出口是其最主要的预算资金和外汇收入来源，在俄罗斯出口总量中约70%为原油和天然气，多年来，俄能源资源出口对政府预算收入的贡献度能够达到50%上下。因此，国际油价下跌意味着俄财政收入的减少。摩根士丹利预估，国际油价每降10%，俄石油和天然气出口将损失323亿美元，占俄GDP的1.6%；如果油价下跌至50美元/桶，俄GDP将减少6%，出口缩减8%，通胀上涨6%～8%；如价格保持在80美元/桶，俄国内生产总值将下降2%，通货膨胀将上涨1%～2%②。

二是高油价是俄罗斯卢布保持稳定的基础，油价下跌使俄经济面临两位数通货膨胀的压力。国际油价与俄金融财政和卢布走势成正比。俄罗斯经济发展部在制定2015～2017年的预算时，是按照乌拉尔原油价格96美元/桶计算的，但是这一价格今后很难预期。最近这几个月我们看到，国际油价跌得越深，卢布贬值的幅度越大；卢布贬值不断加深，使俄罗斯通货膨胀不断走高。这也意味着，俄黄金外汇储备再难像过去那样大幅增加。在俄罗斯经济学家看来，俄经济取决于国际油价，而国际油价基本按照美元结算，美元走势又由美联储的货币政策和美国经济所决定，俄罗斯经济在其中是第三甚至第四行列，基本没有话语权和主导权。

---

① "国际能源署：明年国际油价将面临下行压力"，http：//www.chinairn.com/news/20141222/165153156.shtm。

② "摩根斯坦利：俄罗斯为乌克兰危机付出沉重代价"，http：//ua.mofcom.gov.cn/article/jmxw/201410/20141000778630.shtml。

三是国际原油价格处于下行通道，2015年油价将会低位徘徊，2015年中期有可能在60美元/桶上下波动。综合国际上和俄罗斯经济学者的预估，最优的预测大致是：2015年的国际油价将保持在60～80美元/桶之间，也不排除短期或某些时段油价掉到30～40美元/桶。俄国家能源安全基金专家巴参其尼克认为，2015年石油价格将在60美元/桶上下；俄能源部部长安德烈·诺瓦克则指出，2015年下半年油价可能达到80～90美元/桶。欧佩克的估计是，在最近几个月，石油价格在60美元/桶，之后回到70～80美元/桶后不再摇摆[①]。

上述预测说明，迄今国际油价还没有找到各国所能接受的原油售价，或者说，国际油价还没形成市场能够接受的价格均衡点。这个均衡点是：各个产油国博弈后的价格应该在60美元/桶左右。根据俄储蓄银行执行主席谢尔曼·格列夫的数据，目前原油开采的世界平均成本每桶50美元，俄罗斯为45美元。因此，国际原油售价平均水平应在60～70美元/桶[②]。2015年，国际油价则可能在这一价格区间浮动，笔者认为，在国际市场找到新的价格均衡点之前，国际油价仍处于不稳定状态。

2. 地缘政治因素与西方制裁：影响何时能够减弱？

2014年中期以来，俄罗斯受到西方国家多轮经济制裁，其措施涉及包括能源、金融、国防等俄经济主要领域。从西方对俄制裁的主要手段看，第一种类型是采取不同形式和类型的禁运[③]。禁运方式的制裁主要影响到俄进口依赖型商品，这些商品主要是知识技术密集型产品、机器制造业产品、医药以及食品，而这类产品不会长期不进口。第二种类

① Каким видят 2015 год экономисты，http：//vz. ru/economy/2015/1/3/722716. html.

② Гайдаровский форум – 2015：Макроэкономика с человеческим лицом，http：//www. iep. ru/ru/gaidarovskii – forum – 2015 – makroekonomika – s – chelovecheskim – litcom. html.

③ Dimitar Nessebar，“Влияние санкций на экономику России. Последствия введения санкций. Экономика России сегодня”，December 2，2014。http：//fb. ru/article/159526/vliyanie – sanktsiy – na – ekonomiku – rossii – posledstviya – vvedeniya – sanktsiy – ekonomika – rossii – segodnya.

型是对有关的官员和企业家进行制裁。这种形式制裁的后果是对俄吸引外资产生严重影响。特别是俄信用等级被逐渐降低，2015 年初俄信用等级或被评为垃圾级。海外资本流入的减少，直接导致俄经济放缓。俄学者分析认为，俄经济和市场流动性在很大程度上取决于外国资本，俄证券交易所 MICEX 和 RTS 的资金流动性，在很大程度上是通过吸引海外投资实现的。第三种类型是对俄金融体系进行打击。为了应对西方制裁，俄政府不断采取各种反制裁措施，其中最主要的是禁止或限制从欧盟等国家进口相对比较容易替代的食品和农产品等。此外，2014 年以来俄陆续大规模买入黄金，据英国《每日电讯报》报道，俄罗斯在第三季度买进的黄金高达 55 吨，远超全球其他国家，以期增持黄金储备。

事实表明，制裁与反制裁导致各方出现重大经济损失。对于西方制裁对俄经济的后果和影响，目前存在各种估计。俄政府认为，经济制裁将导致以货币计的俄经济损失达到 1500 亿美元，经济增速减少 1 ~ 2 个百分点。现在看，西方对俄制裁的后果可能远大于俄所估计的增速下降的百分点；对于制裁俄罗斯的西方各国，俄贸易伙伴——欧盟国家所受制裁“反效果”影响最大。有估计认为，欧盟对俄制裁可使俄经济在 2 年内损失 1000 亿欧元，而欧盟因限制向俄出口商品损失 900 亿欧元[①]。制裁对于需从俄进口三分之二油气的德国来说，也遭受沉重打击，2014 年德国经济约为零增长，欧版的量化宽松政策随着 2015 年而到来。

对于俄罗斯来说，西方制裁与油价下跌所产生的叠加影响与共振效应，将导致在短期内，俄政府采取的任何措施对其经济难有效果，而这种叠加共振后果将会在 2015 年凸显。油价下跌与西方制裁对俄经济影响相比较，前者对俄经济打击更大。俄罗斯财政部长安东·西卢阿诺夫在莫斯科的一场经济论坛上说，地缘政治因素引发美国和欧洲对俄经济制裁，一年造成损失约为 400 亿美元；而同时，油价下跌 30% 将使俄罗

① 中国新闻网：“俄罗斯对欧美施行反制裁措施 欧洲企业担心受损”，2014 年 7 月 30 日。

斯每年承受900亿美元至1000亿美元损失①。据俄政府2014年11月24日的估算，因西方制裁俄罗斯将损失大约400亿美元，因油价“跳水”将损失大约1000亿美元②。

这种制裁及其影响何时能够减弱？按照俄政府的预计，因乌克兰危机引发的对俄制裁及其影响，大约需要2年左右的时间才能够消除。俄政府和总统普京的强硬态度，使俄罗斯“不会屈从于西方的压力”③，俄会采取反危机措施应对经济困难，也不排除俄为争取缓和关系而采取灵活的政策。2014年底，美国国务卿克里曾经表示，只要俄罗斯改变其在乌克兰问题上的政策，美国对俄制裁可在几天到几周内撤销④。欧盟外交和安全政策高级代表莫盖里尼向欧盟各国建议，在全球外交、贸易和其他问题上恢复同俄合作，以换取逐步化解乌克兰危机。欧盟委员会主席容克解释，援助深陷政经危机的乌克兰，欧洲已接近其自身能力的极限。这就是说，欧盟援助乌克兰经济的能力也到极限。欧俄各自的地缘利益在乌克兰发生对撞，这是一个长期的博弈过程，其时间的长短还要取决于乌克兰的承受力。那么乌克兰的经济状况是什么样的？根据世界银行数据，2014年乌克兰的国内生产总值下降8.2%，2015年经济衰退将更严重。笔者分析，当乌克兰国内经济和政治生态难以承受、国际社会救助无济的条件下，乌克兰危机才有可能出现转折。

3. 俄罗斯市场模式的局限：经济增长的结构性难题能否改观？

2014年俄罗斯经济困境的现实表明，其经济增长的结构性问题仍然突出，即俄经济和财政收入依然依赖能源类商品及其出口，因而经济

① 新加坡《联合早报》2014年11月25日报道。

② “油价跌及制裁狠 俄罗斯每年将损失1400亿美元”，载《新京报》，www.eastmoney.com，2014年11月26日。

③ “普京：俄罗斯绝不会屈服于美欧压力”，参考消息网，2014年12月15日。

④ 沈丁立：“乌克兰危机：解决大难题需要大智慧”，人民网，2015年1月16日。http://theory.people.com.cn/BIG5/n/2015/0116/c40531-26395927.html。

增长的结构性问题也被俄学者称为“经济的结构性放缓”，其表现为在国际油价还处于高位的时候俄 GDP 就已经开始走低。普京坦承，西方国家就乌克兰问题对俄实行多轮制裁的影响只占“25% 或者 30%”，造成俄当前经济困境的主要因素来自外部，但是俄自身也需摆脱依赖能源出口，实现经济多元化[①]。梅德韦杰夫表示，俄将着力推动技术创新，俄以往采取的以能源与原材料出口为主的经济发展方式已走到尽头，不利于技术进步，不能带来稳定的经济增长。为此，俄将根据外部环境做出调整，着力发展生物科技、再生能源、复合型材料等的技术创新，创造新的经济增长点。

2015 年，应对困境中的经济、避免经济衰退和危机，成为俄罗斯面临的更为紧迫的任务。根据俄高层和政府的设想，俄大致采取三个方面的主要措施：第一，将以市场方式，加快并推动企业创新。包括：将修改相关经济法案，降低执法和行政成本；保障企业商业活动的自由，实行资本大赦；稳定企业税收政策，保证在四年内不对税收制度进行改革；颁布为期三年的禁止管控小型企业的法案；帮助在国际市场融资的外贸企业偿还债务。第二，刺激经济、稳定财政和卢布汇率。普京表示，从 2015 年 1 月起俄或将动用 60% 的国家福利基金刺激经济。在 2015 年 1 月 28 日俄政府公布了“反危机救助计划”，数额达 2.34 万亿卢布（约合 2166 亿元人民币）的一揽子计划，以帮助俄经济抵御油价暴跌和西方制裁双重夹击。同时，俄政府制定国家财富基金向部分银行注资 2500 亿卢布（约合 37 亿美元）的单独方案，国家财富基金将提供 3000 亿卢布（约合 45 亿美元）给俄国家开发银行（VEB），以增加“对实体经济部门的贷款”。第三，扩大政府预算赤字规模，2015 年的预算赤字可能扩大至 GDP 的 1.8% ~2%。除用于国防、社会支出和偿

---

① 腾讯新闻：《普京：不会有宫廷政变 因为俄罗斯根本无宫廷》，http://news.qq.com/a/20141219/013722.htm。

还债务的费用，政府在2015年将削减一成（10%）的预算支出，以争取在2017年达到预算平衡。

当前，由于导致俄罗斯经济困境的因素极为复杂，克服其所产生后果的时间也会比较长，实现经济增长的结构转型更是一个艰难而长期的过程，因此俄不得不以应对经济困局作为当前经济政策的着眼点。

三、对俄罗斯经济前景的若干判断

2014年的乌克兰危机，打乱并中断俄罗斯崛起的进程和时间表。西方制裁、油价下跌和卢布贬值的后果都将会在2015年叠加显现，并对经济各个领域产生影响。据俄经济发展部的最新预测，如果油价在每桶40美元至60美元之间，2015年俄罗斯国内生产总值将萎缩3%至5%[①]。

①2015年俄罗斯经济最为艰难，但尚不能将2015年的经济困境与1998年、2008年的危机相提并论。2015年俄经济将是负增长。俄经济发展部长乌柳卡耶夫称，在油价、西方经济制裁维系现状情况下，俄经济需要一年半适应期后才有可能恢复增长[②]。尽管如此，俄一些经济学家认为，将这次经济困境与此往的危机相比并不正确，1998年金融危机是由于卢布的贬值和所有部门经济恶化所导致的国家金融系统的崩溃；2008年的危机主要是发达国家金融危机和美国次贷危机的外部原因所引发。目前，俄经济尚不能说是完全意义上的危机，只是危机前的状况，其在2012~2013年就已显现，是"发展中的失败"[③]。今后，俄

---

① http://www.thepaper.cn/newsDetail_forward_1298940.

② 俄新网2014年12月29日报道，来自驻俄罗斯联邦经商参处2014-12-30。http://ru.mofcom.gov.cn/article/jmxw/201412/20141200852249.shtml.

③ Каким видят 2015 год экономисты, http://vz.ru/economy/2015/1/3/722716.html.

经济将处于应对经济制裁、调整国内经济布局和探索发展新思路的时期。

②俄罗斯经济陷入恶性循环与传导：货币金融—实体经济—投资消费—民生领域—货币金融，是俄 2015 年面临的主要风险。2014 年，俄罗斯经济困境主要来自油价下跌所导致的卢布贬值，随着油价在低位徘徊和卢布汇率在高位游走，其对企业贷款融资和居民消费都会产生严重影响。据俄央行数据，俄银行业在 2015 年面临约 500 亿美元的偿债压力，2016 年仍有 850 亿美元的债务到期。目前俄央行利率为 15%（2015 年 1 月 30 日），商业银行的实际贷款利率将更高，很多中小企业难以承受而导致资金断流；市场挤兑和信心缺失对于俄罗斯非常危险。卢布贬值使通胀难以缓解，俄民众大量兑换外币或者购买食品储存起来。这表明，货币金融领域的困境最终会传导到民生和消费，而民生和消费的需求又会传导到货币金融领域。但是，俄罗斯出现政府债务危机的可能性不大，俄政府的负债率很低，债务占 GDP 的比重大约 13%。俄经济发展部长阿列克谢·乌柳卡耶夫指出，截至目前，俄罗斯的外债总额不到 GDP 的 3%，国债总额为 GDP 的 11%，是世界上债务水平最低的国家之一。

③如果制裁与反制裁的经济后果在 2～3 年得不到缓解，其对地区和全球经济的影响值得关注。俄罗斯所面临的经济困局是国内和国际、地缘政治和地缘经济共同作用的结果，尤以货币金融领域的特征最为明显、所受打击最为严重。2015 年，如果俄的货币金融能够稳住，俄经济则逐渐趋稳，普京将牢握俄政权并使其稳固，俄不会发生政局动荡。但是，2015 年的国际经济局势并不仅仅取决于乌克兰危机，国际大宗商品价格全线快速下跌，并使一些依赖大宗商品出口的国家如委内瑞拉等国陷入危机，也不能忽视。据世界银行报告，全球有 42 个国家经济是依赖大宗商品出口的，而由此产生的金融风险（如欧元量化宽松、瑞郎与欧元脱钩、美国将退出 QE、卢布大幅贬值等）将在全球传导。

俄罗斯是一个资源充裕而且能够自给自足的国家，其经济摆脱对美欧进口依赖是能够实现的，而欧盟多数国家则很难完全摆脱对俄资源品的依赖。西方主要是欧盟对俄经济制裁后自损程度也很严重，特别是对俄经济联系密切的德国和法国。因制裁导致的“经济战”不仅使这些国家经济一蹶不振，也引发企业与民众的不满。如果这一局面在2～3年内得不到缓解，加之油价与金融的动荡，欧洲经济将低迷下滑，整个世界经济有可能再次陷入金融危机，这是欧洲和大多数国家不愿意看到的情况。长期看，俄必将调整其对外战略、经济策略和发展模式，俄不会重回与世界经济隔绝封闭的经济体系。因此，我们有理由相信：在2～3年左右时间，俄罗斯能够逐渐克服目前的经济困境。

俄罗斯开发远东的理想与现实

◎ 刘艳彬

长期以来，守着“聚宝盆”依靠国家拨款度日的俄远东地区，其重要性和所存在的问题，俄领导人心知肚明。普京在第三个总统任期内力主加快开发远东，试图通过发展远东来实现经济增长方式转变和国家经济可持续发展。为此，普京力排众议出台了一系列重大举措。作为全民拥戴的总统，普京能否克服俄罗斯人心中固有的“重西轻东”的传统观念和地区积累的种种问题，完成这一历史重任，我们拭目以待。

俄远东开发虽不是新鲜事，但却是近年的新现象。近几十年来，俄领导人从未对远东如此关注。为开发远东，俄在机构设置、人员配备、发展模式和法律保障等方面做了充分准备。与以往相比，俄这次决心真的很大。但地区存在的如人口、观念、资金及基础设施等诸多问题在短期内难以解决。远东开发计划宏伟，但绝非一日之功。

一、俄罗斯开发远东新举措

2014 年，俄罗斯为促进远东地区开发，在组织机构、地区发展模

刘艳彬，国务院发展研究中心欧亚社会发展研究所学术秘书。

式、人员配备、法律和资金保障等方面做了充分准备和论证，决心通过此轮开发彻底改变远东地区贫穷落后面貌，打造经济新引擎和稳固战略支撑。

1. 成立远东地区发展的新机构

（1）强化远东发展部职权，主导远东地区的开发

为更好领导远东开发和解决地区实际问题，梅德韦杰夫总理根据普京总统指示于2014年3月签署命令，在远东发展部原有权限基础上赋予远东发展部4项额外权限：对涉及远东地区国家发展规划和其他联邦部委在远东地区的专项发展规划有协调权；对国家集团和国家公司在远东地区的投资规划有协调权；负责实施投资项目，协调并参与制定涉及特别经济区的国家政策和法律法规；发展远东地区竞争力，监督在远东地区市场起主导作用的公司活动[①]。这也为远东发展部自成立以来同20余个联邦部委的“分权”斗争画上了句号，远东发展部自此成为主导远东开发最主要的领导机构。

（2）成立吸引外资与支持出口署

负责吸引投资并为投资者提供便利和政策保障，是投资者参与远东开发的窗口部门。

（3）成立人力资源署

该署负责保障远东地区发展建设所需人才以及吸引人口来俄远东定居。

（4）改组远东与贝加尔地区发展基金

该项基金系根据总统和总理倡议于2011年11月成立，固定资本155亿卢布，是外经银行全资子公司，因近3年内未对远东地区任何项

---

① “Полномочия Минвостокразвития существенно расширились”, 04, 04, 2014 год, http://minvostokrazvitia.ru/press-center/news_minvostok/? ELEMENT_ID=1914.

目进行拨款，外经银行更换了该基金会领导层并改为直接隶属于联邦政府。该基金主要用于为远东地区建设现代化的公路、桥梁、海港、输电线路等基础设施，以及为今后拟实施的跨越发展区提供基础设施保障。远东发展基金还对跨越发展区内企业提供贷款业务。

（5）成立远东经济社会发展委员会

该委员会由梅德韦杰夫总理直接领导，每月召开一次会议，现场解决开发远东所遇到的迫切问题。

（6）成立联邦级监督检查组

该组的任务是监督政府各部门对中央政府关于发展远东决定的执行情况，对未按期完成任务的部委主要领导，监督检查组有向联邦政府提出进行纪律制裁的权力。

此外，2012 年轰动一时的东部发展集团虽然被远东发展部所取代，但远东发展部长加卢什卡明确表示，远东需要东部发展集团，其功能主要是为远东地区创建快速发展平台，参与跨越发展区及相关基础设施建设，与投资者共同实施投资项目。

2. 确定以亚太地区为着眼点的外向型经济模式

俄罗斯远东发展部长加卢什卡认为，远东地区人口少，市场规模小（其 GDP 仅占全俄 GDP 的 5%），拉动经济增长的内生动力不足。而欧洲市场容量超万亿美元，但距离远东地区遥远，物流成本过高，将使经济效益大打折扣。相比之下，地理邻近、规模巨大的亚太市场，将成为远东经济发展的最佳定位。亚太国家每年进口 6 万亿美元，仅非能源产品进口就达 4.9 万亿美元，如果远东地区能满足亚太市场 2% 的进口需求，远东地区生产总值将至少翻一番，且年均增速不低于 6%[①]。因此，

① 中国投资指南：《俄提出远东开发新主张》，2013 年 11 月 1 日，http：//www. fdi. gov. cn/1800000121_ 21_ 52342_ 0_ 7. html。

发展以面向亚太地区市场为主的出口型经济最符合远东实际，而跨越发展区是实现这一发展模式的最有效途径。截至2014年11月初，远东发展部已从400多个区块中选出了14个区块用于建设跨越发展区，涵盖农业、水产、矿产、制造、交通、港口和林业加工等领域，目的是将远东地区打造成国际物流中心、交通中心和加工中心，提升远东地区经济造血功能和可持续性。为此，俄方将在跨越发展区运用世界最成功的特区建设经验，同中国、日本、韩国和新加坡开展竞争。俄为跨越发展区提供的优惠措施和力度将超过新加坡等亚太国家，力争实现俄罗斯在2018年前跨入世界投资和商业环境20强，2025年地区生产总值翻一番，吸引资金3万亿卢布，创造4万个就业岗位，地区人口增长100万的目标。

3. 从立法上对远东地区发展予以保障

为从根本上改善远东地区投资环境，吸引投资，确保跨越发展区顺利进行，远东发展部组织制定了《远东地区经济社会跨越式发展》法律草案。根据草案内容，俄政府将为跨越发展区提供利润税、财产税、土地税、关税等方面的税收优惠。在土地使用、基础设施保障、简化行政手续、保险及通关等方面也将提供全力支持。该草案于2014年10月提交俄国家杜马，于12月获得通过。值得一提的是，为了通过该法案，俄还同时修改国家税法及多项国家法规，其力度之大前所未有。包括远东发展部长加卢什卡在内的俄众多官员，将该法视为“将远东地区打造成具有全球竞争力的革命性举措”。

4. 重新修订地区发展规划，量体裁衣，根据资金定项目

俄远东发展部根据项目的可行性和带动性，对《俄远东与贝加尔地区经济社会发展联邦专项规划纲要》进行了大幅修改，将完成期限延长至2025年。修订过的纲要与以往的不同，完全是根据资金保障和可实施性来确定项目。远东发展部目前已从远东地区 340 多个项目中选出 28 个优先实施项目。远东发展部副部长奥西波夫表示，“这些项目可在近年内为远东地区吸引超过 2 万亿卢布投资，创造 3 万余个工作岗位，未来 10 年可为远东地区增加 6300 亿卢布的预算外收入”①。

5. 俄高层空前重视

开发远东是一项任务艰巨的系统工程，涉及国家政策、法律、财力、人员等全方位支持，没有高层的坚定决心，开发远东可以说是一项不可能完成的任务。普京总统在 2013 年 12 月的国情咨文中宣称，“发展西伯利亚和远东是俄罗斯整个 21 世纪的优先任务”，是“俄罗斯最重要的地缘政治任务”。截至 2014 年 11 月，普京总统至少 5 次视察远东，此前还多次因远东开发进展缓慢而批评包括时任远东发展部长兼总统代表伊沙耶夫在内的俄高官，并于 2013 年撤销了伊沙耶夫的职务。目前，梅德韦杰夫总理亲自领导远东经济社会发展委员会，在 2014 年 3 月 20 日召开的远东发展会议上，梅德韦杰夫总理表示，“近期虽然我们的注意力被其他地区（乌克兰）吸引，但发展远东仍是国家优先任务”②。2014 年 11 月，《远东地区经济社会跨越式发展》法律草案在国家杜马一读通过，443 名代表中有 428 人投了赞成票。由此可见，在普京总统的坚持下，俄高层和普通民众已对开发远东的重要性和必要性达成高度共识。

---

① “Минвостокразвития отчиталось Президенту РФ об итогах работы и представило план дальнейших действий по развитию макрорегиона”, 26. 03. 2014 год, http: //minvostokrazvitia. ru/press – center/news_ minvostok/? ELEMENT_ ID = 1901.

② “Совещание о развитии Дальнего Востока”, 20 марта 2014 15: 00 Дом Правительства, Москва, http: //government. ru/news/11227/.

二、俄罗斯加快开发远东的主要动因

近年来俄开始加大对远东的重视和投入，主要有内外部两大动因。

1. 内部动因

（1）安民固边的需要

远东地区气候条件恶劣，经济社会发展长期落后于全国平均水平，是全俄 8 个联邦区中经济发展最差的地区，民众生活水平低下，刑事犯罪率居高不下，致使地区人口大量流失。截至 2012 年，俄远东地区人口约 628 万，与 1991 年相比流失近 20%，预计到 2025 年远东地区人口将减至 470 万。不断恶化的人口形势引起了俄政府的高度关注，普京在 2000 年出任总统时就警言："如果不能遏制人口下滑趋势，那么生活在边境地区的俄罗斯人将不得不学习汉语、韩语和日语。"[①] 我们能够从这句话中体会到多么强烈的紧迫感和危机感。此外，长期的贫穷落后造成了地区民众对中央政府的不满和严重的心理失衡。2008 年俄政府关于禁止进口日本二手车的法令引发了远东民众规模浩大的抗议游行。当时，民众纷纷走上街头表达对政府的不满，甚至要求将远东的滨海边疆区并入日本。

（2）俄整体经济实力提升使得开发远东成为可能

开发远东需要强大的经济实力支撑。原俄总统驻远东联邦区全权代表、远东发展部部长伊沙耶夫 2010 年接受俄国家电视台 24 频道采访时表示，近五年俄需要向远东投资至少 3 万亿卢布。自 2000 年以来，国

① ИА SakhaNews，"Россию все больше беспокоит Дальний Восток"，07. 10. 2013 09：12 Время Якутское，http：//www. 1sn. ru/87942. html.

际石油、天然气及有色金属等大宗商品价格居高不下，严重依赖资源出口的俄罗斯在10年内经济实力得到恢复并迅速提升。

（3）严重依赖能源的经济结构亟须转变

2012年以来，俄罗斯经济进入低速增长期，2013年增速只有1.3%。这说明高油价已经不能保证俄经济高速增长，说明俄多年来所进行的经济结构转型未见成效，凸显了俄转变增长方式、打造经济增长新引擎的迫切性。

（4）加强俄对北极影响的需要

堪察加边疆区行政长官伊柳欣表示，开发远东，综合建设彼得罗巴甫洛夫斯克港口可实现三个目的：加强俄罗斯在北极地区影响的同时，还能建立北冰洋东北航道支点；推动国内海上交通走廊建设；为远东打开通往亚太地区的大门。

2. 外部动因

（1）亚太地区具备助推远东发展的全部要素

世界经济中心自20世纪90年代以来加速向亚太地区转移。2010年，在世界工业增长率最高的十大经济体中亚太地区就占8个，十大黄金外汇储备国中亚太地区就占6个，人口和GDP总数均占世界第一。俄罗斯意识到，亚洲的增长是长期的增长，而且具备远东地区发展所需的巨大市场、雄厚资金、技术、管理经验和人力资源。普京在2012年竞选总统时的一篇文章中首次提出“借中国风扬俄罗斯经济之帆”① 的思想。打造面向亚太地区的外向型经济发展模式来实现远东地区经济快速发展，并带动俄经济全面发展的构想被提上日程。

（2）东西方平衡政策逐渐占据上风

① Newsru. com，“Путин предлагает поймать “китайский ветер в паруса российской экономики” и помочь пострадавшей от кризиса Европе”，27 февраля 2012 г.，http：//www. newsru. com/finance/27feb2012/putin_ china. html.

根深蒂固的“欧洲中心”思想使得俄罗斯一次又一次尝试融入欧洲，但欧洲没有意愿也没有能力接纳“俄罗斯熊”。随着亚太地区国际地位日益突出，俄罗斯积极参与地区事务，争取话语权的愿望也日益强烈。作为横跨欧亚两大洲的国家，如果失去在亚太地区的经济地位和话语权，俄罗斯如何能够成为世界的一极？

（3）俄亚太外交成果丰硕，“双头鹰”特性再次显现

2014 年 2 月爆发的乌克兰危机使俄与美欧关系跌入谷底，制裁使本来就增速放缓的俄经济雪上加霜。对内如何刺激经济发展、保障民生，对外如何破解外交困局是俄政治精英面临的难题。开发远东，加强与亚太地区合作可谓一举两得。

近一两年，俄罗斯积极开展与亚太国家交往，并取得丰硕成果。

第一，中俄全面战略协作伙伴关系得到进一步巩固和提升，两国实质合作与战略互信进一步加强。两国高层继续保持密切交往，能源、基础设施及大项目合作取得重大突破，中俄关系进入新的发展阶段。

第二，俄朝合作取得突破性进展。继免除朝鲜 110 亿美元债务并提供 800 万美元粮食援助后，2014 年俄罗斯又向朝鲜提供了 5 万吨粮食援助。2014 年朝鲜高层领导人三次访问俄罗斯，远东发展部长加卢什卡也两次访朝。俄朝确定了 2020 年双边贸易额达到 10 亿美元目标。朝鲜破例为俄公司在朝员工发放多次往返签证，这也是朝鲜首次向外国公民发放多次往返签证，同时双方还签署了以卢布结算的协议并进行了首次结算业务。俄罗斯企业在同中国、英国和法国公司竞标中赢得朝鲜价值 250 亿美元总长达 3500 公里的“胜利”铁路改造项目，俄远东发展部网站用“俄罗斯在朝鲜的‘胜利’”来形容俄对朝外交取得的成果。

第三，吸引日本参与远东开发。虽然俄日之间存在领土纠纷，并至今未签署《和平条约》，但这并未影响俄吸引日本金融和企业界参与远东开发的热情。俄远东发展部于 2014 年 2 月在莫斯科专门为日本商界举行推介会。同年 4 月在东京举行的第六届俄日经济论坛创造了参加企

业和人数最多的纪录。截至 2014 年 11 月，远东发展部已同日本三菱、住友、丰田、双日及北海道银行等多家企业签订参与远东开发协议，内容涉及农业和跨越发展区建设等诸多领域。

第四，继续加强与韩国合作。2013 年 11 月普京韩国之行被俄媒体称为最有成果的访问之一。普京提出建立统一的欧亚经济和交通基础设施倡议即“欧亚倡议”，得到韩国总统朴槿惠的支持，朴还赞同建设跨朝鲜半岛的俄朝韩铁路。此外，俄韩还首次探讨共同在北极地区开展合作问题。俄媒体认为，韩国是俄罗斯的可靠伙伴，不仅有能力助俄开发远东，还能帮助俄经济在整体上得到发展。

第五，重视蒙古作用。2014 年 9 月，普京总统率团访问蒙古并签署一系列协议。俄蒙将在黑龙江源头建设跨境保护区，俄无偿向蒙提供军事技术援助以及为蒙方培训人员等。普京邀请蒙古总统查希亚·额勒贝格道尔吉于 2015 年 5 月访问莫斯科，并出席卫国战争胜利 70 周年庆典。

第六，与越南加强传统合作并拓展新合作领域。俄罗斯与越南在军事技术、核电、太空及海关等领域有着密切合作。俄国防部官员 2014 年表示，俄越军事合作达到了史无前例的水平。越南国家副主席阮氏缘表示，越南视其为俄罗斯“东向政策”的重要环节，愿在俄罗斯与东盟合作中发挥桥梁作用。

第七，积极发展与印度战略伙伴关系。据俄媒体报道，普京总统于 2014 年 12 月访问了印度，并签署俄印战略伙伴关系路线图。俄印还探讨联合生产 MC－21 客机和卡 226T 型直升机，以及在印度设厂生产苏霍伊超级 100 号支线客机等问题。俄印同意在外贸业务中使用本币结算，进一步加强政治、经济、军技、宇航、教育和文化领域合作。俄邀印油气公司参与北极地区勘探合作，印邀俄公司参与“土库曼斯坦—阿富汗—巴基斯坦—印度”天然气管线建设项目。

三、俄罗斯远东开发仍面临重重困难

俄领导人开发远东的决心已下，并采取了一系列措施，但远东开发绝非一日之功。俄当局面临观念陈旧、资金短缺、劳动力不足、基础设施落后等诸多难题。

1. “欧洲中心论”仍是俄精英阶层的主流理念

长久以来，欧洲一直是俄罗斯主要的外部资金来源地，欧盟也是俄最大贸易伙伴和能源用户。对俄罗斯来说，没有哪个地区能够代替欧洲的作用。俄欧关系虽因乌克兰危机跌至谷底，但普京在2014年10月初谈及俄欧关系时仍表示，“俄罗斯不想停止与传统伙伴欧盟的关系，双方的贸易额已达到4300亿美元，我们应该向前看”①。俄多年来未对远东地区进行实质开发，除经济实力因素外，究其根源是“欧洲中心论”在作祟。当前，俄在某种程度上将开发远东作为对西方反制裁的回应，随着制裁的逐步取消和与西方关系的回暖，俄是否还能以如此力度坚持开发远东，值得关注。

2. 资金缺口巨大

资金不足将严重制约远东开发进程。只要在俄重要的搜索引擎“yandex”上打出“не хватает денег на Дальнем Востоке”，就会立即出现诸如“俄罗斯天然气公司没钱实施西伯利亚和远东的天然气化项目”、“俄罗斯财政部没钱救远东于洪水”、“俄远东地区没钱扑灭森林大火”、

① РИА Новости, “Путин: Россия не собирается сворачивать отношения с Европой”, 15: 0102. 10. 2014, http: //ria. ru/politics/20141002/1026619087. html.

“俄罗斯政府没钱发展远东”……梅德韦杰夫总理曾表示，“远东地区虽远，但这是我们的领土，因此不要心疼对远东的投入”①。问题是，钱从哪来呢？远东发展部副部长奥西波夫在向梅德韦杰夫总理汇报时表示，国家每年应为《俄远东与贝加尔地区经济社会发展联邦专项规划纲要》拨款1000亿卢布，但联邦财政2015～2017年的计划拨款总额仅为1710亿卢布。因巨额资金缺口，远东发展规划中只有电力项目得到实施，其他如航空、港口、公路及西伯利亚铁路和贝阿铁路改造等项目尚未开展。远东发展部部长加卢什卡表示，远东地区无论人均拨款还是单位拨款均严重不足，与其他地区差别在2～140倍不等，如文化发展计划相差140倍、医疗卫生相差24倍、公民援助相差10倍，公民住宅与公共服务保障相差2.3倍，而旅游规划的拨款则为零。为实施远东发展部选出的18个优先实施项目，10年内需要投入2160亿卢布，而拟建设的14个跨越发展区在近10年内还需拨款888亿卢布。实际上，加卢什卡2014年4月在接受滨海边疆区交通广播采访时指出，仅滨海边疆区的跨越发展区建设就至少需要拨款2000亿卢布。为在2015年启动投资项目和跨越发展区建设工作，远东发展部长加卢什卡2014年9月1日向普京汇报工作时，建议动用西伯利亚铁路和贝阿铁路现代化改造资金，被动用的资金将由俄铁和国家福利基金支出。普京总统当即指出，“拨款可能会减少，俄铁和国家福利基金也有难处，动用福利基金更要谨慎，不知结果如何就动用福利基金，国家是不会这么做的”②。言外之意是，政策给你了，项目是你定的，办法你就自己想吧！

① Новости Mail. Ru，“Дмитрий Медведев：Дальний Восток далеко，но денег на него мы жалеть не должны”，22. 04. 2014 год，http：//news. mail. ru/inregions/fareast/25/politics/17935208/.

② Президент России，“Совещание о господдержке инвестпроектов и территорий опережающего развития на Дальнем Востоке”，1 сентября 2014 года，http：//www. kremlin. ru/news/46522.

3. 行政领导体系复杂化，致使地方权力被大大削弱，自主性得不到发挥

今后一段时期，远东地区在行政管理上将出现远东发展部长加卢什卡、总统代表兼副总理特鲁特涅夫和俄政府第一副总理舒瓦洛夫共治局面；在开发实施主体上，将面临近似于国家机关性质的东部发展集团和远东与贝加尔地区发展基金等机构并存的局面。因此，无论是人员还是机构，都在试图增加自己对远东地区资源、人员和资金的控制与影响。这在很大程度上限制了地方政府的自主性，甚至在很多时候令地方政府不知所措。

4. 基础设施严重滞后

作为原料基地、潜在的加工中心和出口中心，远东目前的基础设施无法满足地区今后发展要求。

（1）公路建设严重滞后

“要想富，先修路”，这是我国改革开放后提出的一个发展经济的口号，这句话对当前的俄远东可能更为实用。汽车交通在俄远东地区占有重要地位，尤其是与中国贸易关系密切的远东地区南部。目前，远东地区主要公路有“乌苏里”、“阿穆尔”、“列娜”和“科雷马”公路，各级公路总里程78300公里，硬质路面仅占43%，而其中的80%都位于远东南部和萨哈林州，很多偏远地区至今未通公路。在面积600多万平方公里的远东，只有滨海边疆区公路密度接近全俄平均水平。相比之下，与远东毗邻的中国黑龙江省面积只有45万平方公里，至2012年公路总里程就已达到16万公里，而且在质量上也远高于远东地区。

（2）铁路现代化改造势在必行

近10年来西伯利亚铁路和贝阿铁路在运力上已不能满足地区经济

发展的现实需要，远东地区大量煤炭、矿产和木材资源无法运出，运力不足已经影响并制约地区经济发展，改造和扩容迫在眉睫。根据远东地区交通发展规划，西伯利亚大铁路和贝阿铁路 2020 年运力将达到每年 1.5 亿吨，速度将由目前的每昼夜 1200 公里提至 1500 公里。但资金严重匮乏制约着改造工作的进行。

（3）航空配套设施严重滞后

近年来航空在俄远东地区作用越来越突出，已成为远东地区第三大出行和运输方式，飞机是俄东部地区赴莫斯科等中心地区最主要的交通工具。由于季节性因素，飞机还是远东和西伯利亚很多偏僻地区唯一的交通工具。目前，在全俄航空运输中，客运占 4/5，货运仅占 1/5。但长期以来，远东地区的机场、跑道建设严重滞后，机型老旧，运力不足，无法满足日益增长的运输需求。

（4）港口吞吐能力和软硬件设施无法满足现实需求

海上运输承担着远东地区 15% 的国内运输和 5% ~6% 的对外运输功能，随着近年来俄罗斯加强对开发北海航道的投入，远东地区制定了相应的港口建设方案，但总体上仍处于“方案”阶段，落实较少，远东地区多数港口配套设施不健全、吞吐量小的局面少有改观。

（5）边境口岸建设滞后

远东 9 个联邦区共有 64 个口岸，其中只有 49 个在运转，而且在配套设施、工作制度、通关能力上都严重滞后，无法满足外向型经济发展需求。为此，俄总统驻远东联邦区代表特鲁特涅夫 2014 年 7 月专门召开远东地区口岸工作会议，研究解决上述问题。

（6）远东地区统一电网尚未形成

虽然俄罗斯最大的萨彦—舒申斯科耶水电站因严重事故还未完全投产，2013 年特大洪水又对泽亚和布列亚水电站造成了破坏，但远东地区 2013 年发电量还是达到创纪录的 2470 亿度。即使这样，远东电力仍不能满足地区工业和社会发展需求。由于距离原因，很多地区处于电网之外，远东与西伯利亚统一电网还未形成。工业用电成本一直居高不下，远东地区电力领域存在的问题仍未根本好转。

5. 人口形势趋于复杂

恶劣的气候和不断恶化的经济生活条件引发了俄远东地区巨大的人口流失。自 1993 年起，远东地区人口自然损失率是全俄平均水平的 3 倍。地区人口老龄化全俄第一，具有劳动能力和高素质人才的流失致使地区劳动力和专业人才短缺，制约了地区经济发展。俄政府提出的吸引 1800 万海外俄族人口来远东定居的计划已经破产。此次远东开发在很大程度都是在人口相对稠密和交通发达地区实施，这使远东开发“碎片化”可能性增加。

6. “原料附庸”的观念难以尽快转变

长期以来，远东地区一直对只是作为莫斯科的“原料附庸”颇有微词。此次开发，远东地区又是面向亚太市场、走出口型的经济模式，成为东方“原料附庸”的言论开始盛行。若此观念不变，将影响外资政策的有效实施，远东开发很可能再次成为一句空话。

7. 政策保持连续性的难度很大

俄远东政策的一个特点就是连续性不强。虽然俄支持开发远东的力度空前，也出台了一系列政策，但尚存一定变数：为安抚民心，俄政府势必要加大对克里米亚的投入，本来就不富裕的资金将变得更少，而“等米下锅”的远东又能得到多少？一旦俄与欧洲和美国关系回暖，俄是否还能继续当前开发力度？这些恐怕都将对远东开发产生不利影响。

8. 远东能否在与亚太国家的激烈竞争中胜出还是未知数

远东地区要成为与亚太和全球竞争的中心，首先就不能回避亚太地区在人力、资金、技术、先进管理经验和市场成熟度等各方面的巨大优势。远东地区因自身劣势致使产品成本过高，在价格上没有优势，与亚太地区竞争风险加大，外向型经济模式将面临重大挑战。

俄罗斯积极开展军事外交

◎ 朱长生

2014 年，俄罗斯同西方关系因乌克兰危机而步入冷战后最昏暗的阶段，双边关系全面倒退。俄军方在此背景下，依然展开了一系列积极而又艰难的军事外交活动，促进军队与军工企业的现代化建设，以维护国家经济社会发展利益。

乌克兰危机是 2014 年影响国际形势与国际关系走向的重大因素。它引发了冷战后俄罗斯同美国和西方之间最激烈的一场地缘政治对峙，俄罗斯与乌克兰和西方关系全面倒退。俄和西方甚至在乌克兰开展了代理人战争。俄罗斯的外部环境空前恶化，面临的压力与阻力愈益增大。在此背景局面下，俄负重前行，推动与独联体、集安条约组织成员国及其他亚太国家、拉美国家的军事外交，注重在重大国际舞台亮相发声，加强对外军事宣传，尽最大努力维护自身安全与发展利益，体现了军事外交与国家外交方向的一致性与目标的相近性。

朱长生，国务院发展研究中心欧亚社会发展研究所研究员。

一、俄开展军事外交的外部环境空前恶化

2013 年 11 月，时任乌克兰总统亚努科维奇宣布暂停签署与欧盟的联系国协定，转向与俄罗斯对话。乌克兰国内反对派在西方支持下，发动了一场“违宪政变”和“武装叛乱”，俄 2014 年 3 月 1 日毅然决定必要时将在乌克兰境内动用俄罗斯军队，直至恢复社会及政治形势稳定。随后，俄增兵克里米亚并展开一系列军事行动，强行接管乌克兰部队营地、设施，在俄乌边境部署重兵，展开大规模军演，试射战略导弹，支持克里米亚于 3 月 16 日脱乌入俄运动。西方以此为由对俄实施制裁、派军舰入黑海、举行大规模军演，企图吓阻俄在乌克兰东南部的举动，北约还借机把其军事基础设施与部署进一步向俄罗斯边境推进。目前，北约正在波兰、波罗的海三国、黑海和波罗的海海域加强其海陆空军部署，并以“对抗东方威胁”为借口，不断强化军事演习与军队训练。俄同美欧关系正经历冷战结束以来最严重的政治和军事危机。北约通过 1999 年、2004 年和 2009 年的 3 次东扩，其成员国由 16 个增至 28 个，其东部边界向前推进了 1000 多公里，对俄形成了于西北、南部包抄、夹击的态势，现在又要使乌克兰脱离俄罗斯的势力范围，将之融入西方，触及俄划定的红线。可以说，俄同美欧之争既是维权，也是反霸。

二、俄军事外交活动的主要特点

俄罗斯把军事外交视为军队现代化建设、加强国际稳定与巩固国家安全整体建设工作的一部分。过去一年的俄罗斯军事外交呈以下特点。

一是优先发展同独联体特别是集安组织的军事合作。加强同独联体

与集体安全条约组织伙伴的多边、多领域合作依然是俄军事外交的重点。2014 年 12 月 22 日至 23 日，集安组织峰会在莫斯科召开。会后，各国领导人签署了联合声明，强调为应对当前国际和地区形势面临的多方面新威胁和挑战，各国应加深在集安组织内的协调和合作，加强同联合国、欧安组织、上合组织以及其他国家和地区组织的合作。此前的外交部长与国防部长会议，提出了应对恐怖主义、跨国犯罪、毒品走私等现实威胁的具体建议。为提高集安组织的战斗准备，其快反部队在哈萨克斯坦举行了“协作”联合演习，维和部队在吉尔吉斯斯坦组织了“牢不可破的兄弟友谊”演习，中亚地区快速部队在俄罗斯组织了“边界”首长司令部演习。独联体国防部长会议批准了 2020 年前军事合作的原则。独联体国家元首（除乌克兰与摩尔多瓦外）发表声明，表示要捍卫历史真相，共同抵制美化纳粹、法西斯主义意识复苏、排外心理宣传和种族主义宣传。俄采取措施，加强同白俄罗斯的统一防空系统，同亚美尼亚、哈萨克斯坦和吉尔吉斯斯坦建立地区防空体系，向白俄罗斯和哈萨克斯坦提供防空系统。

二是亚太地区的军事外交得到强化。2014 年，俄罗斯强化了同亚太地区国家双边和多边形式的军事合作。继续参与地区多边论坛、东盟国防部长及其对话伙伴会议，以及 11 月斯里兰卡倡议发起的南亚和东南亚国家国防部长磋商会，促进了同越南、马来西亚、缅甸和其他国家的军事关系发展。重视上海合作组织国家国防部间的合作，对华军事交往明显活跃，国防部长绍伊古成功访华。俄中陆地和海上联合大规模演习意义重大。双方决定加强军事卫生、干部培训和军事技术领域的关系。俄印军事合作对加强双方战略伙伴关系具有特殊意义，启动了两军总参谋部的会议机制，组织了双方三军的联合演习。印度成为俄对外军事技术合作的最大伙伴。在向印度提供现有武器装备的同时，俄继续协助印度发展军事工业。加强了同巴基斯坦的军事关系。11 月，俄国防部长绍伊古出访巴基斯坦。俄巴国防部长签署了两国国防部的合作协议，这份协议成为加强两国国防领域双边关系的重要步骤与依据。

三是对非洲军事外交取得新进展。俄罗斯同埃及的军事和军事技术合作成为国家间合作的一个重要方面。“阿拉伯之春”曾导致一系列严重后果，在这一背景下，俄罗斯调整了同埃及的关系。为加强国防部间的战略伙伴关系，俄埃启动了“2+2”（国防部和外交部）机制，在军事技术合作领域双方建立起专门的协作机制，军事代表团定期展开交流。

四是对拉丁美洲军事外交朝着全面合作方向迈进。俄计划扩大同拉美国家军事与军事技术合作，以保持在这一地区的海空力量存在。正积极寻求在委内瑞拉、古巴和尼加拉瓜建立军舰进入的“物资技术保障点”，即军舰能够进入拉美国家港口，并使用当地机场。

俄罗斯军舰事务性地频繁进入各地区港口成为轰动性事件，2014年内俄海军对包括亚太国家在内的世界16个国家港口进行了75次访问。

五是举办国际安全会议，借机宣传俄罗斯对重大国际安全问题的立场主张。俄国防部每年邀请非政府组织安全领域专家来莫斯科参加全球与地区安全国际会议已成传统。5月，俄在遭受西方制裁的情况下，依然顶着压力主办了第三届全球与地区安全国际会议。俄领导人十分重视这次会议，普京总统专门致函祝贺。通过主办会议表达俄的关切与声音。40多个国家和5个国际组织的约300名代表与会。会上，俄国防部长绍伊古做了《全球安全与地区稳定》的报告。专家们围绕俄的提议，就“颜色革命”传播、“阿拉伯之春”后果以及国际安全部队撤出后阿富汗保持稳定的前景等问题进行了讨论。俄还利用亚太地区平台积极推动落实建立安全与合作新架构的主张。

六是增加国际军事人才培训。俄军事院校以无偿和优惠方式，为友好国家培训军官干部，其规模已达到了可与苏联时期相媲美的程度。目前，除战略导弹兵院校外，国防部其他各高等院校中，有来自47个国家6000多名外军专业人员学习，比2013年多1000人，其中90%以上是无偿学习。此外，还组织国际性军事比武竞赛，如“坦克两项运动—2014”和“航空飞镖—2014”。前者有包括俄印中在内的11个国家的军队代表队参加。

七是强化与拓展境外军事存在。加强俄在吉尔吉斯斯坦和塔吉克斯坦的军事基地。增加了肯特空军基地的飞机数量，把俄第201军事基地从旅升格为师，简化其任务，以防阿富汗出现不稳定和恐怖威胁增长时，遏制对集安组织国家的军事安全威胁。俄还加强了在阿布哈兹和南奥塞梯的军事基地建设。

八是向世界推销俄罗斯武器装备，以持续保住军火出口大国的地位。俄是全球军火市场上的主要出口商之一。近年来，俄武器出口稳定增长，销售额每年以10亿美元的数量提高。俄武器装备相对于西方竞争对手以质量可靠、使用简单、便于维修、耐用性强、物美价廉而著称。俄制武器已经销往拉美、欧洲、非洲、亚洲与阿拉伯世界共100多个国家。据统计，2013年美国在全球军火市场上所占份额为29%，俄罗斯为27%。2014年，尽管有诸多不利因素制约，俄依然占据着第二大军火出口国的位置。普京宣称，2014年前6个月的军火销售总额就已达到56亿美元，而出口订单总额已经增至近500亿美元。

九是俄中军事关系得到深化。俄国防部在总结一年来的军事外交工作时称，中国对美国反导系统对地区安全的危害与影响有着越来越深刻的认识，这为深化俄中合作提供了可能，使“俄中军事技术合作具有了新的方向，瞄准了先进技术领域”。此外，俄国防部还感到，人们在倾听俄的意见，俄关于在亚太地区建立平等与整体安全体系的立场引起了人们的兴趣，表示“将以实际步骤保持这种信任”。

十是外部环境的恶化致使高层军事外交活动出现较大幅度下降。2014年俄国防部长与总参谋长参与的国际活动仅有30多项，与2013年（60多项）同比下降了近50%。2013年，俄军方接待了3个国家元首、

20 个国防部长来访，而2014 年却没有接待1 个外国元首，仅接待了12 个国家的国防部长来访，只有4 个国家的总参谋长访俄，2013 年却有13 个国家的总参谋长、参谋长来访。

三、俄军事外交前景展望

2015 年俄同以美国为首的西方尚无改善关系的迹象。俄军事外交面临的环境依然复杂。俄将根据军事政治形势的变化，确定其军事外交的重点。

一是巩固集安组织的集体安全，尤其是要建立并发展同阿布哈兹和南奥塞梯两共和国的同盟关系，合作保障共同防御与安全，努力完善集安组织集体安全体系力量和手段，加强独联体、欧安组织和上合组织的协调行动。

二是发展同金砖国家、亚太地区传统伙伴的合作。2014 年刚过，俄国防部长绍伊古便马不停蹄，接连对伊朗和印度进行了访问。对伊朗的访问，是俄国防部长近15 年来的首访，双方签署了国防合作协议，商定扩大两国军舰互访，并就举行两军总参谋部会晤、作为观察员参加对方军事演习、培训军事人员以及交流维和与反恐经验等达成协议，两国“在安全领域的合作已经达到新的水平”①。访印期间，俄印达成共识，俄军将为印度培训军官，两军总参谋部将发展相互磋商机制；提高军事演习数量；在军技合作领域，双方达成了加快研发FGFA 五代机的协议，并继续多功能运输机、超音速小型布拉莫斯巡航导弹的研制工作，扩大向印供应苏－30 战机。此外，印度还将生产卡－22T 型多目标直升机。俄罗斯参与200 项联合项目，在可预见的未来，俄仍将是印度

① http：//tsrus. cn/junshi/2015/01/22/39481. html.

武器的最大供应国①。

三是扩大总参谋部（总司令部）的外交活动。计划同巴西、越南、古巴、朝鲜军方展开首次谈判。组织一系列联合海军、空军、陆军和空降兵演习②。

四是扩大武器出口市场。2015 年 1 月 27 日，普京总统在出席同外国军事技术合作委员会会议时指出，当前的挑战与威胁迫使许多国家调整军事政策，对本国军队进行现代化改造，对此，要求俄“扩大在亚太、非洲、拉丁美洲和加勒比地区的武器出口市场”。

---

① http：//sputniknews. cn/politics/20150125/1013629550. html.

② Александр. Тихонов：Россию никому не покорить《Красная звезда》. 30. 01. 2015. http：//www. redstar. ru/index. php/component/k2/item/21440 – rossiyu – nikomu – ne – pokorit）.

俄罗斯与外部世界关系的历史演变

◎ 庞大鹏

苏联解体后，作为转型与发展的一个重要组成部分，俄罗斯需要重塑与外部世界的关系。时至今日，俄罗斯未能实现与外部世界融入与并立之间的平衡。俄罗斯的国家认同和国际定位伴随其内部政治秩序的根本变化。俄罗斯与外部世界的关系是一个内部进程和外部变化落差日益加大的历史进程。

乌克兰危机发生后，2014 年普京有几次比较重要的讲话：3 月 18 日的演讲①、7 月 22 日在安全会议上的讲话②以及 12 月 4 日的国情咨文③。这几次讲话的共同特点是，以克里米亚问题和乌克兰危机为引子，简明扼要地表达了俄罗斯精英的国际政治观。概括起来，有以下几点：

庞大鹏，国务院发展研究中心欧亚社会发展研究所研究员，中国社会科学科学院俄罗斯东欧中亚研究所研究员。

① 3 月 18 日，普京在克里米亚和塞瓦斯托波尔以联邦主体身份加入俄罗斯的演讲中，认为西方一次又一次欺骗了俄罗斯，背着俄罗斯作出了对俄罗斯不利的决定。Обращение Президента Российской Федерации，18 марта 2014，http：//kremlin. ru/news/20603。

② 7 月 22 日，普京在安全会议召开的关于捍卫国家主权和领土完整的会议上发言时指出："如今不存在对我国主权和领土完整的直接军事威胁——但动摇社会政治局势，以各种方法削弱俄罗斯和打击我们弱点的企图一直存在。"Заседание Совета Безопасности，22 июля 2014，http：//kremlin. ru/news/46305。

③ 12 月 4 日，普京在 2014 年总统国情咨文中抨击美国向来都直接或在幕后影响着俄罗斯与周边国家的关系。Послание Президента Федеральному Собранию，4 декабря 2014，http：//kremlin. ru/news/47173。

第一，从历史看，俄罗斯是冷战结束以后地缘政治博弈的受害者；第二，从现实看，俄罗斯一直面临由美国主导的直接或者间接的外部威胁，其表现，对内是武力违宪夺权，对外是单极霸权挤压战略空间；第三，从未来一个时期看，俄罗斯的战略重点在后苏联空间及周边国家。

俄罗斯与外部世界的关系在苏联解体后经历了怎样的变化？为什么这种变化导致俄罗斯有一种受害者的心态？这种变化与俄罗斯内政是什么关系？

一、俄罗斯与外部世界的融入阶段

俄罗斯独立之初的治国理念一般被概括为“欧洲—大西洋主义”，其基本涵义是指俄罗斯本来就是欧洲的一部分，只是由于鞑靼蒙古人的入侵和布尔什维克的革命，才使俄罗斯同西方文明分开。俄罗斯是欧亚国家，这是个地理事实。但是，从历史根源、文化优势、价值取向和文明体系来看，俄罗斯民族是欧洲民族。俄罗斯应该把目光瞄准包括美国在内的整个欧洲—大西洋空间。“欧洲—大西洋主义”者认为，对外政策最优先的方面不是同原苏联各共和国的重新联合，而是尽快加入西方“文明国家大家庭”。这一政策的实质就是在民主化、非意识形态化、非军事化和对外政策非全球化的标志下，使俄罗斯同西方结成“伙伴”和“盟友”，成为世界最发达国家俱乐部中的成员①。

与“欧洲—大西洋主义”理念相匹配的对外政策是“一边倒”政策。“一边倒”政策官方代表文献是 1993 年 4 月 30 日叶利钦批准的第一份俄罗斯外交战略文件《俄罗斯联邦外交政策构想》。该文件指出，西方国家是未来世界文明进步的动力，西方国家能够在帮助俄罗斯复兴

① 李静杰：“俄罗斯关于‘文明选择’的争论”，《太平洋学报》，1997 年第 2 期。

方面发挥重要作用[①]。融入西方是俄罗斯首要的外交目标，就像时任俄罗斯外交部长的科济列夫所言，俄罗斯需要在遵循共同的民主价值观的基础上同西方国家建立伙伴关系和盟友关系[②]。值得注意的是，这一时期俄罗斯主要是从地区稳定和境外俄罗斯人利益的角度看待独联体问题，至于保持对独联体的主导力与保持大国地位之间的关系并没有提及。究其原因，主要是因为俄罗斯实行“一边倒”政策，认为确立俄罗斯大国地位的途径是加入西方领导的各种国际组织。在作为本国核心利益的独联体问题上，俄罗斯甚至认为需要美国介入独联体事务以便帮助俄罗斯来保持地区稳定[③]。

这一时期一直持续到 1994 年北约确定东扩。在俄罗斯看来，冷战结束后，欧洲安全一直未能确定出新的格局，处于停止不前状态。俄罗斯主张，在欧洲安全和合作组织的基础上在欧洲建立集体安全，这有利于避免集团的分裂，但是，1994 年 12 月在布达佩斯举行的欧洲安全和合作组织会议上，俄罗斯的建议被否决[④]。1994 年 12 月 1 日北约外长会议决定成立专家小组为东扩制定规则和计划之后，叶利钦在 12 月 5 日召开的欧安会首脑会议上表示坚决反对，认为这是播下不信任的种子，并使欧洲面临陷入“冷和平”的危险。这是俄罗斯放弃“一边倒”政策的标志性事件。

苏联解体后，作为转型与发展的一个重要组成部分，俄罗斯需要重

---

① Основные положения концепции внешней политики Российской Федерации утверждены Распоряжением Президента Российской Федерации Б. Н. Ельцина от 23 апреля 1993 г. // Внешняя политика и безопасность современной России. 1991 – 2002. Хрестоматия в четырех томах/составитель Т. А. Шаклеина. Т. IV. Документы. М. , 2002.

② В. И. Михайленко, История внешней политики Российской Федерации: больше вопросов, чем ответов, http: //ural – yeltsin. ru/usefiles/destiny/Mikhailenko. doc.

③ 郑羽：“俄罗斯的独联体政策：十年间的演变”，《东欧中亚研究》，2001 年第 4 期。

④ К. С. Бенедиктов, Россия и ОБСЕ: реальные и мнимые возможности сотрудничества. // Внешняя политика и безопасность современной России. 1991 – 2002, http: //window. edu. ru/resource/984/46984/files/mion – ino – center07. pdf.

塑与外部世界的关系。最初几年对于俄罗斯和外部世界而言，都是很关键的历史性时刻。那么，究竟是什么原因导致1994年12月俄罗斯在融入西方的问题上最终功亏一篑？笔者认为，有五个因素促使俄罗斯与西方相互认知发生了变化，并最终导致俄罗斯放弃了“一边倒”政策。

一是北约东扩问题。北约东扩让俄罗斯开始认识到民主意识形态与地缘国家利益之间的矛盾。1989年东欧剧变后，1991年苏联出兵压制立陶宛争取独立的运动和1991年“8·19事件”中苏联强硬派的表现，都让刚刚摆脱苏联控制的东欧国家心存疑虑，积极要求北约东扩①。面对东欧安全格局的迅速变化，作为北约领袖的美国对北约在冷战结束后的功能也处于重新定位之中。直到1993年克林顿政府还在犹豫不决，一是担心会使俄罗斯感到孤立，二是担心东欧国家的内部矛盾被带入北约。西方内部对于北约东扩的意见不一，实际上反映了如何确定俄罗斯国际地位和如何看待俄罗斯国家身份的根本问题，因而北约东扩的问题也深刻影响了俄罗斯国内政策的制订和政治思想的变化。从这个意义上讲，北约东扩问题是一个牵一发而动全身的全局性和战略性的核心问题，对俄罗斯治国理念的演变产生了重要影响。由此也产生了持续不断的争论：是否因西方政策的失误而导致失去俄罗斯。直到1994年1月10~11日，在比利时首都布鲁塞尔召开的北约成员国国家和政府首脑会议才通过了《北约布鲁塞尔首脑会议宣言》、《和平伙伴关系：邀请文件》和《和平伙伴关系：框架文件》，明确了北约将向东扩大②。

二是波黑战争问题。1992年3月开始的波黑战争，表明俄罗斯与西方在欧洲大陆地缘安全上的不同利益诉求。这场战争不仅是两极格局结束后出现的民族冲突，也是二战结束后欧洲大陆规模最大的种族战争。美欧俄在波黑战争中的博弈，不仅反映了俄罗斯与西方对欧洲安全问题

---

① 东欧国家中最早提出加入北约问题的是波兰、匈牙利和捷克斯洛伐克。

② 郑羽：“俄罗斯与北约：从‘和平伙伴计划’到马德里峰会”，《东欧中亚研究》，1997年第6期。

的不同解决方案，也让俄罗斯与西方初步认识到在后冷战时期双方利益的不同。

三是俄罗斯国内的政权危机问题。1993 年的双重政权危机，表明俄罗斯国内即使在“一边倒”时期也有强硬的反对力量。1991 年底开始改革时俄罗斯经济本来就已陷入极其严重的困境。经济改革一经启动，几十年来积累的所有问题立刻严重激化。“休克疗法”改革难见成效，俄罗斯政治发展受到危机的严重影响。市场改革使社会付出的代价太大，俄罗斯不得不为“休克疗法”改革付出代价，国家治理进程也被不停的危机所打断，叶利钦的选择只能是首先保持政权稳定①。但是，俄罗斯副总统鲁茨科伊和最高苏维埃主席哈斯布拉托夫，对叶利钦主张的“一边倒”政策和“休克疗法”心存疑虑，导致双方在发展模式、政治道路及对外政策领域产生一系列分歧，最终引发立法机构与行政机构权限划分的激烈争斗，以十月流血事件的形式结束了双重政权危机。政治反对派的强大压力使叶利钦不能不反思自己的内外政策。

四是 1993 年国家杜马选举问题。1993 年底俄罗斯国家杜马选举中出现了“日里诺夫斯基现象”，让西方担忧“魏玛俄罗斯”问题的出现。1993 年 12 月，在俄罗斯第一届国家杜马选举中，事先并不被看好的日里诺夫斯基领导的自由民主党出人意料地获得了 70 席，被叶利钦寄予厚望的盖达尔领导的“俄罗斯选择”运动仅获 96 席。久加诺夫领导的俄罗斯联邦共产党也获得了 65 席。支持总统和执政党的激进派遭遇滑铁卢，激进民族主义政党自由民主党和左翼反对派共产党影响明显上升。1992 年以来民主派持续衰落之势难以改变。1994 年 1 月 11 日新议会开始运转后，1 月 20 日政府完成改组。激进民主派在议会和政府中都成了少数派。俄罗斯共产党、俄罗斯农业党、俄罗斯自由民主党联合

---

① Об укреплении Российского государства. Послание Президента РФ Федеральному Собранию, Российская газета, 25 февраля 1994г.

“俄罗斯妇女”、民主党等中派议员团，成了能左右局势的中坚力量。在国家杜马里，一种以国家为重的思想日益成熟，各议会党团都有这种思想的支持者，即便是表示坚决反对总统政策并以弹劾相威胁的议会党团也不例外。

日里诺夫斯基的意外获胜让西方开始把经济虚弱但民族主义情绪高涨的俄罗斯与历史上的“魏玛德国”现象相提并论。在西方看来，冷战结束以后的俄罗斯仍在努力为自己在世界上寻找位置。俄罗斯尽管在军事上和经济上仍在不断削弱，但是，作为苏联战略核武库的继承者，有能力对美国发动一场毁灭性的核攻击。而俄罗斯国内政治生态的发展进一步加重了西方的担忧。“日里诺夫斯基现象”的出现表明，俄罗斯如果朝重新成为帝国的方向发展，那么即使在被削弱的情况下，也能够造成严重的地区性威胁。这种设想被称为“魏玛俄罗斯”问题，也就是说有这样的可能性，即俄罗斯被经济与政治麻烦和耻辱所激怒，会通过转向极端民族主义的政策，特别是使老的内部帝国的一部分或全部重新合并或者对它们拥有主权的办法，来恢复帝国昔日的荣耀①。

五是第一次车臣战争问题。1994 年 12 月第一次车臣战争，让西方开始警惕俄罗斯帝国思维的复活。在第一届国家杜马选举后，叶利钦政府本就举步维艰，更令其感到雪上加霜的是，车臣冲突使叶利钦与“俄罗斯选择”，即“民主俄罗斯”的思想联盟破裂。政府针对车臣采取的行动不仅打击了“俄罗斯选择”的队伍，并使国家杜马民主议会党团彻底分成了不同的派别。1994 年初，沙赫赖的俄罗斯统一和谐党脱离民主派队伍，站到反对派的一边，直接导致国家杜马政治力量的重组。国家杜马随即通过决议，促成了 1991 年“8・19 事件”中的紧急状态委员会的政治家和 1993 年 10 月事件的组织者被赦。1994 年 2 月 23 日，

① Zalmay Khalilzad，“Losing the moment? The United States and the world after the Cold War”. The Washington Quarterly，Spring 1995.

1994 总统国情咨文发表前一天，国家杜马以 252 票赞成、67 票反对、28 票弃权通过决定，对被指控参与和组织 1991 年“8·19 事件”、1993 年5·1 和 10 月流血事件的在押犯实行大赦，拉开了权力机关之间以及各政治力量之间新一轮政治斗争的序幕。2 月 26 日，哈斯布拉托夫和鲁茨科伊等 1993 年 10 月事件的参与者被释放。可见，车臣问题作为一个刺激性因素，造成叶利钦与民主派之间的利益冲突，两者的共生现象告一段落。

尤其需要关注的是，第一次车臣战争加剧了俄罗斯社会上的排外情绪。苏联解体以后，由于日益严重的经济危机、对执政当局的不满和失望、周边爆发的族际军事冲突、大批移民进入俄罗斯，俄罗斯社会出现严重的排外情绪。1993 年初，对不同年龄和地区的人进行的民意测验表明，有 48% ~54% 的人产生了不同形式的排外情绪。根据 1994 年 2 月的社会调查，有 75% 的俄罗斯人产生了这种情绪，其表现为：一是抽象的排外情绪，认为俄罗斯人受了委屈，“别人从我们这里把能拿走的都拿去了，而现在又说全都是俄罗斯人的错”。这种情绪发生在受调查的一半人身上。二是“反西方”，认为俄罗斯的财富被廉价出卖了，外国人把财富抢走了，认为改革是外国人策划的，只有利于西方。在受调查的人当中，有 15% ~20% 的人有这种情绪。三是民族排外情绪，认为俄罗斯的不幸在某种程度上是异族人造成的，非俄罗斯人在俄罗斯享有的权利太多，并且滥用这些权利。尤其对车臣人、阿塞拜疆人、亚美尼亚人、格鲁吉亚人、犹太人、中亚各族的人，以及在俄罗斯城市中经商的其他民族的人有偏见。这种民族排外情绪发生在 4% ~6% 受调查者身上。

无论第一次车臣战争如何结束，都加剧了业已存在的排外情绪①。可以说，车臣问题在俄罗斯与外部世界的关系中具有特殊意义。比如，

① Эмиль Паин，После чеченской войны，Известия，13 января 1995г.

1999 年第二次车臣战争爆发后，西方以车臣问题为借口对俄罗斯施加压力，其主要原因之一是要孤立叶利钦执政后期业已形成的金融寡头政权。当时西方普遍认为，如果俄罗斯再不更换政权，政权机构不仅将继续腐化，而且有可能实行专制统治①。

上述五个因素引发俄罗斯国内局势的变化，国内形势的变化又迫使叶利钦为对抗反对派而放慢内政改革的速度，缓和民众不满，在外交上，开始向重视俄罗斯利益和民众大国心理的政策转换。1994 年 2 月，在当代俄罗斯政治史上第一份总统国情咨文中，叶利钦审时度势，强调俄罗斯战略任务是“重建统一的俄罗斯国家机构与构建新俄罗斯的国家观念”②。把容易得到反对派势力赞同的重视国家利益的理念摆在第一位，强调建立强大的俄罗斯。这是在经济危机仍在持续，反对派势力增大的情况下，叶利钦试图通过强调民族感情，强调大国地位来巩固政权基础。这是一篇定基调的讲话，为新俄罗斯国家地位的确立奠定了基础。俄罗斯统一和谐党主席沙赫赖称叶利钦第一次播下了确立俄罗斯国家地位概念的种子。

二、俄罗斯与外部世界关系的并立阶段

在历史关键时刻，上述五大因素的发展变化，让西方意识到了俄罗

① Российская внешняя политика перед вызовами XXI века，http：//svop. ru/public/pub2000/1263/.

② 例如，在 1994 年 2 月 24 日的总统国情咨文中，叶利钦认为：Россия переживает сейчас один из важнейших этапов развития своей государственности. См. Об укреплении Российского государства. Послание Президента РФ Федеральному Собранию，*Российская газета*，25 февраля 1994г. 在 1996 年 2 月 23 日的总统国情咨文中，叶利钦再次明确表示：Перед руководством России стояла стратегическая задача – воссоздание российской государственности. Без преувеличения，это была проблема выживания. См. Россия，за которую мы в ответе. Послание Президента РФ Федеральному Собранию，*Российская газета*，24 февраля 1996г.

斯国内民主化问题的复杂性，需要防范俄罗斯帝国意识的复活。而民主化和去帝国化恰恰是西方对俄罗斯的战略目标。双方认知的变化终于导致俄罗斯与西方蜜月期的结束。1994 年 12 月，俄罗斯与西方的争吵，是俄罗斯与外部世界关系发展变化的一个缩影，也是苏联解体初期俄罗斯与外部世界矛盾累积的一次爆发。俄罗斯融入外部世界的历史阶段戛然而止。

1992 年 3 月，尼克松曾经发表一份备忘录，担心美国将失去改造独联体地区的历史性机会，历史将会拷问“谁丢失了俄罗斯?”① 笔者认为，以上五个因素深刻影响了苏联解体后在历史关键时刻俄罗斯与外部世界的相互认知。

国家的复兴和发展取决于它的政治集团是否能够应对新世界的挑战和机遇，是否能够正确评价这个新世界。乌克兰危机发生后，人们普遍认为，俄罗斯与西方的战略目标都非常明确：西方的战略是使苏联解体的现状维持下来，将俄罗斯的势力遏制在边界之内；俄罗斯的战略是实现独联体国家特别是三个斯拉夫国家俄罗斯、乌克兰、白俄罗斯重新一体化。由于利益诉求有本质差异，因此俄罗斯与西方的矛盾是结构性的，难以调和的。从这个意义上讲，乌克兰危机实际上是冷战后国际政治格局基本矛盾演变的产物。

笔者不反对上述观点，但是笔者认为，俄罗斯与外部世界的关系是一个内部进程和外部变化落差日益加大的历史进程，我们应该把这个历史过程说清楚，而不是简单地就双方存在的所谓结构性矛盾下结论。从上述回顾可以看到，无论俄罗斯还是外部世界，不是一开始就有我们现在所津津乐道的结构性矛盾。俄罗斯与外部世界的关系是有一个逐步变化的过程。从这个意义上说，究竟哪些因素导致了双方认知出现变化是本源性的问题。只有搞清楚这些因素，才能更好地理解俄罗斯与外部世

① 梅孜主编:《美俄关系大事实录（1991－2001)》，时事出版社 2004 年版，第 28 页。

界融入阶段结束以后双方关系的发展变化。这五个因素实际上是战略稳定、发展道路以及独联体问题这三大问题的外在表现形式。从1995年开始，结束了与西方蜜月期的俄罗斯，在处理与外部世界的关系时再也没能绕开欧洲安全格局与世界战略稳定、俄罗斯发展道路与民主转型以及独联体为依托的欧亚战略这三大根本问题。

俄罗斯与外部世界的关系是一个渐进的过程。笔者强调一点，即当前俄罗斯与西方在乌克兰危机后出现的长期软对抗的博弈状态也是一个内部进程和外部变化落差日益加大的结果。从这个意义上说，笔者认为，苏联解体后俄罗斯与外部世界关系的历史演变大体上可以划分为两个阶段。第一个阶段就是前文论述的融入阶段，这个阶段始于1991年，终于1994年12月北约确定东扩。这个阶段的特点是，俄罗斯与西方国家利益、意识形态和政治价值观基本吻合，俄罗斯真正想融入西方社会。第二个阶段是并立甚至孤立的阶段。从1995年一直持续到现在，当然其中可以细分为若干个不同特点的历史时期，但是仅就是否要真正融入西方社会这点来说，其实从俄罗斯结束“一边倒”政策开始，俄罗斯已经与西方渐行渐远了。

从1995年开始，俄罗斯与西方平等并立关系纠结不断，俄罗斯国内发展道路一直存在西方化与俄罗斯化的争论。从1995年到1999年3月科索沃战争为一个时期，俄罗斯一直谋求与西方建立平等伙伴关系。但是，1999年3月24日美国不顾俄罗斯的坚决反对开始轰炸塞尔维亚，使俄罗斯与美国的矛盾急剧恶化，也说明所谓俄美平等伙伴关系只是俄罗斯的一厢情愿。叶利钦在1999年3月31日的国情咨文中表示，科索沃战争再次表明俄罗斯矢志不渝地反对北约东扩是有充足理由的。北约取代联合国和欧安组织的企图以及在欧洲及其范围之外将武力决定强加于人的做法是无法让人接受的①。俄罗斯反对科索沃战争在很大程度上是因为俄罗斯国内的车臣问题。事实上，北约的军事行动鼓励了车臣分离主义势力。1999 年 8 月 2 日，车臣武装进入俄罗斯达吉斯坦共和国，第二次车臣战争爆发。2000 年 6 月由普京批准的新的《俄罗斯联邦外交政策构想》明确指出："关于俄罗斯同外部世界建立新型平等互利伙伴关系的一些设想未能实现。"②

从 1999 年 3 月科索沃战争到 2001 年"9·11 事件"，是俄罗斯反抗美国单极霸权的时期，而"9·11 事件"给俄罗斯一个缓和与西方关系的机遇，但这一短暂的与西方的缓和期又被 2003 年 3 月的伊拉克战争打断。2003 年 10 月的尤科斯事件和 2004 年别斯兰人质事件后俄罗斯政治改革遭遇西方压力。2003 年以来独联体地区的颜色革命又让俄罗斯与西方陷入了反挤压与挤压的泥潭。一系列的国内外事件导致俄罗斯与外部世界的关系不断恶化。如果说 1995 年到 2003 年俄罗斯国内还有西方化与俄罗斯化发展道路的左右摇摆，实际上从 2004 年普京第二个总统任期开始，俄罗斯走上了一条越来越俄罗斯化的发展道路。

俄罗斯熟悉的发展道路在西方看来是俄罗斯的民主倒退。西方认为，在 20 世纪 90 年代，俄罗斯并不是一个完全实现民主的国家，然而与普京时期的俄罗斯社会相比较，虽然普京时期经济取得了长足的发展，但叶利钦时代的俄罗斯无疑更加充满民主的氛围。2003 ~2004 年的尤科斯事件、别斯兰人质事件、俄罗斯卷入乌克兰总统大选风波，以及社会福利改革，被西方视为普京的四大失误。西方认为，这些失误不是偶然的，而是体系自身问题造成的。俄罗斯出现的民主倒退，是普京加强集权所造成的结果，而并非外界强加的结果。俄罗斯的民主倒退必然

① Россия на рубеже эпох. Послание Президента РФ Федеральному Собранию, Российская газета, 31 марта 1999г.

② Концепция внешней политики Российской Федерации, http: //www. mid. ru/BL. NSF/ARH/19DCF61BEFED61134325699C003B5FA3? OPENDOCUMENT.

会对俄罗斯与外部世界的关系产生影响，西方不再对与俄罗斯在外交政策中仍然拥有共同价值观抱有幻想①。

就在俄罗斯与西方关系踯躅不前之时，2008 年的俄格战争进一步恶化了双方业已存在的矛盾。2009 年欧盟也推出了“东方伙伴关系计划”。俄罗斯认为该计划的主旨是进一步蚕食和挤压其战略空间。此后，俄罗斯开始对国家身份的认同进行重新思考。2011 年 10 月竞选总统前夕，普京提出了欧亚联盟的构想，要在欧亚大陆建立强大的超国家联合体，使之成为当代世界多极中的一极，并成为欧洲与亚太地区的有效纽带。2013 年底乌克兰危机爆发，导致俄乌关系及俄罗斯与西方关系全面恶化并将长期处于软对抗的博弈状态，这对俄罗斯的国际环境和周边安全环境有消极影响，进而对俄罗斯国家形象、国家认同、发展动力及政治稳定等方面产生连锁不利反应。未来俄罗斯与外部世界的关系演变需要密切关注。

从俄罗斯与外部世界的关系看，社会政治经济制度和价值观的基本相同，也不能消除双方国家利益的相互碰撞，甚至尖锐对立。因为俄罗斯不是完全意义上的市场经济国家，更不是经典意义上的民主国家。俄罗斯与西方是两种文明体系，俄罗斯是一个混合区域的混合文明，与西方文明有本质区别。当前，俄罗斯与西方的对抗在很大程度上是由战略目标、国际定位和传统文化造成的，而且，普京在 2014 年国情咨文中明确表示不会对对外政策进行调整，这说明俄罗斯与西方的软对抗有可能是长期的。

那么，俄罗斯能否在与西方处于尖锐的外交对立中处理好本国的国内问题？技术和信息革命已经迅速地改变经济发展的性质。一个国家不融入世界经济，不可能有大的经济发展。当今世界，也鲜有自给

① Anders Aslund, Democracy in Retreat in Russia, FEBRUARY 17, 2005, http://carnegieendowment.org/2005/02/17/democracy-in-retreat-in-russia/25wg.

自足发展起来的例子。且不说俄罗斯是否一直在真正作融入世界经济一体化的努力，单就现在选择注重相对狭小的国内市场发展出口替代战略来说，如何获取外国投资、技术、文化和管理经验？如何处理经济衰退与政治稳定之间的关系？俄罗斯实现既定的发展战略目标面临挑战。对普京的考验可能会在 2016 年举行的第七届国家杜马选举中体现出来。

2014年：乌克兰危机中的俄罗斯外交

◎ 王宪举

应对乌克兰危机是2014年俄罗斯外交的主旋律。面对美欧的制裁等压力，俄罗斯毫不示弱，采取针锋相对的措施。俄同西方国家的关系陷入紧张和冲突境地，处于走向新冷战途中。为此，俄积极发展与关税同盟国家、金砖国家、上海合作组织成员国以及印度、越南等亚太国家合作，并取得了新的进展。

应对乌克兰危机和西方制裁是2014年俄罗斯外交的主要任务。乌克兰危机对俄罗斯外交产生非常严重和深刻的影响，在一定程度上改变了俄罗斯外交政策的重点方向。

一、俄与美欧关系急转直下

2014年，俄与美国、欧盟和北约的关系跌入自冷战结束以来的最低谷。主要表现在以下五个方面。

王宪举，国务院发展研究中心欧亚社会发展研究所研究员。

1. 在乌克兰成为欧盟联系国、克里米亚和乌克兰东南部等问题上，俄罗斯同美、欧激烈博弈

这实质上是美欧与俄罗斯争夺乌克兰的一场殊死决战，关系到俄的战略利益和外交全局。美国和欧盟从地缘政治和战略利益考虑，支持乌克兰反对派于2014年2月用非法手段推翻亚努科维奇政权。接着，欧盟分别于3月24日和6月27日与乌克兰签署联系国政治和经济协定。乌克兰新议会于12月23日通过了放弃2010年宣布的不结盟地位方针，转而加强与北约的合作并要加入北约，北约也为乌克兰敞开大门。这就从根本上改变了乌克兰的国际地位和发展趋势，损害了俄罗斯的战略和地缘政治利益。

2014年2月21日以后，在乌克兰临时政府一头倒向美欧怀抱的情况下，俄罗斯支持克里米亚和塞瓦斯托波尔全民公决的结果并接纳它们加入俄罗斯联邦。普京称，此为克里米亚人民行使自己的民族自决权，就像科索沃宣布独立一样。况且克里米亚和塞瓦斯托波尔是回归祖国俄罗斯。美欧则指责俄违反国际法，试图改变冷战结果和国际格局。

乌克兰反对派夺权后，美欧提供了一系列支持。如果没有美欧提供的政治、财政、经济和军事等全面支持，乌克兰现政权就难以生存。所以，现在的乌克兰当局已不能奉行中立的对外政策。9月5日，乌克兰政府和宣布独立的顿涅茨克和卢甘斯克“人民共和国”代表在明斯克虽然签署了停火协议，但是协议非常脆弱，小规模的战斗一直没停。乌克兰当局仍图谋在美国和北约支持下，用武力解决乌东部问题。波罗申科总统11月16日宣布废除乌克兰东部特殊地位法并对东部实行经济封锁，俄则向东部运送了10批人道主义援助物资（俄称是食品、罐头、米面、药品、发电机、御寒物品和饮用水，但乌当局称是武器装备），这些都预示乌东部可能爆发更大规模军事冲突，而这将使俄同美欧的关系进一步恶化。乌克兰安全局长顾问卢布吉夫斯基11月11日在一次圆桌会议上说："根据巴尔干经验，这个冲突将是长期的，近期不可能解决我们在乌克兰东部遇到的问题。很明显，为此将需要数年时间。"①

乌克兰危机解决的前景存在多种可能性，其中之一是俄不会在克里米亚问题上作出退让，但有可能在乌东南部问题上与乌及美欧寻找妥协办法。

2. 俄被停止其"八国集团"成员国地位

西方七国抵制原计划由俄罗斯 6 月在索契主办的八国峰会，却在没有普京参加的情况下于 6 月初在布鲁塞尔举行了七国领导人峰会。这是 17 年来俄首次被拒绝于七国集团峰会之外。峰会结束时发表的联合声明称，七国集团承诺继续与乌克兰合作，以支持其经济发展、主权和领土完整。

3. 西方制裁愈演愈烈

美欧从 3 月 17 日起对俄进行一波又一波的制裁，企图迫使俄罗斯就范。从禁止与克里米亚事件有关的俄罗斯官员访问西方国家、冻结他们在西方银行的账户，到马航 MH17 在顿涅茨克上空坠毁，美欧把制裁扩大到能源、军工、金融、投资等领域，对俄实行 20 多年来最严重的制裁，使普京在国际上遇到了自 2000 年执政以来最严峻的挑战，在卢布汇率大幅下挫时，美欧仍不肯罢休。12 月 18 日，欧盟宣布进一步限制对克里米亚和塞瓦斯托波尔进行贸易和投资活动。次日，奥巴马总统签署命令，禁止投资克里米亚和对这一地区进出口货物、技术和服务，禁止美国个人或公司购买克里米亚地区的不动产或企业，并对违反命令的个人或企业实施制裁，包括冻结其在美国境内的资产和禁止发放签

① "乌官员：乌东部冲突或将持续 4 到 5 年"，中国新闻网，2014 年 11 月 12 日。

证。梅德韦杰夫总理说，俄“因制裁受到的损失可能占俄经济总量的5%”[①]。欧盟估计制裁将使俄经济损失 230 亿欧元（占俄国内生产总值的 1.5%），2015 年的损失将达 750 亿欧元（占国内生产总值的 4.4%）。制裁严重破坏了俄与西方世界的经济联系。俄学者卡拉加诺夫认为，“俄罗斯可能要 10 至 15 年才能恢复到制裁之前与世界的一体化水平”[②]。

4. 俄与北约军备竞赛加剧

北约以保护成员国安全为由采取了一系列措施：加大了波罗的海国家上空巡航；侦察飞机定期在波兰和罗马尼亚上空执行飞行任务；往地中海增派船只；不断在黑海和波罗的海地区举行各种军事演习。9 月初，北约在英国威尔士举行的峰会被视为北约自冷战结束以来最重要的一次会议，因为 20 多年来俄罗斯第一次被明确认定为北约的“对手”[③]。会议通过了“战备行动计划”，决定成立一支名叫“尖锋”的快速反应部队，以进一步加强北约的军事能力和联合防卫实力。峰会还要求北约成员国今后几年内把军费开支提高到不少于国内生产总值的2%，全面加强北约在东欧国家的军事存在，包括派驻军队、提升现有军事装备水平，加速军事设施建设等。

与此同时，普京批准俄国防部制定的关于建立单独的克里米亚集团军并纳入俄武装力量整体发展的规划，决定在克里米亚和塞瓦斯托波尔建造新的军事基础设施。2015 ~ 2017 年俄政府预算将削减社会政策开支，大幅增加军费开支。2015 年国防支出将达约 789 亿美元，比 2014 年增长 21.2%。2016 年和 2017 年国防支出计划再分别增长 7.8% 和 4%。俄政府预算支出具体比例的变化，将逐渐在今后三年俄经济社会

---

① “梅德韦杰夫：西方制裁所致损失占俄经济损失 5%”，《环球时报》，2014 年 09 月 22 日。

② “内外势力再度博弈乌克兰”，半月谈网，2014 年 11 月 26 日。

③ “北约峰会明确俄为‘对手’”，新华网，2014 年 9 月 4 日。

发展过程中表现出来，对人民生活水平、对政治和社会稳定，甚至对 2016 年国家杜马选举都可能产生一定的影响。

5. 俄美关系可能陷入长期冲突

奥巴马总统 9 月 24 日在联大发言时，将“埃博拉”、“俄罗斯”和“伊斯兰国”一起，并称为“当今世界三大威胁”[①]。10 月 24 日，普京在俄罗斯主办的“瓦尔代”国际俱乐部辩论会上回击奥巴马，指责美国破坏“后冷战世界秩序”，想把整个世界置于自己的控制之下。普京指出，苏联解体后，西方在南斯拉夫、伊拉克、利比亚等许多国际问题上都没有尊重俄的利益。现在“（俄罗斯）熊认为，它自己是原始森林的主人。熊在森林中所占据的自己的地盘绝不会让给别人，所有人都应清楚这一点”。

然而，美欧表示决不承认俄罗斯拥有“势力范围”的权利，将继续在独联体地区同俄开展争夺。

二、俄更加重视与金砖国家、上海合作组织的合作

由于同美欧关系恶化，俄加大了与新兴国家及上合组织的合作力度。7 月 15 日巴西举行金砖国家领导人第六次会晤前夕，普京指出，“我认为是时候将金砖国家的作用提升到一个全新的高度了”，“在以促进稳定发展为目标的全球管理体系中，金砖国家应成为不可分割的一部分”；在国际金融体系改革方面，“国际货币体系本身过度依赖美元，更确切地说，是过度依赖美国决策层的货币金融政策，金砖国家希望能够改变这种状况”。

① “奥巴马将俄罗斯列为当今世界三大威胁之一”，人民网，2014 年 9 月 27 日。

在巴西峰会上，普京总统积极支持建立初始资本为1000亿美元、启动资金为500亿美元的金砖国家开发银行，以及总额为1000亿美元的金砖国家应急储备基金。11月15日，普京在G20峰会期间参加金砖五国首脑会晤时说，俄正在起草“金砖国家经济合作战略草案”和“投资合作路线图”。

俄罗斯对上海合作组织的态度也更为积极。在杜尚别举行的上海合作组织峰会上，普京呼吁“上合组织成员国应进一步提高相互协作的效率，以便有效应对时代的挑战”。他说，建立上合组织共同的运输系统，包括利用俄罗斯跨西伯利亚铁路和贝阿大铁路、并与中国的“丝绸之路经济带”发展计划相连接，具有很好的前途。俄支持尽快成立上合组织开发银行。普京说，作为2015年上合组织轮值主席国，俄认为其优先任务是：提高上合组织的作用，启动大型多边经济项目，就紧迫的地区和全球问题制订共同立场；制定上合组织到2025年的发展战略，开始实施上合组织扩员工作，隆重纪念第二次世界大战胜利70周年。

三、俄在独联体地区有得有失，形势更趋复杂

得的方面主要是两个：一是欧亚经济联盟建设取得进展。5月29日，俄总统普京、白俄罗斯总统卢卡申科和哈萨克斯坦总统纳扎尔巴耶夫在哈首都阿斯塔纳签署了《欧亚经济联盟条约》。根据条约，该联盟将于2015年1月1日正式启动，到2025年俄白哈三国将实现商品、服务、资金和劳动力的自由流动，终极目标是建立类似于欧盟的经济联盟。10月10日，亚美尼亚总统萨尔基相在白俄罗斯首都明斯克与欧亚经济联盟其他国家首脑一起签署了亚美尼亚加入《欧亚经济联盟条约》的相关文件。吉尔吉斯斯坦总统阿坦巴耶夫也签署了加入欧亚经济联盟的协议。二是美国在吉尔吉斯斯坦的玛纳斯军事基地于6月4日正式关

闭。同时，独联体也出现一些新的复杂因素。一是乌克兰已不可能参加欧亚经济联盟。乌克兰已拒绝担任独联体轮值主席，退出独联体是迟早的问题。二是摩尔多瓦离心倾向加强。6 月 27 日，摩和乌克兰一起与欧盟签署联系国协定。6 月 12 日，欧盟委员会主席巴罗佐访问摩尔多瓦。他说，鉴于摩选择加入欧盟并成为欧盟的重要伙伴，欧盟将对摩各领域改革予以资金支持。巴罗佐和摩总理莱安克签署了欧盟向摩尔多瓦提供5000 万欧元援助款的协定。欧盟决定增加进口摩农产品。而俄则再次限制进口摩的果蔬产品和肉类。三是中亚五国对俄心存疑虑增加。克里米亚并入俄后，中亚国家担心俄照此办理并吞并其领土。3 月 28 日联合国大会关于克里米亚问题投票时，中亚国家或弃权，或不参加投票。尽管哈萨克斯坦对俄的行为“表示理解”，但投了弃权票。乌兹别克斯坦议会呼吁俄通过外交途径解决乌克兰问题，呼吁尊重乌克兰主权和领土完整。2014 年 5 月 16 日，北约驻中亚地区代表处成立仪式在塔什干举行。该代表处将负责加强和协调北约与中亚五国联络合作事宜。北约将与中亚国家在双边协议的基础上开展军事装备和武器转让合作。这说明美国不甘心玛纳斯基地被关闭，继续在中亚同俄较量。

12 月 10 日，普京总统突然造访乌兹别克斯坦，双方签署关于免除乌欠俄 8.6 亿美元债务的协议。这是继俄 2012 年免除吉尔吉斯斯坦近 5 亿美元债务后的又一重要举措。

四、进一步加强亚太外交

加强亚太外交是 2014 年俄外交最大的亮点。

1. 俄中关系进一步密切

2014 年，习近平主席和普京总统先后在索契冬奥会开幕式、亚信峰会、金砖国家峰会、上海合作组织杜尚别峰会、APEC 领导人北京非正式会议和 G20 集团峰会上六次会晤，就发展双边关系和在国际事务中加强合作达成广泛共识；5 月下旬，中俄在中国东海举行联合海军演习，增进了相互信任；两国贸易额达到900 亿美元，创历史新高；中国对俄投资有所增加，“东线”天然气项目尘埃落定。正如5 月普京访华结束时发表的联合公报所说，中俄两国关系“进入全面战略协作伙伴关系的新阶段”[①]。全俄社会舆论民调中心 10 月 9 日公布的题为“俄罗斯的敌人与朋友：制裁时代”的民调结果显示，51% 的俄民众选中国为俄罗斯的朋友。这是多年来中俄相互开展“友好年”、“文化年”、“旅游年”、“青年年”等活动的结果，也与我国在乌克兰问题上采取公正立场有关。俄领导人和广大民众感谢中国在乌克兰危机中理解和支持俄，反对西方对俄制裁。

2. 与越南、蒙古、朝鲜、土耳其、印度等国关系取得新的发展

11 月 24 日，普京总统在索契与到访的越南共产党中央总书记阮富仲举行会谈。普京称越南为俄的“全天候战略伙伴”，越南 2015 年可能成为第一个与俄白哈关税同盟签署自由贸易区协议的国家。俄越将把相互贸易额从2013 年的40 亿美元提高到2020 年的100 亿美元。俄天然气工业公司与越南国家石油公司签署了成立联合公司开发俄罗斯多尔金斯基油田以及向越南出口原油的协议、越两家公司开发纳古马诺夫斯基和北普罗夫斯基油田项目的框架协议。双方还讨论了俄为越建造首座核电站和共同使用格洛纳斯卫星导航系统等问题。俄罗斯专家认为，俄与越南建立自贸区的目的是要利用这一经验在不久的将来与东盟其他国家签署自贸区协议，推动俄商品进入东盟市场。

9 月 3 日，普京总统访问蒙古，参加俄蒙联军哈拉哈河战役胜利 75

① “中俄关于全面战略协作伙伴关系新阶段的联合声明”，新华网，2014 年 5 月 20 日。

周年庆典活动。两国签署了《关于向蒙古国提供军事技术援助政府间协议延长服务的意向书》、《蒙古国道路交通部和俄罗斯“俄罗斯铁路”股份公司间关于乌兰巴托铁路改造、发展战略伙伴协议》等 15 份协议、意向书和备忘录，涉及司法、基础设施、通信、森林防火、航空运输、过境运输、公民互免签证等重要问题。双方表示，要努力使两国贸易额 2020 年达到 100 亿美元。

俄与朝鲜合作迅速升温。4 月 28 日，俄副总理兼总统驻远东联邦区全权代表特鲁特涅夫访朝。5 月，俄罗斯免除朝鲜 90% 的债务。10 月初，朝鲜外相李洙墉访俄，就加强两国合作达成诸多协议。10 月 20 日，俄远东发展部长加卢什卡携带普京总统致金正恩的亲笔信访朝，就俄企业帮助朝铁路网络现代化的“胜利”工程项目达成协议。俄罗斯公司将在 20 年内投资 250 亿美元，帮助朝鲜实现 3200 公里铁路现代化，而朝鲜将以矿物资源进行交换。11 月 18 日，普京总统在莫斯科会见到访的朝鲜最高领导人金正恩特使、朝鲜劳动党中央政治局常委兼中央书记崔龙海，崔转交了金正恩致普京的亲笔信。俄外交部发表声明说，崔龙海与俄高层讨论了俄朝关系中的紧迫问题，包括提高双边政治对话水平、促进双边经贸合作、朝鲜半岛和东北亚地区局势以及双方共同关心的国际问题。俄邀请金正恩 2015 年 5 月参加卫国战争胜利 70 周年庆典并对俄作正式访问。

12 月 1 日普京总统对土耳其的访问取得丰硕成果，签署了 8 个合作协议。双方决定：第一，把双边贸易额从 2013 年的 320 亿美元增加到 2020 年的 1000 亿美元；第二，俄投资 200 亿美元在土耳其建造其第一座核电站（已有 200 多名工程技术人员在俄接受培训）；第三，从 2015 年 1 月 1 日起，俄把供应土耳其的天然气价格降低 6%，然后视情况再降低 6% 或者更多。由于欧盟不同意保加利亚境内建造“南溪”天然气管道，俄土决定在土耳其和希腊边境建造另一条天然气管道，以便向南欧国家提供天然气。同时，俄将向土耳其每年增加出口 30 亿立方米天然气（现在俄每年向土提供160亿立方米天然气）。这一举措在保加利亚、塞尔维亚等国引起轩然大波，纷纷要求欧盟取消在保、塞境内禁止敷设“南溪”管道的决定。欧委会主席容克称，“南溪”天然气管道项目“遇到的问题并非不可克服，项目仍然可以继续实施”。

12月11日普京总统对印度的访问也十分瞩目。两国签署了经济、能源、科技、军事技术等16个合作文件。今后十年俄将帮助印建造10座核反应堆，扩大石油天然气合作，把双边贸易额从2013年的100亿美元增加到2015年的300亿美元，把各自的投资额增加到150亿美元。俄希望印成为上海合作组织的正式成员国，并支持印度成为联合国安理会常任理事国。印度则反对未经联合国安理会赞同的经济制裁。

3. 俄与日本仍保持比较积极的对话与合作

2014年，普京与安倍举行3次会晤。安倍希望借助于会晤，同普京巩固首脑互信关系。日本虽然参加了西方对俄的多轮制裁，但其制裁措施与美英等国相比，显得比较轻，因为安倍不愿在这一问题上得罪普京，影响业已推动的日本寻求与俄解决领土问题的进程。俄外交部称，“日方是在外部压力下实施的制裁”，“我们将日本政府这一不友好做法看作是日本方面没有能力自行制定外交路线的再一次证明”[①]。可见，俄对日本的批评比较婉转，把主要原因归咎于美国的“外部压力”。

11月9日，普京与安倍在北京亚太经合组织峰会期间会晤后宣布，两国决定“恢复关于缔结和平条约的谈判”并起草和平条约[②]。日本希望通过经济合作、提供资金和技术援助获取俄的能源和资源。而俄则试图在乌克兰问题上在西方阵营中打开一个缺口，实现突破。同时，为发展西伯利亚和远东、加快融入亚太国家经济合作创造有利条件。据安倍

① “俄外交部说日本对俄制裁令人失望”，新华网，2014年4月30日。

② “普京计划于明年访问日本”，环球时报网，2014年11月10日。

说："我们商定，他（普京）对日本的访问将在 2015 年合适的时间进行。"但如果美欧与俄围绕乌克兰的争斗继续下去，普京的东京之行未必能够实现。

五、2015 年俄对外关系发展趋势

俄与乌克兰的关系短期内恐难缓解，主要原因不仅有双方在克里米亚和乌东部问题上立场相左，而且乌改变了 2010 年关于不结盟的政策，谋求以后加入北约。乌政府仍企图以军事手段解决乌东部问题，这就迫使俄对乌东部武装力量提供帮助。而只要俄继续支持乌东部，美欧对俄就会继续采取强硬立场，俄与西方关系的僵局就难以改变。

2015 年，俄将继续致力于建设欧亚经济联盟，并加强与独联体其他国家的合作。2015 年俄罗斯既是金砖国家，也是上海合作组织的轮值主席国，金砖国家峰会 7 月 8 ~9 日在俄罗斯联邦巴什基尔自治共和国首府乌法举行，紧接着上合峰会 7 月 9 ~ 10 日也将在乌法举行。因此，对俄进一步加强这两个组织发展的努力是可以预期的。

普京 2014 年 11 月 10 日在亚太经合组织领导人非正式会晤的发言中说："对俄罗斯而言，与亚太地区国家的合作是一个优先的战略方向。重要的是，我们与该地区的绝大多数国家的关系都保持着积极和具有建设性的氛围。"他指出，莫斯科对此非常重视，并有意尽一切努力与亚太地区国家全面发展双边和多边合作。因此，2015 年俄罗斯总体外交态势仍将是西边复杂，东边顺利，"双头鹰外交"向东方倾斜，中俄战略协作伙伴关系将进一步向前发展。

俄罗斯加快“向东看”战略的实施及局限性

◎ 闫晓东

俄罗斯“向东看”战略是其着眼于国际形势深刻变化和基本国情的历史性选择。乌克兰危机促使此战略进一步加快，并取得了令俄欣喜的进展。但由于地缘政治、经济、文化等原因，俄“向东看”战略具有一定的局限性。

一、俄“向东看”战略是基于国际形势深刻变化的选择

俄罗斯是世界上最大的横跨欧亚大陆的国家，其双头鹰国徽鲜明地反映出其东西兼顾的外交特点。俄罗斯独立之初，叶利钦选择了向欧美国家“一边倒”的外交方针。但是，由于西方国家“口惠而实不至”，逼迫俄开始重视与东方国家的外交关系，和中国建立了全面战略协作伙伴关系。2000 年普京担任总统伊始也希望向西方靠拢，特别是“9·11事件”后，曾大力支持美国反恐，但西方国家仍对俄另眼相看。2009年开始，面对美国“重返亚洲”的战略动向，时任俄总理的普京称俄对亚洲事务不会“坐视不管”。俄罗斯面对的国际形势是：俄罗斯入欧愿

闫晓东，国务院发展研究中心欧亚社会发展研究所研究员。

望非但不能如愿，反而受到欧美国家的排斥和打压；亚太地区国家特别是中国的迅猛发展，成为世界发展新亮点。2011 年普京再次竞选总统时，提出在前苏联地区建立欧亚联盟计划，借此实现俄罗斯的强国梦。2012 年 5 月 7 日普京入主克里姆林宫后，当天便签署了总统令，明确俄外交宗旨是“为国家长久稳定的发展创造有利的外部环境”。俄罗斯开始加强与亚太地区国家的联系，及时成立了远东地区发展部，意在促进俄融入快速发展的亚太市场。普京当年在《俄罗斯与变化中的世界》一文中指出，包括中国在内的亚太地区是俄外交最优先的方向。

由此可见，俄罗斯“向东看”战略的提出和实施，并非权宜之计。俄外交和国防政策委员会委员加布耶夫撰文指出，“俄罗斯转向亚洲地区的政策在当前乌克兰局势与西方关系出现问题之前就已开始实施”[①]。乌克兰危机特别是欧美国家对俄罗斯制裁，促使俄战略东移速度加快、力度增强。目前这一战略在俄朝野已达成广泛共识。12 月 4 日，普京在 2014 年度国情咨文中指出，俄在乌克兰问题上不会盲目屈服于西方，莫斯科将寻求多元外交，“我们的目标是在西方和东方尽可能结交更多的平等的合作伙伴”。俄国家杜马副主席列维夫甚至表示，俄应当倡议在亚洲建立类似欧安组织的机构。这一组织可成为预防亚太地区发生冲突的机构，“在当前形势下，俄实施转向东方的对外政策是最具前景和及时的”。俄自由民主党主席日里诺夫斯基表示：“除了东方，南方还有土耳其、伊朗和阿富汗在等待着我们。”乌克兰危机成为俄实施“向东看”战略的“推进器”。

---

① 俄新社，2014 年 7 月 23 日。

二、俄罗斯“向东看”战略采取的措施及取得的进展

俄罗斯“向东看”战略的出发点是着眼于本国的基本国情和国际形势新变化，落脚点是全面振兴俄罗斯，重新跻身于世界强国之列。近年来，面对西方的排挤和孤立，俄向东看战略成为其外交“突破口”，举措十分活跃。

1. 俄“向东看”战略最大亮点是中俄两国关系进入一个新阶段

中俄友好关系在叶利钦执政时期打下了良好基础。普京接任后得以保持和发展。特别是习近平担任国家主席以来，两国友好关系的广度和深度有了一个大发展。我外交部称：“中俄关系已成为当前中国层次最高、基础最牢、内涵最丰富、最具地区和全球影响力的战略协作伙伴关系。”①

高层互访频繁，战略互信进一步增强。习近平当选国家主席后，普京第一个打电话来祝贺，并特邀习主席尽快访俄。2013 年 3 月，习近平把俄罗斯作为任职后第一个出访国家。为此，普京做了充分准备，破例邀请习近平作为第一个外国首脑，参观了俄国防部及联邦武装力量作战指挥中心。2014 年 2 月 7 日，习近平应普京邀请，赴俄罗斯索契，出席了第 22 届冬季奥林匹克运动会开幕式。同年 4 月，普京在发表年度电视讲话时表示，中国正朝着全球经济舞台“第一位”的方向前进，这是一个铁定事实。俄罗斯将继续延伸和中国之间的关系。2014 年 5 月，普京对我国进行了国事访问，并与习近平主席共同出席了在我东海进行的中俄联合军演。习近平就任中国国家主席以来，普京已 10 次与之会面，

① “中国外交部：中俄元首建立密切工作关系”，俄新网，2013 年 12 月 20 日。

仅2014年就有6次。俄驻华大使杰尼索夫称，“两国元首会晤从未如此密集。俄中关系现处于历史最好时期，俄中全面战略协作伙伴关系正稳步发展”。2014年俄罗斯其他高层领导人也密集访华。上半年有主管国防工业的俄政府副总理罗戈津、前联邦安全局首脑、现任俄国家安全委员会秘书帕特鲁舍夫。7月俄总统办公厅主任谢尔盖·伊万诺夫、11月俄国防部长绍伊古先后访问中国。伊万诺夫称，俄中两国几乎在所有的领域都可以展开合作，“俄中关系呈现多领域、多层次的性质，具有一个特点——特别信任”[①]。俄外长拉夫罗夫指出，“国际态势发展明显表明，莫斯科和北京是维持世界安全稳定、形成稳定的多极世界体制、保障法律在国际事务中的领导地位、使国际关系民主化的关键因素之一”。

经贸合作有了突破性进展。2013年，中俄贸易额达892.1亿美元。2014年上半年，达445.4亿美元，同比增长3.3%。中国已连续四年成为俄罗斯第一大贸易伙伴。两国在民用航空、高速铁路、矿产资源开采、农业资源开发、基础设施建设等领域的一批大项目正在扎实推进。特别是2014年5月，在普京访华期间，持续10多年的中俄能源谈判有了突破性进展，中石油与俄气签署了金额达4000亿美元的30年天然气供气协议《中俄东线供气购销合同》，成为中俄能源战略合作一项重大成果。10月，中国国务院总理李克强访俄，两国签署了涉及经贸、投资、能源、金融、高科技、人文等领域38项协议，数量之多创下新纪录，其中包括两国能源部门分别签署的《关于中俄东线天然气管道建设和运营的技术协议》、《关于进一步深化战略合作的协议》，以及1500亿元人民币（250亿美元）的货币互换协议，为中俄东线天然气管道跨境段和各自境内管道的建设奠定了法律基础。此管道俄罗斯境内段已于2014年9月1日开工建设。普京和我国务院副总理张高丽共同出席了开

① 《俄罗斯报》，2014年7月11日。

工仪式，标志着中俄油气合作步入新阶段[①]。中俄两国正在探讨将穿越哈萨克斯坦、俄罗斯和白俄罗斯，把中国、韩国和俄罗斯连接到一起的高铁项目。此外，中俄双方还将在网络安全、核动力和航天研发等方面进行合作。俄方透露，俄罗斯原子能集团有意和我国国家核电技术部门合作建造飘浮核电站。中俄两国物理科学家还可能共同研发未来混合型核反应堆的合作项目。

联合军事演习具有新特点。中俄两国的政治友好关系引申到了军事安全领域。近几年，中俄每年都举行不同形式的陆地和海上联合军演。2014 年两国海上联合军演就达 3 次。特别是 5 月下旬，在我东海北部海域进行的为期 3 天的中俄“海上联合—2014”军事演习备受关注。双方共派出 14 艘水面舰艇、2 艘潜艇、9 架固定翼飞机以及 2 个特战分队和 6 架舰载直升机。与以往两次中俄海上联合军演相比，此次军演具有三个显著特点：一是首次将参演的舰艇进行全部混编；二是第一次组织水面舰艇编队进行互为条件的超视距攻防演练；三是首次组织潜艇与水面舰艇编队进行自主对抗。此次演练课目涵盖了应对传统安全与非传统安全威胁的多个领域。中俄两军混编全部参演舰艇，既体现出核心作战能力，又表现出中俄两军间高度的军事互信程度。2014 年，俄国防部长绍伊古访问中国时，就 2015 年春天中俄两国在地中海和太平洋举行联合军演达成协议，并就两国在强化航空航天领域合作取得成果。

2. 俄主导建立的欧亚联盟雏形初见

俄罗斯确定的地区一体化战略将分阶段推进：从俄白哈关税同盟到统一经济空间，再到欧亚经济联盟，直至最终建立经济、政治和外交全方位一体化的欧亚联盟，并吸引周边国家加入。2014 年 5 月 29 日，俄罗斯、白俄罗斯、哈萨克斯坦三国总统共同签署了《欧亚经济联盟条

① 新华社，2014 年 9 月 2 日。

约》。根据条约，欧亚经济联盟将于2015年1月1日正式启动，并于2025年前实现商品、服务、资本和劳动力自由流动。10月3日，普京签署了关于批准《欧亚经济联盟条约》的法律。普京表示，率先批准《欧亚经济联盟条约》是俄实现同最紧密伙伴和盟国一体化的重要举措，对欧亚经济联盟发展起到积极促进作用。他在“俄罗斯在召唤”投资论坛全体会议上发言时表示，俄、哈、白三国创建的欧亚经济联盟的参与者数量将增加，“目前亚美尼亚正在完成加入欧亚经济联盟的进程，同吉尔吉斯斯坦正在积极对话”。

3. 俄和亚洲一些国家合作关系多地开花

巩固了与蒙古的传统关系。2014年9月3日，普京为参加乌兰巴托举行的纪念1939年哈拉哈河战役胜利75周年招待会访问了蒙古。出访时普京赞扬“这一战役胜利具有重大的政治意义，它将日本参战推迟了两年半时间，为苏联在1941年年底从远东和西伯利亚向西线调遣部队提供了可能，对莫斯科战役发挥了决定性作用”①。普京表示，俄罗斯牢记蒙古国在战争年代给予的帮助。此间，俄蒙两国共同签署了15份双边合作协议，其中包括给予乌兰巴托无偿军事技术援助、现代化改造蒙古国铁路、恢复于1995年俄取消的对蒙免签证制度等。俄还取消了对蒙古国畜牧业产品进入俄市场的限制，2020年前准备把两国贸易额提高到100亿美元。普京还邀请蒙古总统额勒贝格道尔吉2015年5月访问莫斯科，出席伟大卫国战争胜利70周年庆典。蒙古国专家认为，普京此次访问进一步巩固了蒙俄的传统关系，增强俄罗斯对该国的影响力。据蒙古国民间调查机构SMF财团的民调结果显示，从1997年开始至今，每年被认为蒙古国“最合适的合作伙伴”国家中，俄罗斯一直位于首位，排在美国、中国和日本之前。

① 人民网，2014年9月4日。

与朝鲜关系升温。2014年11月下旬，应俄方邀请，朝鲜劳动党中央政治局常委、中央书记崔龙海，作为朝鲜最高领导人金正恩的特使携带金的亲笔信，对俄进行了为期一周的访问。普京次日接见了他们，并表示俄愿与邻国朝鲜继续保持友好关系，增进两国关系有益于地区安全和稳定。访问期间，俄朝双方讨论了双边关系（包括提高俄朝两国政治对话水平和加强双边经贸合作事宜）、朝鲜半岛局势等问题。俄方宣布，朝方已加入俄朝韩三方煤炭合作项目，俄罗斯煤炭将通过朝鲜罗津港出口到韩国，并就俄天然气过境朝鲜出口韩国事宜讨论了具体计划。为了显示诚意，朝方表示朝鲜愿意以2005年9月六方会谈当事国签署的共同声明为基础，在无任何前提条件的情况下重返对话。俄朝双方表示愿进一步扩大和发展两国互惠合作，2015年进一步加深政治、经济、军事等各领域的交流和接触。双方商讨了2015年隆重举办朝鲜解放70周年和俄罗斯卫国战争胜利70周年共同庆典活动。12月20日俄罗斯已证实，将邀请朝鲜最高领导人金正恩参加2015年“卫国战争胜利日”庆祝活动①。国际舆论认为，俄朝两国关系明显升温。

与韩国关系顺畅。2013年11月中旬，普京访问了韩国，同朴槿惠总统就六方会谈、朝鲜半岛及东北亚局势、俄韩两国间实质性合作等问题进行了磋商。2014年12月1日，在朝鲜崔龙海访俄刚走，六方会谈韩方团长、韩国外交部朝鲜半岛和平交涉本部长黄浚局访问了俄罗斯（六个月前黄曾访问俄），与六方会谈俄方团长、俄副外长莫尔古洛夫就朝核问题和朝鲜半岛局势及两国共同关心的问题进行了会谈，对推动朝核问题对话取得实质性进展进行磋商。2014年俄罗斯与朝韩两国的密切交往，加重了俄未来在处理朝鲜半岛问题时的分量。

与日本保持高层接触。虽然俄日两国因北方四岛（俄称南千岛群岛）问题陷入僵持局面，2013年两国首脑还举行了4次会晤，俄日关

① “俄朝关系为何持续升温”，新华网，2014年12月20日。

系（包括安全方面）有了一定改善。2013年10月两国外长和防长在东京进行了“2+2”首次会晤，议定扩大联合海军演习，扩大在紧急状态时刻和在反网络攻击方面的合作。2014年乌克兰危机中，在欧美国家共同抵制俄罗斯承办索契冬奥会的情况下，日本首相安倍晋三成为西方集团唯一领导人出席了开幕式，并与普京举行了会谈。随后迫于西方集团的压力，日本不得不参与对俄制裁，俄对此表现出理解的姿态。

与越南战略伙伴关系取得新进展。2013年年底普京对越南进行了正式访问，将俄越关系提升为全面战略伙伴关系。期间俄越签署了在经济、外交、军事等领域合作的16份文件。2014年2月，普京在索契与到访的越共总书记阮富仲举行会晤，双方发表了关于逐步推进俄越间全面战略伙伴关系的联合声明。2020年前两国将把贸易额提高到100亿美元。两国组建的高级别专门工作组正在研究总额达200亿美元的17个投资项目。俄帮助越南建造的第一个核电站将在2023~2024年投入使用。俄将与越南进行未来总利润高达数百亿美元的能源合作，帮助越南开采油气，升级石油开采能力。俄作为越南武器主要出口国，每年向越出售超过15亿美元的武器和军事器材，2016年前俄将向越南提供6艘“基洛”级潜艇和其他一系列装备，帮助越南建设潜艇部队。2014年6月，俄太平洋舰队抵达越南金兰湾海军基地。11月下旬，阮富仲再次访俄，双方签署了新的协议，俄军舰在金兰湾停靠只需向港口当局通知即可，无须履行进一步手续。俄方高度评价阮为推动东盟—俄罗斯伙伴关系的发展做出了贡献。越南已向俄传递了准备加入俄白哈关税同盟并在东盟框架内打造自由贸易区的意愿。越南或成为第一个与关税同盟签署相关协议的国家。

进一步增强与印度的经济和军技合作。印度一直是俄罗斯在南亚地区最重要的合作伙伴。2013年《俄罗斯对外政策构想》把发展对印关系视为优先方向。印度前总理辛格访俄，普京指出，“印度是我们悠久、可靠的战略伙伴和盟国”①，把俄印关系定为享有特权的特殊的战略合作伙伴关系。俄坚决支持印度成为联合国安理会常任理事国。两国在外交、经贸、科技和南亚安全等领域有广泛的合作，在军事领域的合作尤其突出。2013 年 11 月，俄罗斯向印度海军交付了排水量近 4.5 万吨翻修后的“维克拉玛蒂亚”号航母。它成为印度海军的旗舰。2014 年 8 月，俄印两国在俄南部举行了空中“因陀罗—2014”空军联合演习。演习中，俄印联合机组展示了苏－30SM、米－35 和米－8 直升机，S－400、S－300、“山毛榉－M1”防空导弹系统和“铠甲”－S1 弹炮合一防空系统。12 月 11 日，普京再次访问印度，两国签署了超过 15 份各领域的合作协议，涉及增加双方贸易额和投资、深化在核能领域的协作，重点是发展创新和高技术领域的互利项目。普京强调：“我们高度重视发展军事技术合作，它是两国战略伙伴关系的重要组成部分之一。俄印高水平的合作和互信，促使两国逐渐从供应商对需求者的传统模式向联合研制现代武器系统过渡。”“双方正在仔细讨论重要领域的迫切项目，比如俄印联合研制的高精密巡航导弹‘布拉莫斯’，以及研制第五代多用途战机。”会谈期间还将讨论关于苏霍伊－100 超级喷气式客机和发展卫星导航的合作项目。

继续拉近与伊朗的关系。因西方的制裁，2014 年俄伊两国继续走近。9 月，在伊朗首都德黑兰举行了第 11 届俄罗斯—伊朗商务论坛和两国跨政府间经贸合作委员会会议。俄计划将帮伊兴建 8～10 个新的火力发电机组，升级现有的 4 个发电机组。俄伊两国还商讨了“用粮食换取石油”的可能。俄方计划每年向伊朗提供 100 万～200 万吨谷物，第一阶段合同的价值将达 50 亿美元。俄每年从伊朗购买 300 万吨石油，如果该购买方案实施，俄每年获益将高达 30 亿美元。此外，2014 年 11 月俄伊两国在莫斯科签署了关于在伊朗建设 8 个“WWER”型核电机组的

① “普京在克里姆宫与印度总理举行会谈”，俄罗斯总统网，2013 年 10 月 20 日。

一揽子协议，这是近年俄在国外核电领域获得的最大合同。俄专家称，该协议不仅能给俄带来数百亿美元收入，还有助于巩固俄在中东地区的政治地位，是对西方制裁的一次反击。

与巴基斯坦的军事技术合作有新突破。2014 年俄罗斯解除了对巴基斯坦的武器出口限制。6 月下旬，俄罗斯国有企业——“俄罗斯技术”公司与巴基斯坦就向其出口直升机事宜进行谈判，向巴交付了所订米－17 直升机。10 月，俄罗斯不顾印度的不解，派遣绍伊古作为 1969 年之后 45 年来首次访巴的俄国防部长，访问了巴基斯坦。两国签署了军事合作协议，为改善两国防卫部门的军事合作、确定其合作的形式和方向奠定了法律基础。巴基斯坦国防部称“军事合作协议的签署具有里程碑式的意义，双方将把该协议转化为实际行动，在未来进一步加强两军关系”①。

向北约成员国土耳其优惠出售天然气。俄土互为对方的主要贸易伙伴。2014 年 12 月 1 日，普京对土耳其进行了首次国事访问，与土总统埃尔多安举行会谈，讨论了俄土两国加强经贸、军事技术合作事宜。双方确立在 2020 年前将双边贸易额从目前的 330 亿美元增加到 1000 亿美元。普京表示，由于欧洲方面的反对，俄将放弃已投资近 50 亿美元的“南溪”天然气管道项目，转而加强与土耳其的能源合作。俄方承诺从 2015 年起对出口土耳其的天然气价格给予 6% 的折扣，并将出口量增加 30 亿立方米。外电认为，由于土耳其长期奉行的“独立”外交政策以及与美欧之间的利益纠葛，俄把土耳其这一北约国家看做外交“突破口”之一②。

将阿布哈兹进一步纳入俄军事战略轨道。2014 年 11 月 24 日，普京与阿布哈兹领导人哈德日姆巴在索契签署了《俄阿联盟与战略协作伙伴

① “俄与巴基斯坦签军事合作协议”，中国国防信息网，2014 年 11 月 21 日。

② “分析：普京高调访土耳其为俄罗斯寻突围”，华夏经纬网，2014 年 12 月 3 日。

关系条约》。根据该条约，双方将建立共同的防御和安全空间。在条约生效一年内建成由两国部队组成的联合集团军，以对抗外来侵略。这支部队隶属于联合司令部。俄军将在 3 年内帮助其实现现代化。国际社会认为，这是俄在与欧美因乌克兰问题展开激烈对抗之际，又开辟了一条与西方较量的战线。

除上述情况以外，俄罗斯还积极开展了多边合作外交。①乌克兰危机以来，在西方国家冷落、孤立俄罗斯的情况下，上海合作组织和金砖国家组织目前似成为俄最惬意的外交平台。俄罗斯欲借此类机构发挥重要作用，抗衡西方国家的排斥和打压。2014 年 7 月中旬，普京出席了在巴西塞阿拉州首府福塔莱萨举行的金砖国家第六次峰会。9 月，又出席了在塔吉克斯坦首都杜尚别举行的上海合作组织成员国元首理事会第十四次会议。期间，普京同亚洲和拉美国家领导人广泛接触和交流。鉴于下届金砖国家峰会将在俄举办，俄正在做各种准备工作，有消息称，包括起草金砖国家经济合作战略草案和投资合作路线图。②金砖国家为避免在下一轮金融危机中受到货币不稳定的影响，减少对美元和欧元的依赖，构筑一个共同的金融安全网，2013 年金砖国家第五次峰会决定建立的金砖国家开发银行，于 2014 年 7 月正式成立，总部设在上海，首任理事长来自俄罗斯。俄将依托此银行抵制西方的制裁，推动其经济的运行。③2014 年 9 月普京在杜尚别同中国国家主席习近平和蒙古国总统额勒贝格道尔吉举行了中俄蒙元首会晤，就彼此关切的合作问题进行沟通，协商将中方提出的共建“丝绸之路经济带”倡议、俄方提出的“跨欧亚大铁路”、蒙古国提出的“草原之路”倡议进行对接，打造中蒙俄经济走廊。④继 2013 年中、蒙、韩、俄四国就成立东北亚银行联盟达成共识后，2014 年 9 月，由中国进出口银行、蒙古国开发银行、韩国进出口银行以及俄罗斯外经贸银行共同组建的东北亚进出口/开发银行联盟在中国延边州首府延吉市成立，未来联盟将为大图们区域交通、能源、跨境互联互通基础设施建设等项目提供资金及融资支持[①]。

三、俄罗斯“向东看”战略的发展趋势及局限性

总体看，俄罗斯“向东看”战略未来还会继续推进，而且会更加积极地实施，这是因为：其一，俄东部辽阔的国土位于亚洲，较西部地区落后，俄只有继续推进“向东看”战略，才能确保其远东地区经济发展、社会稳定和国土安全。这是永远不可改变的地理因素。其二，乌克兰危机使得俄与欧美国家关系紧张，西方国家对俄的制裁短时期不会解除，俄只有继续推进“向东看”战略，才能平衡、减缓来自西方的压力，在亚太地区发挥重要作用。这是显而易见的国际因素。但是，由于多种因素影响，俄罗斯“向东看”战略具有一定的局限性。

一是受其地域和观念的局限。俄罗斯的民族、宗教发源地在欧洲，全国近 3/4 的人口生活在欧洲地区。俄罗斯位于欧洲的区域是其政治、经济、文化、科技中心。俄罗斯人的欧洲情怀由来已久，历代朝野均想融入欧洲社会。苏联解体初期，最高领导人甚至产生过加入北约和欧盟的意愿。普京执政后，2003 年俄曾提出过俄欧“共同空间”的概念，2004 年签署过俄欧共同空间路线图。从历史和现实看，即使俄罗斯与欧洲一些国家矛盾重重，甚至爆发过战争，但其骨子里向往欧洲的理念难以改变。英国《金融时报》最近评论：“俄罗斯可能向东转，但却仍然无法逃脱它的欧洲命运。”

二是受时空变幻的局限。俄罗斯独立后的外交路径有个鲜明特点：和西方国家关系融洽时，一心想融入欧洲；受到西方排斥、打压时，注重向东看。叶利钦和普京执政初期一概如此。从近期看，受乌克兰危机

① 21 世纪经济报道，2014 年 09 月 18 日。

和欧美国家制裁影响，俄罗斯向东看外交力度很大。但从远期看，若干年后如果俄与欧美关系重归于好，不排除向东看战略会出现某些调整。

三是受国家最高领导人的外交理念和外交风格的局限。俄罗斯独立后的外交路径显示的另一个特点是，俄在某一时期的外交重点和效果与国家最高领导人的外交理念和风格紧密相关。2008 年梅德韦杰夫当选俄总统，表现出比普京亲近欧美国家姿态，之后几年俄欧关系比较顺畅，俄美关系得以重启。由于普京对欧美国家的外交强势，西方国家对其十分不待见。2012 年之前普京再次竞选俄总统时，美国以各种方式搅局，使俄国内曾出现一阵“反普浪潮”。普京重新入主克里姆林宫后，俄对欧美外交态势与梅执政时期明显有别。可以预见，如果普京未来能够长期执政，俄美关系似难有根本性改善。若干年后的“后普京时代”，俄对欧美的外交政策带有不确定性，相关联的是俄向东看战略也会相应变化。

互有需求　相互借重

——关于中俄签署油气合作大单的思考

◎ 秦宣仁

中俄两国审时度势，顺应时代潮流，相互联手，积极推进各项合作，使两国关系进入历史上最好时期，两国成为利益共同体，形成“不是盟友胜似盟友”的最佳关系模式。2014 年油价低迷和西方制裁，打击了俄罗斯的资源经济，促使俄加强、加速对华能源、基础设施、高科技、航天、军技和人文等方面的合作，为中俄新型大国关系增添了实质性的新内涵。中俄油气等领域的合作尚有不少不确定因素，对“履约维艰”要有准备。

当前国际形势复杂多变，天下并不太平，但天下并未大乱。中国仍面临发展的大好机遇，要充分利用好它来推动中国的振兴大业。国际关系正在经历重大调整，新型大国关系在加快构建，新兴力量快速抬升，其中中俄关系的深化尤为令世人瞩目。中国对国际事务的积极参与影响不断加深，世界对中国的依靠和借重也在不断扩大。中国正在走向世界舞台中央，而这一进程亟需国际上各种健康力量的积极配合，其中中俄间相互协调和联手不可或缺。

中俄两国审时度势，顺应时代潮流，相互联手，积极推进各项合

秦宣仁，国务院发展研究中心欧亚社会发展研究所研究员。

作，使两国关系进入历史上最好时期，两国成为利益的共同体。中俄互为最主要、最重要的全面战略协作伙伴，两国的这种紧密联系在各自外交全局和对外政策中都占据优先地位。中俄构建的新型大国关系堪称国际关系中的典范，对促进世界和平与稳定有着积极作用。

一、普京的“资源经济论”面临困境

在苏联解体前以及解体后的相当一段时间里，俄罗斯的经济甚为糟糕。也正是在这个时候，普京的一些想法引起叶利钦的高度重视。普京虽然毕业于列宁格勒大学国际关系系，但他当年的毕业论文却是《最惠国原则》（1975 年），与经济和贸易直接相关。普京发展经济和治国的一些理念，在他后来的博士论文《矿物资源在俄国经济发展中的战略作用》（1997，《Mineral Natural Resources in the Strategy for Development of the Russian Economy》）中发挥得淋漓尽致，可以说这成了他后来进入高层的垫脚石。

普京对通过发展资源经济来振兴俄罗斯经济情有独钟。他的谋划、盘算对恢复俄罗斯经济、增强人们的信心、重振国威，比起叶利钦实施的“休克疗法”要有效得多。

普京在论文中提到：“只要有效地开发和利用俄罗斯几乎取之不尽的矿产资源，使俄罗斯经济保持在 4% ~6% 的增长水平并不难。”他还主张“建立能与西方抗衡的矿产资源公司（即后来的俄石油公司和俄天然气工业公司等），严格掌控在国家手里，并把它们管理好”。此外，他还建议在矿产资源开采上必须以国有企业为主导，对外资的进入要慎之又慎①。

① 林行止：“普京学以致用，重建苏联霸业”，香港《信报》，2014 年 4 月 23 日。

普京在入主克里姆林宫之后，就很快践行自己的设想和一整套思路。借助国际能源市场一路上扬的价格，俄经济在短期内取得了骄人的业绩。普京的威望跃升，加上他铁腕式的领导风格和强势的外交行动，就成了俄罗斯人心目中的“神”。普京多次向其国人及全世界宣布：“俄罗斯是世界强国。在世界上必须有俄罗斯的地位与威望。”于是，俄罗斯人便喊出：“没有普京就没有俄罗斯!”在这里俄民族性格得到了充分的揭示和显露。

在普京推行自己的经济发展理念“一帆风顺”时，他忽略了对俄罗斯经济的长效规划，忽略并低估了经济全球化、市场化和信息化所产生的强大能量，他未能及时抓住机遇探索适合俄国国情的经济发展结构，也未感受到创新的紧迫性、开放的必要性，更没有采取果断和强有力的措施加快开发远东，以缩小俄西部与东部地区的差距。“规划”倒是一个接一个出台，但往往流于纸上谈兵。平心而论，普京的第一步走得是对的，同时对俄如何搞产业结构调整也是比较谨慎的，因为俄罗斯不可能把受教育程度高且又有缺口的劳动力用于一般的加工业，这样做反而得不偿失。问题是，相当一个时期，俄罗斯完全沉湎于因油气开发出口而带来的丰厚收入，没有很好地、深刻地汲取前两次国际金融危机给俄带来的危害和教训，错失了改革时机，问题积淀深而多。

2014年，对俄罗斯来说是刻骨铭心的一年：先是乌克兰国内政局动荡不稳，俄趁势收回了克里米亚半岛，从此俄罗斯就不必再同乌克兰商谈租借塞瓦斯托波尔海军基地事宜，由此几乎是世界范围内掀起了对俄罗斯的抗议和声讨，俄罗斯深深地卷入了危机的漩涡。西方的制裁一波又一波，使俄深受打击和陷入困境。紧接着，自6月起，国际油价一路下跌，跌幅超过50%，俄罗斯措手不及。与此利益攸关的国家如美国竟一声不吭，任凭沙特操控OPEC坚持不“减产保价”。沙特还放话：即使油价下跌到50美元一桶以下，也在所不惜，绝不减产。在多重内外因素压力下，俄卢布贬值一泻千里，尽管俄罗斯央行动用了近千亿美元来支撑卢布，但无济于事，抛出的美元打了水漂。

这次俄罗斯遭受的多方面打击使普京忧心忡忡。好不容易形成的5000多亿美元外汇储备，在短短的半年内锐减到不足4000亿美元。在俄外汇储备中，约有半数属流动性不高的储备，真正有效的储备仅为2030亿美元，这就出现了难以覆盖自身外债规模的紧迫点。到2015年底，俄还将迎来还债高峰，多达约2000亿美元，届时将面临违约或掏空外汇储备的两难选择。目前紧急动用两大基金来救急，扶持重点企业是第一位，但难能奏效。2014年俄资金外流多达1200亿～1300亿美元。西方认为，俄若想使自己的财政收支基本平稳，油价必须保持在96美元一桶的水平，而这个预期在2015年内几乎难以实现。

未来全球原油市场的供需再平衡是一个长期而又艰难的过程，这个过程还同各种因素交织在一起，错综复杂，相当诡秘。2015年原油市场可能出现前低后高的爬坡走势，但总体上讲，下滑势头难以在短期内扭转，指望价格快速抬升不现实。这还要看沙特与美国的“较劲”是真是假，能坚持多久；美元坚挺能延续多久；乌克兰危机能持续到何时；俄与西方的反制裁和制裁能走多远；美欧的步调能否一致，这些未知因素都会对2015年的油价产生或大或小的影响。乐观估计，俄罗斯经济将面临一两年的严峻考验，居民将承受高通胀的煎熬。而俄美能否走出“新冷战”，各方都退半步，乌克兰危机能否尽早落幕，成为共克时艰的关键，而这期间俄当务之急是要尽快寻找油气销售出路，找到具有支付能力的大买家，中国、印度、韩国、日本是俄的首选。

卢布的大幅贬值重创了俄罗斯经济。这既是俄经济结构不尽合理、经济改革滞后、开放不到位、经济社会发展缓慢、业绩脆弱，以及美元强势的必然结果，也是西方接连制裁、资金迅速外流、企业境外融资渠道被切断、自身储备不足，致使人们对卢布失去信心的预期必然反映。在全球化走势下，俄罗斯对美元的倚重是造成其金融看空、卢布下跌的重要原因。因此，种种迹象表明，货币危机并未远离俄罗斯，2015年俄将面临更大的市场因素和政治因素的冲击压力。

二、中俄油气合作大单让世界震撼

在以美国为首的西方国家对中俄实施围堵、打压的情况下，中俄全方位的合作，尤其是军品贸易、军技合作和能源合作，有深邃的战略意义。以能源合作为例，2013～2014 两年内，仅中俄两国所签的三个大单，合同金额就已高达万亿美元。

其一，2013 年 3 月，中俄两国政府签署了《关于扩大原油贸易合作协议》，中国石油和俄罗斯石油两家公司签署了《扩大原油贸易合作框架协议》，以及有关中方提供预付款条款等文件。2013 年 6 月，普京宣布：未来 25 年内俄每年将向中国供应原油 4600 万吨，合同金额达 2700 亿美元。此外，在这之前，中俄两家石油公司还签署了增供原油协议：俄将在现有中俄原油管道年输量 1500 万吨基础上，逐步增加到自 2018 年起年供油达 3000 万吨，增供期为 25 年，还可延长 5 年。双方还商定：从 2014 年 1 月 1 日起，俄通过中哈原油管道每年向中方增供原油 700 万吨，合约期为 25 年，展期 5 年①。

其二，2014 年 5 月，中俄签署了《中俄东线天然气购销合同》，从 2018 年起，30 年内俄年供气逐步达到 380 亿立方米，即 2018 年起年供气 80 亿立方米，2022 年供气 300 亿立方米，从 2023 年起年供气达 380 亿立方米。据透露，合同金额高达 4500 亿美元，一说为 4000 亿美元。

其三，2014 年 11 月，中俄签署了《中俄西线天然气购销框架协议》。协议规定：俄对华年供气达 300 亿立方米（据说俄希望扩大西线对华供气，可由 300 亿立方米增至 600 亿～1000 亿立方米/年。普京在

---

① 《参考消息》，2013 年 6 月 22 日。

早先也曾表示，可通过西线向中方供气 100 年），合同金额估计在 3500 亿美元以上[①]。

如此巨额的贸易，引起世界广泛关注是必然的。由此国内外不少人担心中方如何来实施资金运作。为了回答这个问题，笔者想引用李克强总理在会见肯尼亚总理时的一段讲话。他说："对中国来说，如果整体上贸易不平衡，会给我们的宏观经济调控带来极大的压力。我这里也坦率地说，比较多的外汇储备已经是我们很大的负担，因为它要变成本国的基础货币，会影响我们的通货膨胀。"

李克强总理对外汇储备的表态，表明中国政府对减少购买美债及其他美元资产投资力度发出了信号。只有把实体经济做大，只有扩大双边和多边贸易与合作，外汇储备的正面效应才能充分发挥。因此，中俄能源贸易大单的签署，各种基金的设立都在此时出现，也就不难理解了。

除此之外，中俄还在 2013 年 3 月签署了《关于建设和运营天津炼化项目和石油勘探开发项目合作协议》。按照协议规定，俄每年向天津炼油厂供应原油 910 万吨，其中 460 万吨由中方授权企业以付款方式购买，另外的 450 万吨则由俄方授权企业按投资方式供应。该项目商谈已久，估计炼油厂将于 2020 年前建成投产运营。据俄方业内人士透露，俄之所以迟迟不动，主要是不想把优质原油用作提炼柴油，俄方对中方的做法不理解。他们认为印度利用劣质原油提炼柴油是合理的，也是合算的。

2013 年 6 月，中俄还签署了进口俄北极亚马尔液化天然气（LNG）协议，年进口量为 300 万吨。同时，中石油和俄诺瓦泰克公司还签署了关于中方收购亚马尔 LNG 股份公司 20% 股份的协议。根据协议，中国公司将介入天然气资源勘探开发、生产与销售、北极航道运输等诸多领域。2014 年 5 月再次确认。

① 《中国石油报》，2014 年 11 月 13 日。

在上述各项合作项目谈判过程中，俄方曾多次向中方提出要求提供优惠贷款。中国权衡再三，表示可以对俄提供预付款。提供优惠贷款并不表明专款专用，而提供预付款则有相对的制衡作用。仅此三项大单（即原油和东线、西线天然气），中方决定提供的预付款总额已达千亿美元，这在国际经贸合作史上是罕见的。这表明了中方的诚意，也体现了患难见真情的友谊。

在国际关系大调整的今天，在践行构建新型大国关系的今天，中俄的高水平合作不过是顺应时代大潮流而已。那种认为中俄“结盟”的判断，纯属无稽之谈。

中俄在两年内如此密集签订包括能源、军品、军技、航天等领域合作大单也确实非同小可，值得关注。

首先，双方油气项目合作文件及程序设计别具一格，既有政府间的合作备忘录，又有企业间的正式贸易合同文本，更有最终政府出面签署的协议，即政府间备忘录（或框架协议）→企业间合同→政府间正式协议。这表明，双方达成的合作项目具有“多层保险”的内涵。如关于中俄东线天然气合作项目，先是2014年5月在上海亚信峰会期间，在习近平和普京的见证下，签订了两国政府间《中俄东线天然气合作项目备忘录》，然后由两国企业——中石油和俄天然气工业公司签署了《中俄东线天然气供销合同》，最后由两国政府首脑于2014年10月在莫斯科又签署了《关于中俄在东线天然气管道建设及运营的技术协议》和《关于进一步深化战略合作协议》。前者把企业的合同提升为两国政府批准的合作协议，从而使它极具法律效力，其中就详细说明了中俄双方各自的义务和责任，包括天然气管道的入境准确地点、交气压力指标、跨境段主要参数、天然气品质、计量标准等等有关管道建设、供气和运营的具体技术内容。这些为防范风险和保证履约而设计的许多细则，既是交易本身的业务需要，同时也体现了双方互谅、互信、按法律规定办事的准则。当然，这也是总结了以往两国在合作过程中出现的一些问题引发的教训而形成的防范措施，能在合同文本中得以确认来之不易。在第二个协议中，双方约定将在上游油气勘探、开发，下游炼厂建设、油气贸易领域开展一体化合作，同时还确定将合作方向拓展延伸至工程技术服务、装备制造和技术研发等领域。这表明双方合作的不断深化，更有应对危机冲击的内涵。

其次，这三份油气合作大单的签订，充分体现了中俄双方互有需要、相互借重、合作共赢的实质。中国因自身快速发展对油气的需求与日俱增，加上自己生产的缺口较大，依靠进口的现实无法逆转。以原油为例，2013 年中国对原油进口依存度已超过 58%。目前中国进口原油的 85% 必须经过风险极大的马六甲海峡。美国公开扬言：“美国的全球战略之一，就是有效地控制世界重要海上通道，确保战时封锁他国海上运输船舶。”俄罗斯一家实力派媒体也评论说：“挑起第三次世界大战的原因很可能就是争夺能源。中东混乱，伊朗、叙利亚局势动荡，使中国原油供应被北约和其他反华国家切断。中国有失去能源的风险。”还说：“中国将不惜一切代价保卫南海和东海油气资源”，“未来中俄为一方将面对另一方”①。这当然是一家之言，姑且听之，但细细琢磨，中国确有解套“马六甲困局”的战略紧迫性和必要性，防患于未然，寻找新的运输通道和油气的多源头供应渠道。现在我们已经有了应对“马六甲困局”的有效办法：已建和在建四条陆上运输通道，即中亚、俄罗斯、缅甸和巴基斯坦。借助这些通道和供应点，今后中国将可以稳定地、有保障地获得油气供应，总量将超过 2 亿吨油气当量。如果再加上我国对东海和南海油气资源的强化保护，一旦马六甲海峡有事，我国的经济命脉就不会受制于人。

2014 年底，俄罗斯驻华大使杰尼索夫在接受《新京报》采访时说：“俄中能源的某种联盟，不仅仅是简单的买卖，而是长期合作，不是一

① 《参考消息》，2013 年 6 月 22 日。

年两年的合作，而是二十年、三十年，甚至更久的合作。对俄中两国关系来讲，能源领域的合作具有特殊意义，因为这种合作是在长期协议基础上建立的，双方都获得了有效保障：中国有了油气供应保障，俄罗斯有了出口油气的保障。”①

油气作为商品，属性已向战略物资、外交手段甚至战争武器转化。这表明，中俄能源战略合作互利共赢，双方互信提升，两国关系处在最好的时期。

第三，中俄油气合作大单的签署，表明俄罗斯在对外关系布局上的战略考虑：过去注重欧洲，现在则是更多地关心亚洲，更多地向亚太倾斜，同时利用亚太在世界经济发展中的引领作用来带动俄罗斯远东地区的开发与发展。

振兴俄罗斯，没有远东的快速和稳定发展的保障是难以实现的。俄罗斯科学院一位资深院士库利科夫教授认为：“俄罗斯的强盛有赖于西伯利亚，而西伯利亚的富足有赖于中国。”② 他对中俄深层次的合作寄予厚望。俄罗斯把ESPO原油推向亚太便是它的第一根触角，同时又积极向该地区出口武器，筹建军事基地（越南金兰湾），扩大自己在亚太的影响，尽可能介入亚太区域多边组织。ESPO是“东西伯利亚太平洋石油”的英文缩写。俄罗斯的部署是以ESPO为先导，向亚太地区渗透，获得同美国相抗衡的立足点——包括扩大向日本、韩国、中国、印度、新加坡等国的油气供应，同时力争使ESPO原油在该地区拥有定价权，成为基准油。乌克兰危机以来，在西方金融制裁，尤其是俄企业境外融资渠道被切断后，国际原油市场价格急剧下跌，俄罗斯的财政收入出现断层，资金短缺严重制约着俄经济的正常运行。中国政府已表示，只要俄需要，中方愿提供力所能及的帮助。

① 《新京报》，2014年12月19日。

② 俄《消息报》，1999年2月27日。

现实表明，中俄“联手”的新时期到来，这种“联手”是顺应时代大潮，是保障世界和地区的和平、稳定、合作、发展不可或缺的。中俄间包括油气在内的能源全方位合作，以及基础设施、高科技、人文等方面的合作，构成了中俄新型大国关系的充实内涵，正如俄媒体所言：“俄中关系已是没有结盟胜似盟友。”普京在来北京出席 APEC 会议前夕对中国媒体说：“俄罗斯加强对华关系在其外交政策中占优先地位。目前两国关系处于历史最好时期，两国合作对俄十分重要，对中国来说也同样极为重要，俄中关系已成为 21 世纪确保两国对外政治利益的最重要的因素，在建立公正、和谐、安全的世界秩序中发挥着突出的作用……俄中两国在完善基础设施、促进高科技领域发展方面都有良好的业绩，尤其是签署了大型天然气合作协议，无疑是 2014 年两国合作取得的突破性进展。”

第四，中俄三个油气大单的签署来之不易。中俄能源合作始于 1994 年叶利钦执政时期。在他第一次访华时，曾主动提出可同中国开展多方面的合作，签署了众多协议，包括军品和能源贸易、高科技合作等。当年叶利钦提出的中俄原油合作，或因线路，或因供应量，或因其他原因（包括日本插足），一拖再拖，历时十几年。中俄东线天然气合作项目也因价格分歧和管线走向而耗时近 10 年。若没有西方对俄制裁，若俄经济没有面临困境，该项合同也未必能在 2014 年 5 月最终敲定。若没有国际金融危机的冲击，若俄与西方的关系没有落到今天的地步，中俄间的能源合作大单也不见得能如此快速签署，中俄能源领域深层次、全方位的合作也不可能立即启动。因此，国际大环境的变化，俄罗斯的内外困境逼迫普京快速决断。正如俄官方所说，“由于这些大单并非纯粹的资源国和需求国之间商业逻辑产物，而是在地缘政治变局下，在大国关系调整下，为显示‘联手’的一种互动产物”。

三、对“履约维艰”要有准备

在中俄两国领导人见证下，总金额高达一万亿美元的三项油气大单，终于迅速签署，人们似乎可以松一口气了。然而冷静下来细细思量，仍有一些问题不免让人放心不下。

首先，中俄东线天然气合作的气源是否有保障？俄方表示，按照380亿立方米年供气量，在30年内需要的可采储量为11400亿立方米，而伊尔库茨克州的科维克塔及萨哈共和国恰扬金气田的天然气可采储量为17563亿立方米，可满足30年合约期年供气量600亿立方米。俄方还说，之所以使科维克塔气田和恰扬金气田群连通，是因为这既可以保证对中国的出口供气，同时也可以满足俄罗斯这一地区的居民用气，当然也为下一步向朝鲜、韩国和日本输气奠定管道、加压站等设施的建设基础①。

我们担心的是，东线的这两个气田均系新勘探的气源地，尤其是恰扬金气田，现有资料无法精确表明其真实储量，尚有许多不确定的因素和技术困难，对此俄方未完全交底。俄天然气工业公司总裁前不久对媒体说：“我们将在4~6年后开始向中方供气。”他还说：“2017年俄将通过管道向韩国供气，并逐步向日本延伸。”② 看来，俄方想通过同中方的合作来一揽子解决诸多问题。人们不禁要问，俄有这么多气源吗？会不会“一女多嫁”？

其次，俄罗斯改变管道走向和延长东线管道，能保证按期完工通气吗？俄方以多种理由提出要把科维克塔气田同恰扬金气田群用管道相

---

① 《边境贸易》，2014年第36期。

② 刘乾，徐滨：“中俄天然气合作的历史经验与未来发展”，《国际石油经济》，2014年第4期。

连。如此一来，东线管道就由原来的 800 多公里（从科维克塔到我国黑河）一下子延长为约 2700 公里（从科维克塔到恰扬金，再到别洛戈尔斯克，到布拉戈维申斯克，穿越黑龙江到黑河）。由原本是一条由西北向东南的斜线变成了一个斜 Z 型。为何舍近求远绕两个大弯？俄方说是为了气源通盘考虑，但据中外业内人士分析，原来那里的天然气中含有伴生气——氦气，系航天工业和高科技行业必不可少的惰性气体，俄不想让它由外国提取和利用，而俄至今又未完全真正掌握提炼技术。因此，俄方提出的管线方案可使气田的供气起码延至 2020 年前后，这就为俄争取到了时间。另外，管道绕到恰扬金气田群，可以加快推进该气田的勘探开采，而它又恰恰同东西伯利亚的维尔霍扬斯克油气带相呼应，若相连于一条输气管道，那就为远东的开发创造了条件，还可省下不少资金①。当然，绕道可以从中方争取到更多的预付资金，更可为下一步向朝、韩、日供气创造条件，增加谈判筹码，何乐而不为？俄罗斯 60% ~70% 的油气出口到欧洲，而俄的西西伯利亚和伏尔加—乌拉尔地区的原油储量占全俄的四分之三，但那里的资源开采较早，目前所剩还不到 50% 。然而在东西伯利亚及远东的油气开发已推上日程，消费对象除了本国还有亚太（油储量约为 178 亿吨，天然气 56 万亿立方米，出口潜力很大），这次普京好像是下定决心了。

第三，《中俄天然气东线购销合同》和《关于中俄在东线天然气管道建设及运营的技术协议》规定，俄方境内 2680 公里管道以及其他配套设施均由俄方负责建设，已于 2014 年 9 月 1 日动工，普京总统和张高丽副总理亲赴现场，显示出双方的重视程度。协议规定，应在 2018 年完工通气。中方境内的管道及设施由中方承建，2015 年上半年动工，2018 年完工，并同俄境内管道连线通气。鉴于西方的制裁加深，俄罗斯油气及管道企业原本从欧洲获得的融资渠道堵死，资金短缺无法逆

① 张抗，白振瑞：“中俄东线供气购销合同的回顾及展望”，《天然气经济》，2014 年第 4 期。

转，加上油价持续下跌，卢布超速贬值，直接影响企业的经营和职工的生活，这对建设速度无疑是一个重大打击。尽管俄政府拿出外汇储备来救急，但收效甚微。俄政府既没有钱，也不可能把全部预付款投入合作项目，而让企业自行解决更不可能。国际市场油价在 2015 年下半年能否反弹及反弹到什么水平都是未知数。因此东线管道建设受阻应在意料之中，除非俄方同意中方公司参与管道等设施的施工，但那样的话，中方的预付款也就不会如数支付。在整个项目的金额中，俄方能拿到的将明显减少。250 亿美元预付款仅够开发恰扬金气田和铺设管道至黑河，但能否专款专用也很难说。加上气候和地理环境险恶，俄方的困难会越来越多。西方认为，沿线基础设施严重不足，加上施工难度大，工期又短，起码要投入 550 亿美元①，那么除了预付款（就算专款专用），余款从何而来？这就是为什么每当中俄高层领导会晤时，中方总要强调，希望俄方能按双方领导人达成的协议，严格履约，确保如期通气。中方已经估计到风险，希望俄方能改变初衷，让中方施工人员参与建设，确保如期投产通气。回顾以往，苏联和俄罗斯，同原社会主义国家间的合作协议和贸易合同的履约率不高。相比之下，俄同西方的贸易及合作比较守规矩。外国驻华使团及一些业内人士认为，在 2020 年前，俄罗斯难以向中方如期供气。当然，在中俄原油合作上，俄方履约状况良好，甚至超计划供油。我们既不希望俄罗斯给人留下违约的印象，也不希望我方在他方违约时无能为力。这就需要有应对预案，并明明白白写进合约。

第四，回顾中国同中亚及俄罗斯的能源合作，有一种现象值得关注，即能源大单的签署都是在国际大环境出现剧烈变化的情况下完成的，如中国同中亚的能源大单是在俄罗斯大量减少从中亚采购的背景下，迫使土库曼斯坦寻找新的出口市场，导致中土间天然气合作步伐加

① 熊伟，冯琦，牛新：“基于地缘政治的中俄油气战略合作研究”，《天然气经济》，2014 年第 2 期。

快；中俄原油大单的签署是基于2009年国际金融危机造成俄罗斯的经济困境，促使俄罗斯下决心签下合同；中俄东线、西线天然气大单更是俄罗斯在乌克兰危机、西方加剧制裁、国际油价大跌、卢布贬值的情况下才下决心签署的。若从贸易和合作的正常成因来看，显得有些脆弱和仓促，但若从双方谈判的漫长进程来看，又像是水到渠成。若深入实际，缜密分析和研判，我们又会发现仍有许多不解之谜和困惑。这就需要相关部门锲而不舍地跟踪研究，为国家利益站好岗，守好位。大单虽签，履约为先；坚守承诺，共克时艰。

乌克兰危机影响下中俄经贸合作关系前景展望

◎ 刘华芹

本文分析了2014年在乌克兰事件引发的地缘政治危机背景下中俄两国在贸易、投资、合作的法律基础、合作机制、金融合作以及地方合作等领域取得的成就，揭示了俄罗斯经济衰退以及中国经济进入新常态对双边经贸合作可能产生的不利影响，提出了近期中俄贸易可能出现下滑，而中长期为低速增长的趋势。为了实现中俄经贸合作的可持续发展，应完善双边经贸合作的法律基础，加强市场机制在双边经贸合作中的作用，提高两国经贸合作机制的运行效率，推动政府协定大项目的落实，加速推动本币互换及人民币作为双边贸易结算货币以及搭建各种贸易投资促进平台。

2014年乌克兰危机成为世界最重要的地缘政治事件之一，由此引发了欧美国家对俄罗斯严厉的经济制裁。为了应对危机，俄罗斯加快实施“向东看”战略。5月，中俄两国政府签署了《中俄东线天然气合作项目备忘录》，两国能源公司签署了总额4000亿美元长达30年的《中俄东线供气购销合同》，从而使中俄经贸合作步入战略性新阶段。但下半年以来国际市场原油价格急剧下滑，卢布汇率暴跌，导致俄罗斯经济

刘华芹，商务部国际贸易经济合作研究院欧洲部副主任。

陷入衰退，也给中俄双方合作蒙上了阴影。未来两国经贸合作前景如何，成为人们关注的焦点。

一、2014 年中俄经贸合作亮点频出

在中国经济步入新常态，俄罗斯经济出现衰退的背景下中俄经贸合作仍实现了稳定增长，成绩斐然。

1. 双边贸易平稳发展

根据中国海关统计，2014 年，中国对俄外贸进出口总额为 952.85 亿美元，同比增长 6.8%，高于同期全国进出口总额平均 3.4% 的增幅；其中中方对俄出口 536.78 亿美元，同比增长 8.2%，高于同期全国平均出口 6.1% 的增幅；中方自俄进口 416.07 亿美元，同比增长 4.9%，高于同期全国平均进口 0.4% 的增幅。俄罗斯仍位于我国前 10 大贸易伙伴之列，是中国在金砖国家中最大的贸易伙伴。

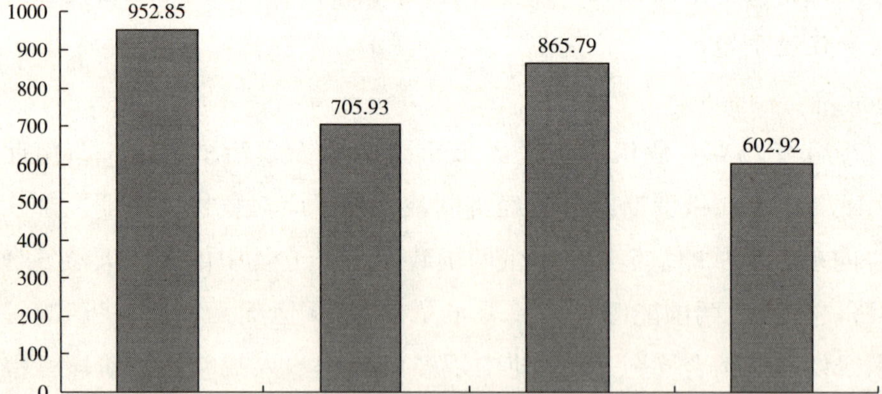

图 1　2014 年中国与金砖国家贸易状况（单位：亿美元）

资料来源：中国海关统计月报，2014 年第 12 期。

根据俄罗斯经济发展部的数据，2014 年 1～10 月，俄中贸易额达到 745 亿美元，同比增长 2.9%。俄中贸易的增速超过了同期俄本国对外贸易进出口增速，俄中贸易成为俄罗斯对外贸易的增长点。

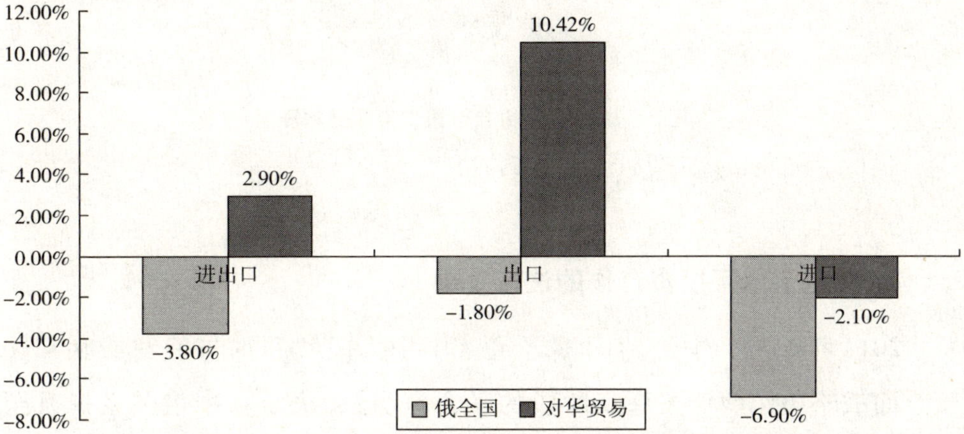

图 2　2014 年 1～10 月俄罗斯对外贸易及俄中贸易增幅比较

资料来源：俄罗斯经济发展部网站。

与此同时，俄中贸易占俄罗斯同期对外贸易进出口总额的比重也由 2013 年的 10.5% 升至 11.2%，中国仍为俄第一大贸易伙伴和第一大进口来源国，同时首次成为俄第二大出口市场。

2. 两国经济互补性进一步增强

近年来，伴随两国产业结构的调整和国内需求的变化，两国贸易的互补性进一步增强。2014 年中方自俄进口原油 3310 万吨，俄罗斯成为中国第三大原油进口来源国，这充分体现了中俄两国能源产业互补的特点。而俄方多年关注的机电产品对华出口也取得了明显进展。2014 年中国自俄进口机电产品总额近 5 亿美元，尽管只占中方自俄进口总额的 0.61%，但是中国已成为俄机电产品第一大出口市场，中国自俄进口商品结构与俄出口商品结构高度吻合，两国经济联系的紧密度明显提升。

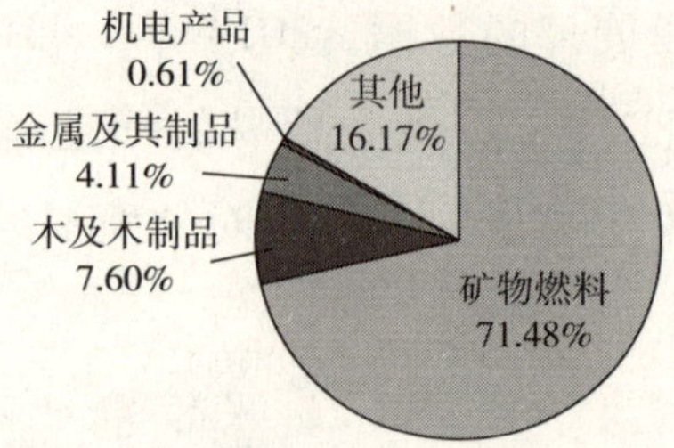

图 3　2014 年中方自俄进口商品结构图

资料来源：中国海关统计月报，2014 年第 12 期。

3. 奠定了相互投资合作的法律基础

2014 年 5 月，中俄两国签署了《中华人民共和国与俄罗斯联邦关于全面战略协作伙伴关系新阶段的联合声明》，决定将中俄关系提升至全面战略协作伙伴关系新阶段。2014 年 10 月，中俄两国总理第十九次定期会晤期间，两国签署了《中华人民共和国政府和俄罗斯联邦政府对所得避免双重征税和防止偷漏税的协定》及议定书、《中华人民共和国商务部与俄罗斯联邦反垄断署关于反垄断合作的谅解备忘录》等文件，为企业扩大相互投资奠定了重要法律基础。《对所得避免双重征税和防止偷漏税的协定》保障了两国企业的合法经济利益，降低了企业的经营成本。而反垄断领域的合作将维护经贸合作中正常的市场竞争秩序，推动两国更多企业参与到经贸合作中来。两国决定扩大在知识产权保护领域的合作，共同打击侵犯知识产权行为，这将为扩大两国企业在高新技术领域合作，培育经贸合作创新增长点提供重要法律保障。

4. 完善了双边经贸合作机制

《中华人民共和国与俄罗斯联邦关于全面战略协作伙伴关系新阶段的联合声明》中指出，支持完善中俄总理定期会晤机制，决定建立副总理级中俄投资合作委员会、中俄经济合作战略性项目高级别监督工作组以及能源领域专门工作组，以加强两国在大项目领域合作的协调能力。同时，双方还决定，建立中国和欧亚经济联盟在海关领域的有效合作机制，推进信息交换合作，促进贸易投资的便利化。新机制的建立将为快速有效地推进两国达成的大项目合作提供必不可少的组织保障。

5. 拓宽经贸合作领域

2014 年中俄两国所签署的各项合作协定将双边经贸合作延展至贸易、投资、金融及贸易投资便利化等经贸合作的所有层面。

（1）扩大双边贸易规模

①扩大能源产品贸易。继 2014 年 5 月中俄两国签署东线天然气供应协议后，同年 11 月 9 日，中国石油天然气集团公司和俄罗斯天然气工业公司在北京 APEC 峰会期间签署了中俄“西线”天然气供应框架协议。根据该协议，俄将从西西伯利亚气田通过“阿尔泰”输气管道对华供气，年供气量 300 亿立方米。两个天然气供应协议正式运行后，中国将超过德国成为俄罗斯最大的天然气客户。

②扩大服务贸易。两国不仅提出了货物贸易的发展目标，还强调要提升贸易质量，促进贸易结构多元化，增加机电和农产品比重；扩大市场开放，反对贸易保护主义。与此同时，提出了大力发展旅游、过境运输、教育、金融服务、医疗、体育、传媒、通信、会展等诸多服务贸易领域。双方决定将继续开展中俄文化节、电影节等活动，加强全方位、多形式合作。鼓励两国单项运动协会之间和地方体育机构之间建立直接联系。双方将在国际体育事务中继续加强沟通协调，将继续开展有前景的旅游合作项目（青年游、体育游、家庭游、水上游、疗养游），并开发以红色旅游和纪念二战胜利 70 周年为主题的旅游线路等。

（2）扩大相互投资

两国投资将由能源领域拓展到农业、加工制造业、基础设施建设、高科技等领域。

①扩大能源领域的投资。中俄将进一步深化两国企业在石油领域的一揽子合作，落实向中国出口俄罗斯天然气，扩大煤炭领域合作，包括开发俄罗斯煤田及发展相应基础设施，提升双方在电力、能效、节能和可再生能源领域的合作水平，扩大在和平利用核能领域的一揽子合作。

②扩大农业领域的合作。中俄将合作生产绿色农产品并促进两国间贸易及向第三国出口，扩大两国在渔业领域的长期互利合作。

③加强高新技术领域的合作。两国在民用航空领域将推动重点项目，扩大航空发动机、科技、工艺与材料、适航等领域的合作。在通信领域将在无线通信设备、网络设备、高端服务器、车载信息服务等领域加强合作，在集成电路设计、电讯设备和配件研发、陆地光纤通信网络建设方面开展合作，在无线宽带接入、光纤网络、普遍服务、政府监管与政策等方面开展交流，共同努力降低中俄两国间的国际漫游资费。双方将推动制药、医疗器械、化学、电子、铝业、油气开采设备、船舶、机床和运输机械制造等领域的交流合作。

（3）推动基础设施建设领域的合作

中俄双方正在研究构建“中国（北京）—俄罗斯（莫斯科）”欧亚高速运输走廊，确保在优先实施“莫斯科—喀山”高铁项目上开展全面合作。

6. 金融合作取得突破

2014 年 10 月 13 日，中国人民银行与俄罗斯联邦中央银行签署了规模为 1500 亿元人民币/8150 亿卢布的双边本币互换协议，以便利双边贸易及直接投资。互换协议有效期三年，经双方同意可以展期。中俄两国还开始在支付系统领域展开合作，目前俄罗斯有 10 万家商户接受中国银联支付系统，至少可在 3 万台自动提款机上提取现金，30 家俄罗斯银行将选择使用中国银联支付系统。2014 年中方已发放 1 万张银联卡，未来 3 年中国银联在俄罗斯将发行 200 万张卡。2013 年底，绥芬河市已正式被国务院批复为中国首个卢布使用试点市，又称“中国小币种使用特区”，这是新中国成立以来第一次允许异种外币在中国某个特定地域行使与主权货币（人民币）同等功能的货币。两国增强金融领域合作将为拓展双边经贸合作创造重要前提。

7. 两国地方合作快速推进

自2009年启动中国东北与俄罗斯远东地区合作项目以来，2014年又启动了中国长江中上游地区与俄罗斯伏尔加河沿岸联邦区的经贸合作机制，双方签署了《长江中上游地区与伏尔加河沿岸联邦区开展合作的议定书》，涉及此项合作的中国长江中上游地区包括重庆、安徽、江西、湖北、湖南、四川等6省市；俄罗斯伏尔加河沿岸联邦区包括奥伦堡州、奔萨州、基洛夫州、下诺夫哥罗德州、萨马拉州、萨拉托夫州、乌里扬诺夫州、彼尔姆边疆区、莫尔多瓦共和国、鞑靼斯坦共和国、乌德穆尔特共和国、楚瓦什共和国、马里埃尔共和国、巴什科尔托斯坦共和国等14州（共和国）。2014年2月25日，在中国重庆市召开了双边地区合作工作组第一次会议，双方有关部门将择机商定两国地区合作规划纲要，制订双方投资项目清单和人文领域合作路线图，推动两地合作共赢。未来双方将在以下领域开展广泛合作。

①高端制造业领域，包括飞机制造，尤其是重型直升机、公务机研制以及汽车制造等。

②矿产资源开发方面，加强在矿产资源综合开发、金属深加工等方面合作，鼓励中方大型企业参与联邦区矿产资源的勘探开发。

③经贸交流合作，举办产品展销会、建设批发市场、完善营销网络等，共同扩大两地经贸份额。

④旅游发展合作，扩大旅游宣传推介、线路规划、客源互送等方面的合作，促进两地旅游业发展。

⑤生态保护合作，在流域生态保护、环境治理等方面加强交流合作。

二、中俄经贸合作面临新挑战

近期两国经济增速放缓，尤其是俄罗斯经济衰退对双边经贸合作发展构成一定障碍，将制约未来合作进程。

1. 双边贸易增速呈下滑态势

我国经济进入新常态，转变经济增长方式，调整经济结构，化解过剩产能，使中方对原料性商品需求下降，我自俄传统进口商品纸浆、化肥、黑色和有色金属的进口增幅放缓。根据中国海关统计，2014 年 5 月，中方自俄进口额达到当年最高值，为 37. 38 亿美元，此后逐月下滑，11 月仅为 33. 32 亿美元，下降 11%。8 月以来，随着俄罗斯经济形势不断恶化，投资规模下降及居民购买力萎缩，中方对俄进出口及出口逐月下滑，11 月中俄贸易达到 78. 7 亿美元，较 8 月下降 13. 5%；中方对俄出口 45. 38 亿美元，较 8 月下降 22%。

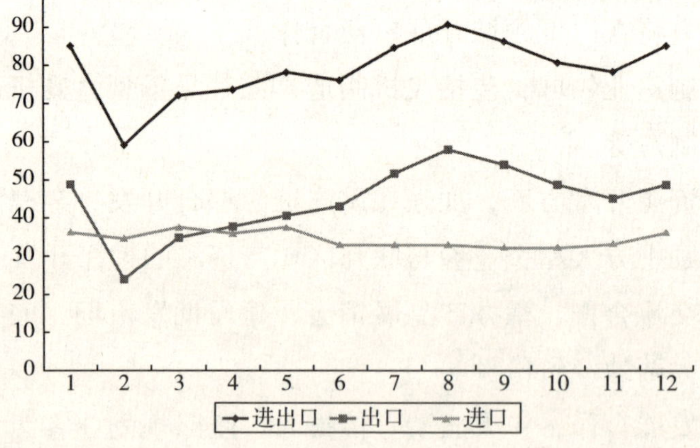

图 4　2014 年 1 ~ 12 月中俄贸易发展状况图（单位：亿美元）

资料来源：中国海关统计月报，2014 年 12 期。

2015 年 1 月 31 日，俄罗斯经济发展部发布最新预测，在油价为每桶 50 美元的条件下，俄罗斯 GDP 将下降 3%，固定资产投资下降 13%，居民实际可支配收入下降 6%，零售贸易额下降 8%。受这些因素综合影响，预计 2015 年俄罗斯的外贸进出口规模将下降 30% 左右。中国是俄罗斯的第一大贸易伙伴，其对外贸易萎缩将不可避免地影响双边贸易的发展，使两国合作面临更大困难。

2. 俄罗斯的商业风险明显上升

俄经济下滑导致其经营环境日益恶化，首先体现为贸易风险加大。企业融资困难造成支付能力下降、违约率上升，正常的信用证结算遭遇“红灯”，货款延迟不能及时回笼情况不断蔓延，我国企业对俄出口收汇风险大幅攀升，贸易商的经营风险明显加大。

在俄罗斯的投资风险也同样上升。卢布汇率暴跌造成通货膨胀率快速攀升，而居民实际可支配收入不断下降导致购买力不足，市场需求萎缩，企业产品销量不断下滑，正常结算受汇率波动影响，投资风险明显增大。目前我国在俄罗斯投资的汽车制造企业受冲击较大。受卢布贬值及新车销售持续下跌的双重影响，2014 年吉利汽车公司的净利润下降约 50%。欧美汽车跨国公司，如大众、奔驰、通用、福特等，近期也纷纷下调其在俄罗斯市场的生产及销售目标，甚至收缩投资计划。

2015 年 1 月 6 日，国际评级机构标普给予俄罗斯的评级为 BBB－。由于原油价格跌至每桶 55 美元左右以及俄罗斯中央银行相继采取激进措施推升卢布汇率，国际金融市场已将俄罗斯主权评级降为视同垃圾级别的 B 级。据 2015 年 2 月 3 日国际评级机构穆迪发表报告指出，2015 年俄罗斯银行业将净亏损 1 万亿卢布，银行陷入困境并将加大企业风险。这里不排除西方评级机构故意打压俄罗斯经济、夸大其风险等因素，但俄经营风险上升是毋庸置疑的事实。

三、中俄经贸合作发展前景展望

在未来 2～3 年，中俄两国经济均进入转方式、调结构的新常态，经济增速较前 10 年将明显放缓，中方 GDP 年增幅将保持在 7%～7.5%的水平。俄罗斯因乌克兰危机遭受西方经济制裁及国际油价大幅下跌的拖累，经济形势将明显恶化。俄经济发展部预测，2015～2016 年俄罗斯经济将呈现负增长，此后将出现恢复性增长，但长期来看，受各种因素的综合作用，俄罗斯经济将呈现 2.5%～3.0%的低速增长。即使西方取消对俄经济制裁，俄罗斯若要恢复此前的国际经济联系仍需时日，这些因素均将对未来双边经贸合作产生不利影响。

1. 从短期看，双边经贸合作增速将明显放缓

2014 年中俄两国虽然签署了诸多合作协议，但大多为中长期合作项目，天然气供应将在 2018 年启动，其他基础设施建设项目的实施也需要一定时间，短期内难以形成拉动双边贸易增长的新动力。因此，近期两国贸易呈低速增长可能更为现实。同时，受俄罗斯对外贸易大幅度下滑的影响，中俄贸易短期内出现负增长的概率将进一步加大。

2. 从中长期看，双边经贸合作将实现稳定增长

2014 年 11 月 19 日，普京总统在“全俄人民阵线论坛”上发表演讲时指出：“从苏联解体至今的很多年间，我国的经济结构十分片面，主要通过原料、油气、部分化工、金属等方面的开采加工获得快速收入，改变这种结构是俄罗斯的主要任务之一，短期内改变它不可能。这

是一个长期的过程，需要投入大量资金。”① 俄罗斯经济发展部预测，随着俄罗斯进入经济结构调整期，俄经济也将出现新常态：受国际及国内等多种因素影响，预计未来5年以至更长时间经济将保持2.5%～3%的低速增长。

伴随两国经济逐渐适应新常态，中俄均将采取市场化改革措施，为中俄双边经贸合作创造更为稳定和有利的环境。已签署的各项合作协定亦将逐步落实，以投资带动贸易发展、培育双边经贸合作新的增长点。这将使两国经贸合作步入持续稳定发展的新阶段。基于现状分析，受各种内外因素的综合影响，2020年实现双边贸易额2000亿美元的目标难度很大。

四、理性评价和积极推动双边经贸合作可持续发展

对于中俄经贸合作的长远发展及目前所遇到的各种困难，我们应持积极与辩证的态度。

1. 理性评价中俄经贸合作现状与发展前景

（1）应从战略层面综合平衡中俄经贸合作的利益得失

在变幻莫测的市场环境下，任何经济合作均具有一定风险性，差异只在于程度不同。在俄罗斯经济形势异常严峻的背景下推进中俄合作项目不可避免地带有一定风险，甚至会出现一些损失，对此应有比较清醒的认识。但中俄经贸合作基于国家经济安全的战略利益需求，有利于我国的能源安全、金融安全和国防安全，长远利益与短期损失之间相比，得失显而易见。为此，习近平主席表示，不管国际风云如何变幻，我们

① “普京：俄罗斯经济发展应减少对能源依赖”，news. xinhuanet. com，2014年11月19日。

都要把坚持发展中俄关系作为本国外交优先方向，不断增进政治和战略互信，不断扩大和深化全方位合作①。

（2）遵循客观经济规律扎实稳妥地推进合作进程

中俄之间的合作项目缘于长期利益考量，对两国经济发展具有长远重要影响。这些项目投资大、周期长，实施难度不可小觑。与此同时，经济合作还应遵循自身的发展规律，为此应避免急于求成的浮躁心态，应稳扎稳打，扎实推进。对可能出现的各种风险需进行前期充分评估，做出各种预案，力争将不确定性降到最低限度。有效地推进合作项目促使双边经贸合作得以持续稳定增长，但在短期内使双边贸易突飞猛进也是一种不切实际的想法，这里急躁冒进与犹豫不决均不可取。

2. 采取措施推动中俄经贸合作的稳步发展

（1）完善双边经贸合作的法律基础

在两国签署《对所得避免双重征税和防止偷漏税的协定》及议定书之后，应尽快制定实施细则，以便将协定变成可操作的政策，为企业经营活动创造有法可依的环境。加强两国相关政府主管部门在标准、计量、认证及检验监管领域的合作，推动俄方采用或承认国际技术标准，降低企业市场准入门槛。加强两国在市场经济体制改革方面的经验交流与政策沟通，扩大市场开放，反对贸易保护主义。

（2）加强市场机制在双边经贸合作中的作用

目前中俄经贸合作的特点是政府主导、大项目带动，这种合作范式比较适宜推进大型基础设施建设、资源开发等战略性合作领域，如能源、航空航天项目等，也体现了两国作为新兴经济体的特点。但这种合作模式自身也存在一定局限性，尤其不适宜市场经济环境下发展加工制造业、创新型产业、服务业等领域的合作。纵观我国与其他国家双边及

① “习近平会见普京，中俄签署多项能源合作协议”，2014 年 11 月 9 日，中国新闻网。

多边经贸合作形式，企业为主体，以市场原则为基础的合作是生命力最强、最具有可持续性的合作模式。我党十八届三中全会明确提出，未来的改革方向是市场在资源配置中起决定性作用，简政放权。这也要求在中俄双边经贸合作中逐渐增加市场经济因素，提升市场调节经贸合作的地位与作用。

（3）提高两国经贸合作机制的运行效率

中俄两国之间确立了迄今我国与其他国家双边经贸合作中最全面的总理定期会晤机制，该机制下设10多个分委会，还有多个工作组，对于促进双边经贸合作发挥了积极作用。同时，双方合作机制的效率仍有待提高。在双方力求拓展新的合作领域时，应优先发挥已有双边合作机制的作用或赋予其新的功能，避免机构重叠，相互掣肘，降低工作效率。应遵循精简高效原则，提升双边经贸合作机制的运行效率。

（4）推动政府协定大项目的落实：寻找双方合作新的契合点

加强基础设施和工业园区建设是提振经济的有效手段。未来三年莫斯科市计划建成240公里公路、60公里地铁、100公里铁路和40座立交桥。俄政府正在积极推动在远东和东西伯利亚地区建立经济特区和跨越式发展区。2014年12月，我国中央经济工作会议提出，我国将鼓励企业开展基础设施互联互通项目建设并推动优势产业走出去，双方企业可以联手参与实施远东地区的战略发展规划及商定的合作项目，参与大型基础设施建设项目，将中方的资金及技术优势与俄方的市场需求相结合，带动双方经济增长，实现互利共赢，更有利于俄罗斯借助外力提振本国经济。

（5）加速推动本币互换及人民币作为双边贸易结算货币

在俄罗斯卢布汇率大幅度波动的情况下，中俄应扩大货币互换数额，更多使用人民币进行两国贸易结算，以提升双边贸易结算的安全可靠性。货币互换协议能在一定程度上增加俄方进口企业的人民币支付能力，也有利于中方出口企业。

（6）搭建各种贸易投资促进平台

充分发挥两国实业家委员会、青年企业家俱乐部、各种地方合作机制、各类商会、协会的平台作用，充分利用现代通信技术手段，借助于互联网平台促进企业之间的沟通与信息交流，创新贸易与投资方式，例如大力发展跨境电子商务等，使大、中、小企业均能找到适合其发展的合作模式，形成大中小企业相结合、宽领域、多层次的立体合作格局，使中俄经贸合作获得长久的发展动力和内在活力。

俄罗斯与北约关系恶化及俄应对之策

◎ 陆柏春

2014年乌克兰危机爆发后，针对俄与北约关系严重恶化，俄采取了以下主要措施：一是针对北约咄咄逼人的态势表明严正立场，并修订了军事学说；二是坚决反对乌克兰加入北约，不许北约染指俄传统势力范围；三是为未来战争预做准备，启动国家防御指挥中心和成立北极战略司令部；四是调整兵力部署，加强在克里米亚的军事力量；五是频繁举行各类军事演习，提升部队实战水平和快速反应能力等。

2014年2月以来，乌克兰危机急剧升温。俄罗斯与北约关系骤然剑拔弩张，北约与俄罗斯相互间的敌意达到冷战以来的最高峰：在乌克兰东部进行“代理人战争”。

一、俄与北约关系恶化

1. 乌克兰危机导致俄与北约关系从“伙伴”变为“对手”

2002年5月28日，北约与俄罗斯首脑签署《罗马宣言》，双方建

陆柏春，国务院发展研究中心欧亚社会发展研究所研究员。

立了新型的“特殊伙伴关系”，北约与俄罗斯这对昔日的冷战“宿敌”开始向“盟友”关系转变。俄与北约在反恐、维和行动、联合军演、海上搜救等方面的合作不断增多，俄与北约一度视双方为“伙伴”而非敌人。但由于双方在北约东扩、美在中东欧国家执意部署反导系统等涉及俄根本利益问题上严重对立，加之双方根深蒂固的互不信任，俄与北约之间的对抗态势始终未能根本改变。2014 年 2 月乌克兰危机升温后，“冷战的火花重新出现”，北约在事实上已认定俄罗斯为当前最大威胁来源，对俄的遏制已提升至冷战后的最高层级，双方都在磨刀霍霍，大有兵戎相见的危险。俄罗斯吞并克里米亚，支持乌克兰东部地区民间武装，引起部分北约成员国，如波罗的海三国、波兰和罗马尼亚等国的担忧，担心未来可能遭到俄罗斯入侵，向北约寻求军事保护。北约既要震慑俄罗斯，又要安抚成员国。在此背景下，北约宣布：中止与俄罗斯的一切合作，只保持大使级别的联络渠道；提高成员国防御水平；在乌克兰境内部署机动训练小组，加强与乌克兰的合作；采取一系列措施增强在东欧的军事力量；在拉脱维亚、立陶宛展开军事行动，在波罗的海举行大规模海上军事演习等。2014 年 9 月 4 日至 5 日，北约峰会在英国威尔士举行，乌克兰局势为焦点议题，主旨是“统一思想，一致对俄”。与会领导人最后通过《威尔士峰会声明》，就出台“战备行动计划”和组建一支代号为“尖锋”的快速反应部队等达成一致。此次峰会虽未向俄罗斯摊牌，但在这次会议上，20 多年来俄罗斯第一次被北约明确认定为“对手”。

2. 北约公开支持乌克兰，严厉谴责并防范俄罗斯

一是北约高官频繁访问乌克兰，2014 年 8 月 7 日，北约秘书长拉斯穆森访问乌克兰，与乌总统波罗申科和政府总理亚采纽克会晤时表示，北约在政治方面支持乌克兰。拉斯穆森针对当前乌克兰东部地区局势，表达了对乌克兰现任政府的支持并称北约愿继续加强同乌克兰在军事领

域的合作。11 月 26 日，北约最高军事长官——欧洲盟军最高司令兼美军欧洲司令部司令菲利普·布里德洛夫访问乌克兰，旨在表达对乌克兰政权的支持。布里德洛夫访问期间与乌总统波罗申科和政府其他官员会晤，就美国帮助乌政权对抗乌克兰顿巴斯地区的分离主义力量的途径进行了磋商。他表示，北约已制定一个很现实的全面计划，以保障乌克兰武装力量的需求。美国评估了乌克兰所面临的严峻形势，准备在这复杂的时刻支持基辅。他强调，美国将与乌克兰领导人密切合作。二是北约组织严厉谴责俄罗斯“吞并”克里米亚。面对乌克兰危机，北约9月在英国威尔士举行的峰会，以及 12 月 2 日在布鲁塞尔北约国家外长会议上，多次谴责俄罗斯持续和蓄意制造乌克兰东部的不稳定局势，称莫斯科向乌克兰东部民间武装提供了武器和军事人员，并再次呼吁俄罗斯遵守9 月 5 日达成的乌克兰东部停火协议，停止支持乌克兰民间武装。并一再要求将3月份被俄“吞并”的克里米亚恢复原状。三是针对俄罗斯可能的威胁采取防御措施。北约在英国威尔士召开的峰会上，明确今后的防御重点是俄罗斯，要尽快建立一支超级快速反应部队，以应对北约成员国面临的任何威胁。据悉，“战备行动计划”将组建人数为4000 人的快速反应部队，这支部队可以在 48 小时内在任何北约国家展开行动。美国总统奥巴马9 月24 日在联合国大会这样的重要国际讲坛上把俄罗斯与埃博拉病毒和恐怖组织“伊斯兰国”并列为当今世界三大威胁。

3. 北约为乌克兰提供军援，支持其打击乌东部民间武装

2014 年5 月，乌克兰东部民间武装在顿涅茨克州和卢甘斯克州组织公投并宣布建立“主权国家”。乌克兰政府针对其东部民间武装进行的“反恐行动”已持续很久，双方的伤亡情况日益严重。北约准备通过与美国指挥部和北约力量帮助乌克兰提高其军事能力，有可能向乌克兰提供杀伤性武器。据乌克兰“网络金雕”黑客组织窃取美国机密文件显

示，2014 年美国共向乌克兰拨出了 3.2 亿美元资金，其中用于军方的为 1.16 亿美元，但不包括武器费用[①]。美国已准备好向乌克兰提供杀伤性武器弹药。乌克兰政府列出了所需要的武器装备清单，包括 400 支狙击步枪、2000 支突击步枪、720 个榴弹发射器、近 200 门迫击炮、超过 7 万发炮弹、420 枚反坦克导弹等。另外，乌国防部要求美国提供 3000 多万美元，用于乌军向美国购买武器装备，包括现代化的通信设备：单兵电台、导航系统、用于海岸警卫队船只的监视系统、排雷机器人、无人机、夜视和热成像仪等。北约国家外长 12 月 2 日在布鲁塞尔举行会议，批准设立 5 项信托基金，由多个国家出资，用于改善乌克兰防务力量，包括军队的装备现代化和训练，以及基本后勤物资的供应等。

4. 支持乌克兰加入北约组织，基辅重启加入北约计划

乌克兰 2002 年曾经首次声明打算加入北约，时任总统是库奇马。尤先科担任总统期间，乌克兰更是积极争取。乌向北约递交了加入成员国行动计划的申请，但是 2008 年 4 月北约布加勒斯特峰会期间婉拒了乌克兰的申请。此后，亚努科维奇当选乌总统，2010 年正式宣布国家的不结盟地位，并放弃加入北约的计划。2014 年以来，乌克兰危机持续发酵，乌克兰与北约关系迅速升温。11 月 21 日，乌克兰议会 5 个亲西方政党草签了联盟协议，决定放弃其“不结盟”地位，乌克兰领导人宣布把加入北约作为政府首先任务之一[②]。11 月 24 日，乌克兰总统波罗申科表示，将通过全民公决来决定乌克兰是否加入北约。12 月 15 日，北约新任秘书长斯托尔滕贝格当天在北约总部与到访的乌克兰总理亚采纽克举行会晤，在会晤后的新闻发布会上，亚采纽克推出了乌克兰加入

① “乌政府军成为美军‘一个分队’?”，《中国国防报》，2014 年 12 月 2 日。
② “乌克兰危机爆发一周年，乌领导人重申加入北约”，新华网，2014 年 11 月 23 日。

北约“路线图”：首先，放弃不结盟地位；其次，推进安全、政治、经济、司法等领域的改革，以达到入约标准；再次，按照法律，乌克兰将就是否加入北约举行全民公投。据2014年11月的一次民调显示，目前有51%的乌克兰人支持加入北约，而一年前仅为20%。现在反对的人数只有四分之一。这个数字自俄罗斯3月“吞并”克里米亚以来稳步上升[①]。此外，北约成员国也在双边合作的基础上向乌提供援助。11月26日，针对乌克兰要求加入北约事，北约最高军事长官——欧洲盟军最高司令兼美军欧洲司令部司令菲利普·布里德洛夫表示，北约将帮助乌克兰军队进行军事训练，将乌进一步拉近北约。同日，北约秘书长斯托尔腾贝格表示，北约致力于发展与乌克兰的伙伴关系，承诺不仅在政治上支持乌克兰，还将帮助乌克兰打造更加现代化、透明和有效的安全力量。斯托尔腾贝格强调，他将尊重乌克兰作出的决定。美国国务院对乌克兰重启加入北约计划表示欢迎，美国认为乌克兰有权自行决定是否加入北约。

5. 俄与北约军事“险情”大幅增加，有可能擦枪走火

乌克兰危机以来，北约与俄罗斯关系严重恶化，军事“险情”大幅增加。2014年3月，一架从丹麦哥本哈根起飞的客机险些与一架俄罗斯侦察机相撞。7月底至8月初，俄战略轰炸机多次抵近或飞入美国防空识别区，意在试探美方防空反应能力。9月，俄罗斯安全部门抓捕1名爱沙尼亚边防警察，爱沙尼亚称这名警察是俄罗斯当局从该国绑架的，克里姆林宫则指责这名警察是以间谍身份进入俄罗斯领土；该警察目前仍被俄罗斯扣押。10月，瑞典海军在斯德哥尔摩群岛展开大范围搜索，寻找他们怀疑是一艘俄罗斯潜艇的目标。瑞典方面始终没有找到这艘潜艇。北约表示，北约在2014年已400次出动飞机应对俄罗斯军机的空

---

① “乌克兰的北约希望依然长路漫漫”，法新社，2014年11月25日。

中活动[①]。北约还指出，与 2013 年相比，俄罗斯军方在欧洲空域的活动次数增长了 50%。仅北约成员国波兰空军就已执行了 100 多次跟踪拦截俄军战机的任务，“就在 11 月初，波兰的 F-16 战机就拦截了 4 批俄军战机，目的是把俄机驱离波兰领空”。事实上，尽管北约空军整体装备水平优于俄军，但具体到波罗的海方向，俄空军仍拥有极为强大的战术优势。北约秘书长斯托尔滕贝格称，俄罗斯军方 2014 年的活动达到了“冷战”以来前所未有的水平。

二、俄应对之策

俄与北约关系恶化使俄面临前所未有的压力和挑战，俄采取的应对措施主要有以下几个方面。

1. 俄表明严正立场，并修订军事学说

北约新一轮东扩后，北约的边界直抵俄罗斯的家门，俄罗斯西北部疆域直接暴露在北约的军事力量面前。北约在东欧国家部署导弹防御系统，更增加了对俄罗斯的新威胁。乌克兰危机以来，针对北约采取的一系列咄咄逼人的攻势，俄国家安全会议副秘书米哈伊尔·波波夫宣布，俄将在 2014 年底前修改军事学说。据俄《观点报》报道，莫斯科大学副教授奇加诺夫表示，“以前的军事学说中并没有明确指出北约是俄罗斯的敌人，甚至都没有直称北约。现在应当明确写进：北约威胁着俄罗斯的安全”。有俄罗斯专家建议，新军事学说中应当把美国和北约定为可能的敌人。普京表示，新版军事学说将考量未来 30 年的新威胁。他说：“我们不打算卷入任何地缘政治游戏、阴谋和冲突，不管谁想要把

① 中国新闻网，2014 年 11 月 21 日电，据外媒 20 日报道。

我们拉下水。”普京相信，“必须牢固捍卫俄罗斯的主权和完整，以及俄盟友的安全”。因此，俄未来几十年应对的主要军事威胁与后苏联空间及其周边国家有关。俄在经济形势恶化的情况下仍增加军费开支，2014年12月26日俄公布了普京总统批准的新版军事学说，确认北约是俄“主要外部威胁”。这是冷战后首次这样明确定位。

2. 坚决反对乌克兰加入北约，不许北约染指俄传统势力范围

乌克兰这个国家无论在政治上、军事上还是历史文化上，都是俄罗斯难以退让的底线。对俄而言，前东欧国家间仍有内外之分。对于乌克兰这些前加盟共和国，俄仍然视其为传统势力范围，加上乌克兰东部居民多为俄裔，如此挖走，自然是“是可忍，孰不可忍”。2014年11月乌克兰5个亲西方政党在基辅达成的结盟协议确定了加入北约的目标。乌克兰议会12月23日通过决议放弃2010年宣布的不结盟政策，加强与北约的合作。北约已宣布，大门原则上是敞开的，但因地区冲突尚未解决而不能接纳乌克兰。俄罗斯将这个邻国的计划视为对自身安全的威胁。普京曾暗示，一旦乌克兰加入北约，它将不再是一个完整的国家。2014年8月，当乌克兰寻求加入北约以求得到其保护时，普京撂下狠话说，俄罗斯是首屈一指的核武器大国，“最好别惹我们”。俄罗斯武装力量总参谋长也曾警告称，乌克兰加入北约的意愿将迫使俄罗斯采取军事行动。这充分表明俄阻止乌克兰加入北约的坚定决心。2014年11月，普京总统的发言人在接受英国广播公司记者采访时说，俄罗斯需要“百分之百的保证，任何人都不得考虑让乌克兰加入北约的问题”。莫斯科方面一直表示，倘若乌克兰加入北约，将被视作俄罗斯面临的“国家安全威胁”。瑞典历史学家丹尼尔·甘瑟认为，“以美国为首的北约部分成员国希望乌克兰加入北约的愿望制造了冲突，越来越导致俄罗斯与美国的直接对峙”。美国纽约大学和普林斯顿大学俄罗斯研究和政治荣誉教授发出警告，乌克兰如果加入北约将引发核战争。

3. 为未来战争预做准备，启动国家防御指挥中心和成立北极战略司令部

针对北约对俄罗斯的军事威胁，俄罗斯于 2014 年 12 月 1 日同时启动国家防御指挥中心和北极战略司令部。据“今日俄罗斯”网站 12 月 1 日报道，国家防御指挥中心可以说是俄罗斯的“战时政府”：“这个中心高度安全，包括多个大型作战室、最先进数据处理中心、地下设施、用于紧急疏散的秘密运输路线、直升机停机坪等，这些设备都是 11 月 24 日在莫斯科河畔首次部署的。”国防部长绍伊古宣布：“在一个相对较短的时间跨度之内，国家防御机构运行的新机制已经形成。这一中心将能够有效解决军队担负的所有任务，并大幅提高指挥效率。”据塔斯社报道，中心由 4 个主要机构组成：战略核力量指挥中心（按照俄联邦军方和政治首脑的决定控制核武器使用）；作战指挥中心；军队日常行动指挥中心；总参谋部中央指挥所。指挥中心从 4 月开始投入试验性作战值班，已经成功指挥了“东方—2014”大演习①。美国“战争信息网”12 月 2 日称，俄启动国家防御指挥中心显示莫斯科“在准备战争”，“普京 2014 年 10 月就说过，他的国家将使用一切手段抗击对俄罗斯的任何攻击，包括核选项”。报道引用美国智库詹姆斯敦基金会的报告称，由于美国决心摧毁俄罗斯，俄必须通过强化军事力量、在技术独立性上投资以及构建一个全球范围的反美联盟加以应对。另据俄媒体报道，自 2014 年 12 月 1 日起，俄在北方舰队基础上组建的俄罗斯北极战略司令部正式开始运作。北极战略司令部主要管辖俄罗斯在北极地区部署的所有部队，涉及俄现有的各个兵种，目的是保护俄罗斯在北极地区的利益。根据普京命令，北极战略司令部归俄国家防御指挥中心管辖，

① “俄罗斯启动‘战时指挥中心’：战时普京将搬到这里”，《环球时报》，2014 年 12 月 3 日。

相当于俄军的第五军区。此外，北极战略司令还将组建针对北极地区特点的两个作战旅：一个将部署在摩尔曼斯克州的阿拉库尔季居民点，于 2015 年部署完毕；另一个预计 2016 年部署在亚马尔—涅涅茨自治区[①]。这被认为是打算向北扩大势力范围，并在与美国等西方国家进行的“北极争夺战”获得先机的重要举措之一。

4. 调整兵力部署，加紧组建克里米亚集团军

俄罗斯 3 月收回克里米亚后，俄西部北约成员国反俄情绪加重，北约借机部署军事力量并举行针对俄罗斯的演习。面对北约咄咄逼人的态势，在 2014 年 11 月 24 日举行的国防工业发展会议上，普京强调将陆续向克里米亚半岛驻军，包括海军陆战队第 501 营、第 810 旅，黑海舰队第 1096 对空导弹团和第 126 岸防旅等。而俄空军的增兵活动已经开始。据塔斯社报道，俄空军 11 月 26 日向塞瓦斯托波尔近郊的贝尔贝克军用机场派驻 14 架歼击机。俄黑海舰队新闻局主任特鲁哈切夫说，这 14 架歼击机是从克拉斯诺达尔边疆区空军基地调来的，包括 10 架苏－27SM 和 4 架苏－30M2[②]。该机场还将继续补充作战飞机，总共将部署 24 架作战飞机和 6 架教练机。据称，乌克兰政府管辖期间，贝尔贝克机场是军民两用机场。目前，该机场已被俄空军改造为能够停放现代化作战飞机的军用机场，驻有俄罗斯第 62 歼击机航空团。北约最高统帅警告称，俄罗斯此举可能控制几乎整个黑海地区。另据报道，俄在克里米亚组建的集团军新近配备了远程S－300PMU 防空导弹系统，这将在半岛地区建立一个完整的防空系统，从而保障黑海舰队的空中安全[③]。克里米亚强力机构消息人士 12 月 1 日向俄新社透露，黑海舰队目前正在一个支队（反潜舰支队）的基础上恢复水面舰艇总队（原第 30 总队）。

---

① “俄‘北极司令部’下属兵力雄厚”，《俄罗斯报》，2014 年 12 月 2 日。

② “俄罗斯接连打出外交、军事牌欲赢‘新冷战’”，《中国国防报》，2014 年 12 月 2 日。

③ “俄罗斯与北约持续‘斗狠’”，《中国国防报》，2014 年 12 月 9 日。

黑海舰队第 30 水面舰艇总队在阿纳托利·谢尔久科夫任俄国防部长期间被裁成了一个反潜舰支队。2015 年将出现一个由两个支队（反潜舰支队和护卫舰支队）组成的总队。2015 ~ 2016 年间，还将有 6 艘最新型的 11356. 3 型护卫舰和 6 艘 636 型潜艇加入黑海舰队的战斗编成①。有专家认为，俄在克里米亚投射军力只是一个起点，作战兵力和装备还没有完全部署到位，2016 年还将在此部署图 - 22M 战略轰炸机等。

5. 频繁举行各类军事演习，提升部队实战水平和快反能力

针对乌克兰危机的紧张形势，2014 年俄频繁举行各类军事演习。2 月 26 日，俄总统普京突然下令，要求对俄军中部、西部军区所辖部队及该区域的空天防御、空降部队、军用运输机等进行突击战备检查，检查涉及各兵种 15 万人、90 架飞机、120 余架直升机、约 880 辆坦克、80 艘舰艇及 1200 台其他装备等②。4 月 24 日，俄罗斯在靠近乌克兰边界地区展开军演，以应对北约军队决定 5 月份在波兰和波罗的海三国进行的军演。5 月 8 日，在俄总统普京亲自指挥下，俄军举行战略遏制力量作战指挥演练。6 月 21 日至 28 日，俄国防部对中部军区进行突击战备检查。8 月 4 日至 8 日，俄空军举行首长司令部实兵演习。9 月 11 日至 18 日，俄国防部对东部军区进行突击战备检查。9 月 19 日至 25 日，俄军在东部军区辖区内举行代号为“东方—2014”的战略首长司令部演习。此次演习是俄军 2014 年度唯一的战略性演习，受到俄军高层高度重视。佩斯科夫当天在莫斯科举行的新闻发布会上说，俄罗斯海、陆、空三位一体的战略核力量参与了本次演习。演习结束后，普京高度评价作战单位和俄军总参谋部的表现，称赞他们完成了所有预定任务，证明了俄战略核力量的可靠性和威慑力。2014 年俄军共举行了 3000 多次战

① “黑海舰队恢复水面舰艇总队”，俄新网，2014 年 12 月 1 日。

② “普京赴现场观摩俄中部和西部军区大规模战备演习”，中国新闻网，2014 年 3 月 4 日。

役、战术及专业演习，与2013年相比，增加13%。另据俄新网12月2日报道，俄罗斯国防部12月1日宣布，俄陆军将在2015年参加6场国际反恐及维和军事演习，俄全军在2015年将举行约4000场演习。军演已经成为俄罗斯与西方相互威慑的常用手段。

6. 加快武器更新换代步伐，提高装备现代化水平

根据俄罗斯2011~2020年武器装备采购计划，俄每年将更新升级11%的军事装备，在2020年实现70%的装备现代化率。2014年俄武器装备更新换代步伐加快。一是三位一体的战略核力量表现突出，战略火箭兵的3个装备新型“亚尔斯”导弹系统的导弹团进入战斗值班。7架改进型的“图-160”和“图-95MC”战略轰炸机列入远程航空兵战斗编成，最新型的“尤里·多尔戈鲁基”号战略导弹潜艇列入海军常备力量。该潜艇成功实施了3次“布拉瓦”导弹发射。截至年底，海军已列装3艘该型潜艇。还有两艘潜艇仍在建造，它们是“弗拉基米尔大公”号和“奥列格大公”号。战略核力量总计接收38枚洲际弹道导弹，其中22枚配备于战略潜艇。其现代化武器的装备率已达到56%。二是陆军武器装备进一步得到改善。年内为陆军提供了两套旅级“伊斯坎德尔-M”战役战术导弹系统，294辆改进型坦克，296辆其他战斗装甲车辆，两套“C-300B4”陆军防空导弹系统，近5000辆汽车装备[①]。三是空军接收了53架苏-30和苏-35C多用途歼击机、28架不同品牌的运输机和教练机；18架改进型米格-31BM歼击截击机，以及46架战斗直升机、72架运输空降直升机；7套“C-400”防空导弹系统。四是海军装备有巡航导弹的“北德文斯克”号核动力巡洋舰、“新罗西斯克”号大型潜艇、5艘新型水面舰和10艘不同级别的战斗艇列入了海军编成。五是空天防御兵在普列谢茨克航天发射场成功并提前完

① “俄国防部2014年工作总结”，俄罗斯国防部网站，12月19日。

成了“安加拉”火箭综合体发射阵地的建设工作。6 月份，从该发射阵地成功实施了轻型火箭的试验发射。为重型火箭的发射做好了准备。“安加拉”航天火箭综合体使从俄罗斯本土将全种类军事卫星送上任何轨道成为可能。2014 年部队现代化武器装备率较 2013 年平均提高了 7%，达到 26% 至 48%。

总之，从 2008 年俄格军事冲突引发俄与北约军事对峙，到 2014 年俄出兵克里米亚，导致北约与俄罗斯的关系降到冷战以来最低点，无不显示出俄与北约关系的复杂性与困境。由于双方在北约东扩、支持乌克兰加入北约、在东欧国家部署反导系统等涉及俄根本利益问题上严重对立，加之双方根深蒂固的互不信任以及美国因素影响，俄与北约之间的对抗态势 20 多年来一直未能根本改变，“分歧大于共识、冲突多于合作”成为双方关系的一个显著特征。未来俄与北约关系如何发展，能否克服双方长期形成的“历史羁绊”以重建彼此之间消耗殆尽的信任并化解双方在核心战略利益上的冲突，这些问题不仅事关欧洲的安全与稳定，而且对于整个国际关系的发展也将产生重大影响，值得我们进一步审视和关注。

普京强硬应对乌克兰危机

◎ 王正泉　崔继新

俄总统普京应对乌克兰危机的立场和方针充分显露了“硬汉”气魄。一是奋起反抗西方挤压，与西方进行争斗，谴责美欧国家推行“强权主义”。二是乘机收复克里米亚，强调克里米亚是俄固有领土，通过全民公投加入俄联邦“完全符合民主程序和国际法规则”。三是强硬应对西方“制裁”，坚持原有立场，适度采取“反制裁”措施，及时调整对外方向。普京的“硬汉”气魄得到俄国内民众的强有力支持，从而提高了自己的声望和民众支持率。

俄罗斯总统普京素有“硬汉”的美称，他在2000年至2008年连任两届总统，随后就任政府总理，2012年再次当选总统。普京的治国方略深得国内民众的拥戴，支持率始终居于高位。普京推行强国战略，力求重振俄罗斯的大国地位，决心维护国家利益，从不屈服于西方欺压，始终坚持强硬和不屈不挠的风格，显示雷厉风行和咄咄逼人的气势。普京的“硬汉”气魄，继承了俄罗斯民族勇猛强悍的历史传统，并在这次应对乌克兰危机时充分显露出来。

王正泉，国务院发展研究中心欧亚社会发展研究所研究员；崔继新，人民出版社副编审。

一、奋起反抗西方挤压

俄罗斯与美欧国家存在深层的战略矛盾。苏联解体后，美欧以“冷战”胜利者自居，力求制俄弱俄，挤压俄的战略空间，以防俄“东山再起”。北约一再东扩，把中东欧国家接纳为成员国，随后在独联体地区策动“颜色革命”，建立“亲西方政权”，宣称要把乌克兰和格鲁吉亚等国纳入北约。美欧的目的，是要构建一个紧密的包围圈，把俄束缚在一个相对狭小的地缘范围之内。于是，普京奋起反抗，与西方进行争斗。在这场争斗中，乌克兰具有重要地位。

乌克兰是欧洲的大国之一，处在俄与西欧的夹缝之中，成为俄与美欧争夺的重要对象。对俄来说，乌克兰具有重大战略意义，它是俄与西欧之间的联系纽带和缓冲地带，是俄抵御西方挤压的重要屏障。特别是，俄黑海舰队的海军基地就在乌南部的克里米亚。如果失去乌克兰，俄将成为西方挤压攻击的直接对象。所以，俄力争要让乌加入由俄主导的“欧亚联盟”，成为俄实现“强国梦”的重要支撑。但美欧却极力要把乌纳入西方怀抱，使乌不仅成为廉价劳动力的来源国和重要的商品市场，而且成为挤压俄的前哨阵地。面对外部的激烈争夺，乌国内也存在西部地区民众亲西方与东部地区民众亲俄的两大派势力，两者严重对立，难以形成统一的国家认同。二十余年来，乌克兰当局一直在选择向东还是向西的问题上犹豫不决，或者“脚踏两只船”。2010 年上台执政的亚努科维奇总统依然徘徊摇摆，时而向东靠，时而向西走。他实行东西平衡的外交政策，一度把与欧洲一体化确定为外交优先方向。但他的基本倾向是亲俄的，因此在 2013 年 11 月宣布暂停与欧盟签署“联系国协定”的准备工作，表示将加强与俄罗斯等独联体国家的经贸关系。这就引起国内亲西方势力的强烈不满，他们在美欧的策划与支持下，发动

“街头革命”，夺取了政权。亲西方政权的建立，说明乌将远离俄罗斯，倒向西方。

面对挫折和不利形势，事关俄的核心利益，普京坚持强硬立场，对美欧进行大力反击。

第一，谴责美欧推行“强权主义”。普京深知，乌克兰的“街头革命”是在西方操纵下爆发的，西方不仅向乌反对派提供大量资金，而且公开表示支持，一味责备亚努科维奇执政当局用武器对付民众。为此，普京强烈谴责西方干涉乌的内政，“推行强权主义”，发动“颜色革命”。普京形象地说，乌克兰危机是“美国用老鼠做实验”[①]。2014 年 3 月 18 日，普京在俄议会两院发表激动人心的演讲，一针见血地指出，西方的“目标是指向俄罗斯的”，就像北约东扩那样。普京强调，俄“和其他国家一样有自己的国家利益，需要得到理解和尊重”；“我们一次又一次地被欺骗”，西方做得过了头，“跨越了红线”，试图将俄“逼入墙角”[②]。10 月 24 日，普京在“瓦尔代”国际辩论俱乐部年会上发表讲话，谴责美国“建立单极世界，破坏全球安全体系”的“全球霸权”战略，并警告说，“绝不允许别人不考虑俄罗斯的利益”，西方“不应侵犯俄罗斯熊在森林中所占据的地盘”[③]。普京这次讲话，比 2007 年谴责西方的“慕尼黑讲话”更为犀利。

第二，批判乌反对派非法夺权。乌亲西方势力夺权后，美欧国家表示热烈欢迎，说乌新领导人是“合法选举”产生的，将给予支持并进行合作。俄则态度强硬，认为乌反对派是“非法夺权”，俄不会和“篡权者”合作。普京强调，乌克兰的事情“整体上来说是违宪、武装夺权的

---

① 曹妍，刘怡然：“普京说西方在乌克兰问题上‘用老鼠做实验’”，新华网国际频道，2014 年 3 月 4 日。

② “普京自白展现 15 年心路历程：若西方伙伴背叛将永不原谅”，新华网，2014 年 3 月 23 日；“普京就克里米亚独立并加入俄罗斯发表演讲”，新华网国际频道，2014 年 3 月 27 日。

③ 参见老任：“普京：不应侵犯俄罗斯熊在森林中所占据地盘”，人民网，2014 年 10 月 26 日；盛世良：“普京称超级大国地位是包袱俄罗斯不想要”，新浪网，2014 年 10 月 31 日。

政变行为，亚努科维奇仍然是乌克兰唯一的合法总统”[①]。直到三个月后乌重新选举了新总统，俄才逐步与乌新政权进行联系，恢复两国日常关系。鉴于乌已倒向西方，俄宣布废除此前与亚努科维奇总统签署的优惠协定，从 4 月 1 日开始将俄售乌天然气价格由每千立方米 268.5 美元提高到 385.5 美元，两天后又提高到 485.5 美元，涨幅达 81%，同时让乌迅速偿还数十亿美元的天然气欠款。结果，乌当局不得不停止进口俄天然气，导致国内出现能源危机。

第三，宣称将动用军队保护乌境内的俄罗斯人。鉴于乌政局剧变和国内动乱，形势紧急，普京向俄联邦委员会（议会上院）提出请求，要求动用军队来保护乌境内俄籍公民及俄驻乌军人的生命安全。3 月 1 日，俄议会上院通过决议，授权普京总统可“在乌克兰境内动用俄武装力量，直到该国社会政治局势稳定为止”[②]。随后，俄军集结 15 万官兵，在贴近乌的俄边境地区进行大规模军事演习，施加强大压力。这些举措，给乌当局形成巨大的威慑，也震撼了美欧，引起西方的惊恐。虽然普京在 3 月 4 日表示，“出兵”乌克兰是“最后的选择”，“暂时没有必要”，俄只有在“最极端情况下”才会动用军队[③]。但人们联想到 2008 年俄与格鲁吉亚爆发的军事冲突，当时就因为阿布哈兹和南奥塞梯的俄罗斯人提出要求，俄就出兵保护，结果导致这两个地区脱离格鲁吉亚而独立。这次情况十分类似，所以西方很担心俄会动用军队介入乌克兰危机。

普京在乌克兰问题上的强硬立场，实际上是西方逼出来的。由于西方挤压过于凶狠，步步追击，已经逼到家门口，俄才被迫反抗。普京

---

① “普京称俄保留动用一切手段保卫在乌俄公民权利”，新华网国际频道，2014 年 3 月 4 日。

② “普京向联邦委员会提交在乌克兰动用俄军的文件”，俄新网，2014 年 3 月 1 日。

③ “乌克兰局势有所缓和多国吁对话解决问题”，新华网，2014 年 3 月 5 日；“乌克兰士兵无惧开枪警示与亲俄武装继续对峙”，新华网国际频道，2014 年 3 月 5 日。

说，西方“挑起的乌克兰事件，是遏制俄罗斯政策的集中表现”①。美国专家德米特里·希姆斯也说，“我们直接倾覆了乌克兰的政权”，是美国自己“促成了这场危机”②。

二、乘机收复克里米亚

乌克兰爆发危机后，国内一片混乱。克里米亚亲俄民众掀起要求独立的浪潮，遭到乌当局打压，于是当地俄罗斯人紧急呼吁俄出面保护。“硬汉”普京当机立断，利用这一千载难逢的机会，主动出击，迅速把克里米亚纳入俄联邦。仅短短几天时间，就完成了公投、申请、批准及签署条约等各项法律程序，犹如迅雷不及掩耳，令西方一片惊愕。于是，美欧掀起恐吓和制裁风暴，对俄施加强大压力。但普京稳如泰山，指挥若定，充分表现了钢铁硬汉的强悍形象。在克里米亚问题上，普京显得底气充足，理直气壮。

第一，强调克里米亚是俄固有领土。在历史上，克里米亚是俄罗斯领土，与俄有紧密的地缘与文化联系，居民大多数是俄罗斯人。但在苏联时期，苏共领导人赫鲁晓夫于1954年把克里米亚作为礼物，将其划归乌克兰管辖，以表示统一联盟国家内部的俄乌“恒久友谊”。然而苏联的解体，却导致克里米亚成为俄乌两个主权国家之间的领土争端，为此曾多次发生争执。这次乌克兰爆发危机后，普京强调，“克里米亚自古以来就是俄的土地”，“俄在1783年就将克里米亚收入自己的版图”，它“始终是俄不可分割的一部分”。普京说，当年赫鲁晓夫将克里米亚划归乌克兰的决定“明显有违宪法”，“是私相授受”；当时“这个决定

① “普京：挑起的乌克兰事件是遏制俄罗斯政策的表现”，俄新网，2014年7月1日。
② “乌克兰危机演变或使俄美关系交恶”，《透视俄罗斯》，2014年3月14日。

只是表面文章”，因为这“发生在一个巨大的国家之内”；苏联解体后俄才意识到，“克里米亚突然成为另一个国家的国土了”，“克里米亚不仅是被偷走了，而且是被抢走了”，这是“明目张胆的历史不公正”①。所以普京认为，俄现在收复克里米亚是理所当然，是“恢复历史公正”。

第二，坚信公投合理合法。西方指责俄此次行动是“侵略行为”，说俄违背了国际法。普京则认为，克里米亚通过公投加入俄联邦合理合法。据报道，2014 年 3 月 16 日克里米亚举行全民公投，有 123.3 万人参加，投票率为 83.1%，其中赞成加入俄联邦的票数为 96.77%②。针对乌当局所谓此次公投“非法”的指责，普京说，“克里米亚宣布独立，安排全民公决，这些举动完全符合联合国有关民族自决的章程”；“乌克兰在脱离苏联时也经历了同样的流程和步骤，为什么乌克兰有这样的权利，而克里米亚这样做却不被接受?”针对西方所谓公投“违反国际法”的指责，普京说，西方国家当年“承认科索沃从塞尔维亚独立出来是合法的”，为什么克里米亚这样做就是非法的，“这是什么道理”？而且“科索沃仅以议会决定就宣布独立，而在克里米亚民众进行了全民公投”。普京说，当年联合国国际法庭就科索沃问题指出，“国际法不会包含禁止独立的禁令”。普京还提到美国在 2009 年 4 月 17 日签署的备忘录，其中说：“独立宣言或许经常违反母国的法律，但这并不意味着它违反国际法。”普京说，西方“自己白纸黑字写的东西，推广到全世界，强迫所有人接受，现在倒义愤填膺起来了。凭什么?”所以普京理直气壮地宣布，克里米亚全民公投“完全符合民主程序和国际法规则”③。普京后来透露，俄“本来没有计划接纳克里米亚，这一决定是在了解克里米亚当地居民的意愿后做出的”，因为当时经过“社会调

① “普京就克里米亚独立并加入俄罗斯演讲”，新华网国际频道，2014 年 3 月 27 日；“俄媒：普京演讲终结单级世界格局”，新华网国际频道，2014 年 3 月 20 日。

② “克里米亚公投统计完毕 96.77% 公民支持入俄”，新华网国际频道，2014 年 3 月 17 日。

③ “普京就克里米亚独立并加入俄罗斯演讲”，新华网国际频道，2014 年 3 月 27 日。

查”，“约有80%的克里米亚居民赞成加入俄联邦”[①]。

第三，适当动用武力，维护当地社会稳定。在收复克里米亚的过程中，克里米亚当地民兵曾占领乌军基地，把1000余名乌克兰军人驱赶出境，以保障公投的顺利举行。普京在4月17日与民众“直接连线”时承认，在克里米亚公投期间，在当地自卫武装的背后有俄罗斯士兵，他们行动坚决，没有佩戴标识，包围了乌军基地，以防乌军人使用武器来对付人们；他们出色地完成了任务，展现了俄军的“新能力”[②]。事后，俄将乌军滞留在克里米亚的大批海军舰船、飞机及其他军事技术装备归还了乌克兰。

为了维护当地社会稳定，提高居民生活水平，俄向克里米亚运送了几千吨人道主义救援物资，同时大幅提高当地退休人员的养老金以及教师和医生等公共领域劳动者的工资，使当地居民迅速感受到加入俄联邦的好处。俄还制订克里米亚远景计划，准备大幅增加财政投入，加强基础设施建设，把当地作为经济特区，大力发展经济。

普京强调，除了克里米亚，俄军没有进入乌东部其他地区活动。当时，乌东部顿涅茨克和卢甘斯克等地的亲俄民众提出独立要求，并建立民间武装，与乌政府军爆发了武装冲突。针对乌当局和西方关于俄军进入乌东部地区以及向乌民间武装提供武器装备的指责，俄一再加以否认，并严加驳斥，声称这完全是造谣。其实，普京在把克里米亚纳入俄联邦之后，已经“放低”身段，一再释放善意，希望乌实现国内和平，呼吁乌当局与民间武装双方停火，进行对话。俄对乌东部民众的公投独立并未积极支持，也未接受其加入俄联邦的要求。同时，俄又撤走了靠近乌边境的大批俄军。6月25日，俄联邦议会上院通过决定，同意普京

---

① “普京称俄罗斯本没有计划要接纳克里米亚”，新华网国际频道，2014年4月11日；“普京认为西方对克里米亚加入俄罗斯的反应不相称”，俄新网，2014年11月17日。

② “普京承认克里米亚公投前后俄曾派兵保障自由投票”，新华网国际频道，2014年4月17日；“普京承认克里米亚公投前俄曾派兵”，光明网，2014年4月18日。

提议，撤销了 3 月 1 日曾赋予普京总统可在乌境内使用俄军的授权①。俄只是希望乌进行联邦制改革，扩大东部地区的自治权。

三、强硬应对西方制裁

乌克兰爆发危机以来，为了尽快把乌纳入西方怀抱，排除俄的阻挠与干扰，美欧举起“制裁”大棒，对俄施加强大压力。美欧的制裁，从 2014 年 3 月克里米亚全民公投开始，一轮接着一轮，步步进逼，不断升级。起初，美欧宣布对俄某些官员和企业家实施签证禁令和资产冻结，而且不断扩大制裁名单。接着，美欧宣布抵制原定在俄索契召开的八国集团峰会，把俄从八国集团除名，并对俄能源、金融和国防领域的许多重要企业实施制裁。美欧的目的，就是企图迫使俄改变在乌克兰问题上的立场。然而，“硬汉”普京决心维护俄的国家利益，勇于抗击西方的挤压与制裁。

第一，宣称俄“不惧怕制裁”。美欧的对俄制裁声势浩大，声色俱厉，不仅严厉打击俄国内经济，而且要在国际上孤立俄。美国总统奥巴马声称，如果俄不采取措施缓解乌东部紧张局势，美国将实施进一步制裁，使俄的外交孤立“日益加剧”，经济变得更加脆弱。奥巴马警告说，如果俄继续一意孤行，“将付出更大的代价”。还说，欧美联合制裁将对俄“狠咬一口”，以促使俄“作出选择”②。显然，美欧企图通过制裁迫使俄改弦更张。但是，俄对美欧的制裁强硬应对，并未改变原有立场。普京强调，俄不是“软柿子”，不惧怕制裁，制裁是把“双刃剑”，希

---

① 赵嫣：“俄议会上院同意取消在乌克兰动武的授权”，新华网国际频道，2014 年 6 月 25 日。

② “美对俄‘最严厉’制裁谋重创能源金融军工巨头”，新华网国际频道，2014 年 7 月 17 日；“美国宣布对俄罗斯实施进一步制裁”，新华网国际频道，2014 年 7 月 30 日。

望美国三思[①]。普京说，“制裁只会产生适得其反的效果，使美俄关系走入死胡同，损害美国在俄的长远国家利益”[②]。普京在同奥巴马电话交谈时指出，西方加重对俄的制裁是“徒劳无功”的，并会损害俄与西方国家的双边关系，更会影响到国际局势的稳定[③]。俄总理梅德韦杰夫自信地说，俄将把西方制裁的“影响降到最低”；“任何制裁都无法摧毁我国经济，一切都将正常”[④]。普京则说，西方的制裁“加强了俄在国家发展上取得成就的决心”[⑤]。事实上，西方的“制裁”尽管使俄经济遭受重大损失，但政治上收效甚微，并未达到目的。连美国总统奥巴马也说，制裁没有能够解决乌克兰危机问题[⑥]。

第二，适度采取反制裁措施。对于美欧的制裁，俄起初并未进行报复。后来，俄忍无可忍，开始实行“反制裁”。8 月 1 日起，俄禁止进口波兰的水果和蔬菜，并停止进口乌克兰的大豆、豆粕和葵花籽，理由是不符合检疫标准。随后，普京责成俄政府认真研究，制订措施，全面应对西方的制裁。8 月 6 日，普京签署总统令，批准俄政府提交的应对西方制裁的措施，宣布俄将在未来一年内禁止或限制从对俄实施制裁的国家进口农产品、原料及食品。普京的决定得到俄议员和商界的一致欢迎。8 月 7 日，俄政府公布一份进口禁令清单，宣布禁止进口原产于美欧国家的部分食品，包括牛肉、猪肉、鱼类、禽类、乳制品、水果、蔬菜、坚果等。这是俄对美欧一次次制裁的警告和回击，标志着双方的贸易战正式开场。当然，俄“反制裁”的力度远不及西方的对俄制裁，但

---

① 徐倩：“后‘克里米亚’时代美俄斗而不破”，新华网国际频道，2014 年 3 月 24 日。

② “俄回应美国制裁：决不容忍美国勒索恐予以报复”，新华网国际频道，2014 年 7 月 17 日。

③ “普京两度电话回应奥巴马：西方制裁徒劳无功”，环球网，2014 年 8 月 2 日。

④ “梅德韦杰夫称俄罗斯已做好准备应对西方制裁”，新华网国际频道，2014 年 4 月 22 日；“俄总理：美国制裁俄不会摧毁俄经济一切都将正常”，俄新网，2014 年 7 月 18 日。

⑤ 白云：“‘俄罗斯在召唤’投资会议普京强调国家发展决心”，《透视俄罗斯》，2014 年 10 月 3 日。

⑥ “政治学家：美国针对俄罗斯的新制裁后果不可预测”，俄新网，2014 年 4 月 29 日；“奥巴马承认西方对俄制裁收效甚微”，新华网国际频道，2014 年 3 月 27 日。

也让西方尝到了制裁的苦头。美国表示，俄的禁令对美国经济的影响“不会很大”，但无疑是一次冲击，因此感到不安。欧盟则表示震惊和不满，因为俄禁令首先重创的是欧盟。俄是欧盟水果和蔬菜的最大出口市场，每年进口约达 100 亿美元。俄又是欧盟食品和肉类的重要出口市场。有专家说，俄禁令将使欧盟经济损失数百亿欧元。俄表示，如果西方继续制裁，俄还将采取进一步的“回应措施”，使美欧忧心忡忡，不再掉以轻心。

第三，调整对外方向。制裁是把“双刃剑”，对双方都有损伤。由于西方的制裁以及俄的“反制裁”，俄国内出现货源欠缺，物价上涨和通货膨胀等现象。为此，普京要求俄政府谨慎应对，采取措施增加国内商品供应，确保市场平衡，既要保护本国生产商的利益，也不能损害消费者的利益。为了应对西方制裁，俄的外交重心和外贸方向进一步向东方转移，转向亚太国家和拉美国家。俄总理梅德韦杰夫说，“在与一些国家关系持续恶化的情况下，俄将扩大与亚太地区的经贸合作，中国是俄的关键合作伙伴”①。普京总统指出，西方的制裁“完全是愚蠢的行为”，俄将“深化与拉美国家、金砖国家、亚太地区国家和中国的合作视为优先方向”②。2014 年 5 月，俄总统普京访华并出席在上海举行的亚信峰会。其间，俄中两国签署了一系列经贸、能源和人文合作文件，特别是签署了价值 4000 亿美元的天然气合同。同年 10 月，中国政府总理李克强访俄并举行中俄总理第十九次定期会晤，两国签署了 38 个协议，包括能源、经贸、投资、金融、高铁、农业、航天航空、信息通讯和地方合作等各个领域。事实上，2014 年标志着俄中两国进入全面战略协作伙伴关系发展和战略合作的新阶段。由于得到中国等亚太国家、金砖国家和拉美国家的支持和合作，“硬汉”普京底气充足，不惧怕西

① “俄罗斯将扩大与亚太地区经贸合作”，新华网国际频道，2014 年 5 月 13 日。
② “普京称西方制裁是愚蠢行为促中俄更亲近”，新华网国际频道，2014 年 10 月 4 日。

方制裁威胁，该怎么做还是照样做。

四、普京声望大幅提高

普京应对乌克兰危机，坚持强硬立场，显露不屈不挠和咄咄逼人的气势。但普京并非鲁莽行事，而是充满信心，底气充足。与此同时，普京的“硬汉”气魄也提高了自己的声望。

第一，普京的居民支持率大幅提高。普京应对乌克兰危机的强硬立场，得到国内广大民众的强有力支持。例如克里米亚全民公投，俄国内有90%以上的公民赞同其加入俄联邦，有86%的公民认为克里米亚是俄固有领土①。这说明，普京的决策得到俄大多数民众的支持。西方的制裁导致俄经济受到损伤，国内出现了物价上涨等现象，但俄多数民众并未埋怨政府，依然支持普京的强硬对策，认为困难可以忍受。据民意调查，有69%的俄罗斯人认为国内“一切正常”，有84%的俄罗斯人支持政府报复西方制裁②。与此同时，“硬汉”普京的声望也大幅提升。据民意调查，普京的支持率从2014年1月的60.6%提升到3月下旬的82.3%，创历史新高③。到9月，普京的支持率更上升到86%④。在10月下旬的“瓦尔代”年会上，俄许多学者认为“制裁促使普京主义的发展壮大”，并赞同“有普京，就有俄罗斯，没有普京，就没有俄罗斯”的说法，认为这“表达了90%俄罗斯人的想法”⑤。事实说明，“硬

① 贾靖峰：“普京：克里米亚‘事实上只能属于俄罗斯’”，新华网国际频道，2014年3月19日；“民调：90%以上的俄罗斯人赞同克里米亚加入俄罗斯”，俄新网，2014年3月18日。

② “民调：多数俄民众认为生活正常可以克服困难”，新华网国际频道，2014年9月26日；“俄机构称84%俄罗斯人不惧制裁支持报复西方”，新浪网，2014年09月30日。

③ “普京支持率达82.3%创新高”，新华网国际频道，2014年3月27日。

④ 胡晓光：“民调显示普京支持率达86%”，新华网国际频道，2014年9月25日。

⑤ “俄学者：没有普京就没有俄罗斯”，新浪网，2014年10月24日。

汉”普京得到广大民众的强有力支持。俄罗斯民族具有勇猛强悍的特点，广大民众最喜欢强硬的领袖，而普京恰恰就是这样的“硬汉”。正由于得到广大民众的支持和拥护，普京就更加信心百倍。

第二，统一俄罗斯党在地方选举中获胜。2014 年 9 月 14 日，俄举行一年一度的地方选举，结果是“政权党”统一俄罗斯党获得胜利。在 30 个联邦主体行政长官的选举中，该党成员当选 28 个；在 14 个联邦主体的地方议会选举中，该党在莫斯科、圣彼得堡等多数地方议会取得多数席位。俄总理梅德韦杰夫说，该党在本次地方选举中“取得良好结果”，说明该党“又一次获得选民信任”①。普京则表示，“捍卫国家利益的政治力量在选举中获得支持”②。统一俄罗斯党是坚决拥护普京总统的“政权党”，该党在地方选举中获胜，既说明普京的强硬得到多数选民的支持，也说明普京的政党基础和社会基础得到进一步的加强。

第三，俄反对派势力遭到削弱。普京在 2012 年 3 月再次当选总统时，俄反对派不断举行大规模的示威抗议，参加人数动辄几千几万，他们高呼“俄罗斯不需要普京”等口号。普京再任总统以后，反对派又在莫斯科等地举行三次号称“百万人大游行”的反普京活动。这是二十年未有的现象，说明反对派势力颇有增长。反对派的抗议示威声势大，延续的时间长。直到 2013 年 5 月、6 月和 10 月，反对派还发动成千上万人在莫斯科举行集会和示威③。但是后来，特别是乌克兰危机爆发以后，反对派的声势不断削弱，很难再举行大规模的抗议示威活动。原因主要是，普京得到国内多数民众的支持和拥护，反对派不得人心，支持者越来越少。只是在 2014 年 9 月 21 日，莫斯科发生了有 5000 人参加的示威

---

① 刘怡然：“俄罗斯地方长官和议员选举结束”，新华网国际频道，2014 年 9 月 15 日。

② “普京：捍卫俄罗斯利益的政治力量在选举中获得支持”，俄新网，2014 年 9 月 18 日。

③ “3 万反对派集会‘纪念’普京执政一年”，新华网国际频道，2013 年 5 月 7 日；“莫斯科内务总局：6000 人参加首都反对派游行”，俄新网，2013 年 6 月 12 日；“为应对反对派集会活动莫斯科市中心安置 40 道安检门”，俄新网，2013 年 10 月 27 日。

游行。但示威者分为两派，一派是反对俄干涉乌克兰冲突的反政府派，另一派是支持乌东部独立的亲政府派，两派发生激烈论战，互扔鸡蛋、西红柿[①]。这是反对派近期首次举行的示威活动，但遭到许多民众的反对，人数也不多，因为两派示威者合计才5000人。

① “莫斯科爆发大规模反战游行两派示威者发生冲突”，新华网国际频道，2014年9月22日；“俄罗斯爆发游行反干涉乌克兰者与支持者扔鸡蛋”，新浪网国际频道，2014年9月23日。

2014年中亚国家形势综述

◎ 张 宁

2014年中亚国家的政治与安全形势总体稳定，经济增长乏力，与俄罗斯一体化不断深入和加快，对中国的“丝绸之路经济带”普遍欢迎。影响地区形势的最大外部因素是乌克兰局势，最大内部因素是新一轮议会和总统选举临近。

2014年中亚国家形势总体稳定、存在变数，政治上可谓“备战选举年”，经济上普遍增速放缓，安全上压力增大，对外关系上对俄优先的同时看好中国。影响中亚形势的外部因素主要有：欧洲需求减弱，美国和北约从阿富汗撤军，乌克兰、叙利亚和伊拉克局势动荡，俄罗斯加紧独联体区域一体化，中国大力推动“丝绸之路经济带”建设等。影响中亚局势的内部因素主要有：新一轮议会和总统选举在即，经济增长阻力加大，极端宗教屡禁不绝，边界和水资源纠纷成为热点等。

一、政治形势

2014年，哈萨克斯坦、乌兹别克斯坦、吉尔吉斯斯坦各派政治力

张宁，国务院发展研究中心欧亚社会发展研究所研究员。

量开始准备角逐新一轮议会和总统选举，不仅人事变动频繁，而且机构改组幅度较大。塔吉克斯坦虽计划 2015 年举行议会选举，但因拉赫蒙已于 2013 年 11 月就任新一届总统，各项工作稳步落实，议会选举不会对国家政治生活产生太大影响。土库曼斯坦在别尔德穆哈梅多夫总统领导下，始终平稳发展，继 2013 年 12 月选举产生新一届议会后，亮点是继续巩固和发展多党制。

与此同时，中亚国家非常重视维护国家主权和独立、主体民族的国家和民族历史，以及普及国语。该问题在一定程度上也表现为“去俄化”。在当前国际形势下，尤其是受乌克兰事件影响，中亚国家在某种程度上可谓面临艰难选择：一方面不得不与俄加强一体化；另一方面还要保持独立与主权，避免被俄“吞没”。哈萨克斯坦始终强调与俄一体化只限于经济方面，绝不开展政治一体化。乌兹别克斯坦则坚决不加入俄罗斯主导的、可能损害本国主权的一体化机制。塔吉克斯坦掀起改名潮，将俄式姓氏改回塔吉克姓氏。

1. 吉尔吉斯斯坦和哈萨克斯坦政府大改组

2014 年 3 月 18 日，因前总理萨特巴尔季耶夫在 2010 年担任吉政府驻奥什州和贾拉拉巴德州重建委员会负责人时有贪腐行为，祖国党宣布退出执政联盟，萨特巴尔季耶夫领导的吉政府自动下台。经 4 月 2 日吉议会推举，3 日吉总统签署，确定奥托尔巴耶夫（祖国党提名）为新政府总理。新政府组成中，上届政府 4 名副总理更换了 3 人，15 名部长中只变动文化部长 1 人。分析人士认为，吉政府此次改组可以说是祖国党的一次胜利，削弱政府中的亲俄势力，并加强与西方合作。

2014 年 4 月 2 日，哈萨克斯坦改组政府，引发政坛一系列人事变动。政府改组后的人事安排是：总统办公厅主任兼国务秘书马西莫夫就任政府总理；总理阿赫梅托夫转任国防部长；下院议长尼格马图林就任总统办公厅主任；国防部长贾克瑟别科夫任国务秘书。8 月 6 日，纳扎尔巴耶夫总统再次大幅改组政府，将内阁部委由 17 个缩编为 12 个部和 1 个国家局。10 月 22 日，国务秘书贾克瑟别科夫出任首都阿斯塔纳市长，原市长塔斯马加姆别托夫转任国防部长。各界几乎一致认为，政府改组意在拼经济，并为选择接班人做铺垫，在依靠旧臣的同时，打造年轻化的“财经团队”，通过扩大备选干部人数，考察并选择自己的接班人。另外也说明，纳扎尔巴耶夫更加重视国安团队建设。根据《首任总统法》，纳扎尔巴耶夫即使不担任总统，仍将领导国家安全委员会，通过掌控国内强力部门而继续掌握政权。

2. 备战议会和总统选举

2014 年 4 月 3 日，哈萨克斯坦议会下院选举副议长扎库波夫为议长，总统大女儿达里嘉继任下院副议长，同时兼任执政党“祖国之光”议会党团负责人。10 月 2 日，哈举行议会上院选举，更换 16 名议员，托卡耶夫继续担任上院议长。根据宪法，上院议长在总统因故不能履行职务时，有权代行总统职务。从 2014 年下半年开始，有关纳扎尔巴耶夫有意参加新一届总统选举、继续担任总统的消息不断流传；10 月底，俄罗斯《消息报》又曝料有关原定于 2016 年的哈总统选举可能提前到 2015 年 1 月进行。哈已于 2007 年修改宪法，规定总统由议会多数党推举（此条款于纳扎尔巴耶夫不再担任总统之后生效）。

乌兹别克斯坦议会下院选举于 2014 年 12 月 21 日举行，结果揭晓后 90 天之内举行新一届总统选举（定于 2015 年 3 月 29 日）。此次选举的意义在于，根据 2011 年 3 月通过的宪法修正案，议会选举后，乌政治体制将由总统制转为“总统—议会制”，政府总理由立法院（议会下院）中拥有 2/3 以上席位（单独或联合）的政党提名；总统只能根据总理提请才可解除各州州长和塔什干市长职务（不包括卡拉卡尔帕克斯坦共和国主席职务）。

吉尔吉斯斯坦新一届议会选举将于 2015 年秋举行。各政党从 2014

年起便备战选举，3 月底 4 月初的议会执政联盟变化和政府改组便是其中内容之一。新政府成立后，吉议会内继续保持祖国党、社会民主党和尊严党为执政联盟、故乡党和共和国党为反对派的力量格局。为重振实力，共和国党和故乡党于 10 月 20 日合并为“共和国故乡党”（合并后共拥有议会 120 个席位中的 44 席，成为议会第一大党），巴巴诺夫和塔什耶夫联合担任党主席。

3. 民族国家建设与“去俄化”

2014 年 1 月 17 日，哈萨克斯坦总统纳扎尔巴耶夫在议会发表年度国情咨文，提出国家发展的终极目标是“永恒的国家”（哈语音译是“麦格力克·艾力”），即塑造永恒不朽的拥有共同价值观、共同建设、共享繁荣的世俗国家和人民共同体。2 月 6 日在前往西部石油城阿特劳视察时，纳扎尔巴耶夫表示应考虑将国家名字从现在的哈萨克斯坦改为“哈萨克国”（哈语为“哈萨克耶烈”），去掉“斯坦”二字。10 月 22 日，纳扎尔巴耶夫在会见阿斯塔纳市领导班子时特别指出：“哈萨克国家的历史早在 1465 年克列汗与贾尼别克汗建立哈萨克汗国时期就已开始，或许当时的哈萨克汗国疆域没有现在辽阔，知名度也不是很高，但那个时代的汗国大都如此，最主要的是，哈萨克汗国奠定了哈萨克国家的基础，我们是先辈伟业的传承者。”① 2015 年，哈将隆重庆祝国家成立 550 周年。

早在 2007 年，塔吉克斯坦总统便号召塔公民回归历史传统，将俄式姓氏改回塔吉克姓氏，并以身作则，将自己的姓氏由“拉赫莫诺夫”改成“拉赫蒙”，引发第一波改姓氏浪潮，塔族新生儿登记时亦停止使用俄式姓氏。但因塔式姓名对公民赴俄工作学习以及出入境带来一定不

① 哈萨克斯坦通讯社：“纳扎尔巴耶夫：哈萨克国家的历史自 1465 年哈萨克汗国建立时期就已开始”，http：//inform. kz/chn/article/2709023。

便，塔国内又有相当多民众将自己的姓氏改回俄式。2014 年 1 月底，塔总检察长萨利姆佐达在塔《共和国报》上刊文，对此现象加以批评。2 月初，塔语言委员会主席沙洛弗佐德也号召塔公民不要使用俄式姓氏。此后，塔公务员掀起新一轮改姓高潮，纷纷将原有的俄式姓氏改为塔吉克姓氏。

二、经济形势

受外部需求萎缩、外国投资减少、国际大宗商品价格下跌、美国停止量化宽松政策、乌克兰危机和西方对俄制裁等因素影响，中亚国家经济在 2014 年普遍存在增速放缓、物价上涨、货币贬值等现象，未来增长压力加大的难题不容忽视。中亚国家也几乎普遍调低未来国家预算和宏观经济指标，努力维护经济稳定。不过，与 2008 年中亚国家承认陷入经济危机并采取救市措施不同，此轮经济周期中，中亚各国只承认遭遇困难，并不认为陷入危机。其原因主要是 2008 年国际金融危机时期采取的救市措施取得积极效果，经济抗风险能力增强，特别是大规模固定资产投资和基础设施建设的惯性影响，在一定程度上延缓了经济下滑速度，甚至在局部地区仍保持繁荣。

1. 经济增速放缓

据中亚各国国家统计机构数据，2014 年 1 ~9 月，哈 GDP 增速 4%，通胀率 5.9%；吉 GDP 增速 3.0%（不含库姆托尔金矿为 2.7%），通胀率 5%；塔 GDP 增速 6.9%，通胀率 5.7%；乌 GDP 增速 8.1%，通胀率 7.8%；土 GDP 增速 10.3%，通胀率 3.23%；乌和土 GDP 增速与上年同期持平，哈、吉、塔增速均出现下降。

导致中亚国家经济增速下降的主要原因：一是海外劳动力收入下

降。塔、吉、乌在俄各有约 100 万～150 万劳动力，受俄经济不景气影响，劳动力汇回收入和对俄出口下降，导致塔经济亦遭受一定冲击。二是主要出口商品石油、天然气、铝、黄金、棉花等的出口量及国际市场价格下降，出口收入减少。与此同时，尽管各国 GDP 增速放缓，但相比世界其他国家，仍属较高增长率，其原因主要是国家实施公共投资计划，加大基础设施和固定资产投资，拉动国内消费。

为刺激经济增长，哈总统纳扎尔巴耶夫 2014 年 11 月 11 日发表题为《光明大道——通往未来之路》的年度国情咨文，宣布实施“光明大道”新经济计划，核心是加强基础设施建设。计划分 5 年实施，相当于第二个“五年规划”。为此，哈政府预计拨款 333 亿美元（6 万亿坚戈）资金，2015～2017 年还将从国家基金中划拨 90 亿美元（每年 30 亿美元）。另外，世界银行、亚洲开发银行以及欧洲复兴与开发银行等国际金融机构准备向哈提供 90 亿美元资金用于 90 个优先项目。

2. 货币贬值

中亚国家的货币汇率受卢布和美元影响较大。受卢布贬值、美元升值，以及国际大宗商品价格下跌导致的国际收支不平衡等因素影响，中亚国家的货币在 2014 年均面临贬值压力，1～12 月，哈萨克斯坦本币坚戈兑美元平均汇率贬值 18.3%，乌兹别克斯坦本币苏姆官方汇率贬值 9.9%，吉尔吉斯斯坦本币索姆贬值 19.7%，塔吉克斯坦本币索莫尼贬值 11.2%，土库曼斯坦本币马纳特兑美元的官方汇率基本未变，始终是 1 美元兑换 2.85 马纳特。

贬值幅度最大的是哈萨克斯坦本币坚戈。哈央行于 2014 年 2 月 11 日一次性将坚戈兑美元汇率贬值 19.3%（从 1 美元兑 155.5 坚戈调整为 1 美元兑 185 坚戈，并允许金融机构上下浮动 3 坚戈）。伴随国际油价持续走低，卢布大幅贬值，坚戈面临再次大幅贬值压力，但哈央行多次表示，即使国际油价低于每桶 60 美元也不贬值，哈有充分的外汇储备

（包括国家基金）应对流动性短缺。

三、安全形势

2014 年，中亚地区安全热点较多，除宗教极端活动仍屡禁不绝以外，边界、飞地和水资源等问题出现升温。国内宗教极端分子活动虽屡禁不绝，但略有缓解，主要得益于前期控制、打击和宣教措施逐渐显现效果。强力部门重点关注赴叙利亚和伊拉克参战的极端分子动向，防止其回国后制造事端。飞地和水资源等属于地区传统矛盾，在各方均保持克制的大环境下，未发展成严重冲突。

1. 地区宗教形势和暴恐安全形势新动态

中亚地区的恐怖和极端组织近年具有两大特点：一是组织结构扁平化（或网络化，не иерархические，а сетевые горизонтальные структуры），极少等级制。不具有全国性或地区性的统一领导机构。各团体基本上互不隶属，抓捕破坏某一社团并不影响其他社团活动，强力部门难以破坏整个暴恐网络。二是各组织间联合与跨境作战趋势加强。各暴恐势力不仅“联合作战”，互通信息，而且跨境流动性加强，跨境作战案件增多。比如赴海外参战、培训、发展成员、组织宣传等。据不完全统计，在叙利亚参战的乌兹别克斯坦籍公民有 500 多人，哈萨克斯坦籍公民有 400 多人，阿塞拜疆、吉尔吉斯斯坦和塔吉克斯坦各 300 多人，土库曼斯坦的人数较少。

2014 年，中亚反恐形势比较紧张的地区主要有阿塔（吉克斯坦）边界、哈萨克斯坦西部石油产区。哈萨克斯坦西部石油产区年轻人多（多为石油工人），约 90% 以上信仰伊斯兰教，俄罗斯车臣和达吉斯坦等地极端分子在此地影响较大（被俄强力部门打击而躲避至此）。据测算，约70%的当地民众受到过萨拉菲思想影响。在“伊斯兰国”影响下，塔利班和乌伊运亦进入活跃期。2014 年，阿土（库曼斯坦）边界发生多起塔利班与土边防军交火事件。据悉，原因主要是塔利班受伊斯兰国启示和鼓舞，希望夺取土库曼斯坦和哈萨克斯坦等油气产区，获取更多资金来源。

2. 水资源纠纷因罗贡水电站而再次紧张

2014 年，中亚地区水资源矛盾因世界银行通过罗贡水电站的可行性报告，以及乌兹别克斯坦所属咸海干涸见底而再度严峻。7 月 14 ~ 18 日，世界银行在哈首都阿斯塔纳举行第 5 次关于罗贡水电站可行性评估报告的专家会，18 日发布肯定报告。遭乌政府强烈反对。乌第一副总理兼财政部长阿济莫夫参会并发言，认为塔政府在其中既当裁判员又当运动员，违反公正、透明、合理、遵守国际通行规则的基本评估原则。乌认为，罗贡水电站是苏联时期设计，建筑和环保标准已经过时，不能反映当前的新技术和环保要求，世界最高的大坝（335 米）可能引发严重的地质和生态灾难，造成地震频发；河流水量调节失调，下游缺水；威胁下游经济社会安全（对乌而言，干旱或水灾被迫放弃工农业生产，对塔而言，高额的建设经费 50 亿美元，乌认为至少要 100 亿美元建设费用，若加上相关配套基础设施则超过 150 亿美元）；引发地区国际关系紧张①。

俄罗斯对中亚水资源和水电站建设的态度与俄乌（兹别克斯坦）关系紧密相连。两国关系相对较好时，俄赞成乌立场，认为上游兴建大型水电站需考虑下游国家利益，两国关系较紧张时，俄则愿意投资上游国家兴建大型水利设施。在当前形势下，俄实际上支持修建罗贡水电站和卡姆巴拉金水电站，既为换取塔、吉同意俄在其境内设立军事基地，也

① http：//gov. uz/ru/press/politics/25860.

为将来在欧亚经济联盟框架内开展合作做铺垫。

3. 边界纠纷升温

自独立之日起，国界划分（包括飞地问题）及边界地区安全便是中亚国家间的主要矛盾之一。2014 年国界划分和飞地问题比较突出地表现在吉乌边界和吉塔边界地区，全部位于费尔干纳谷地。吉乌两国边民 2014 年 7 月因卡桑萨水库（位于贾拉拉巴德州阿拉布金区）矛盾发生冲突，所幸未有人员伤亡。吉塔交界地区则出现多次交火事件，造成较大人员伤亡。从 2013 年 12 月 17 日起，塔吉交界地区便发生边民冲突。2014 年 1 月 11 日在靠近吉尔吉斯斯坦的巴特肯州阿克萨地区发生边防军交火事件，双方各有多名军人受伤，两国随后关闭接壤的所有边境口岸。此后，两国外交和安全部门多次沟通协商，基本达成协议，决定和平解决争端。

与此同时，受乌克兰危机和阿富汗局势影响，中亚国家与阿富汗边界以及哈萨克斯坦与俄罗斯边界地区亦出现紧张态势。尤其是哈北部俄罗斯族聚居地区，受克里米亚和乌克兰东部反政府武装鼓舞，出现一些要求回归俄罗斯的活动。2014 年 4 月，哈议会审议《刑法》修正案，提高对分裂主义行为的打击力度，对从事宣传分裂主义的行为处罚由原先的监禁最高 5 年或罚款改为监禁 7 ~ 9 年，对从事具体分裂行为的犯罪监禁 10 ~ 15 年，对拥有武器的分裂分子处以 20 年监禁。10 月 30 日，哈内务部长哈斯莫夫在参议院全体会议上表示，内务部对在哈境内的俄罗斯公民可能从事的分裂主义活动加强了监督力度①。

4. 围绕阿富汗撤军及美在中亚保留军事存在的各方博弈

关于美国和阿富汗国际援助部队撤离阿富汗后的影响，各方已讨论

① 哈萨克国际通讯社：“内务部：正在加强对境内俄罗斯公民可能的分裂主义活动的监督”，2014 年 10 月 30 日，http://inform.kz/chn/article/2711627。

多年。但具体会怎样，影响到什么程度，仍充满变数。中亚各国均十分关注，并做好应对准备：一是主张和平解决争端，赞成建立民族和解政府；二是尽可能给予经济援助，帮助阿富汗重建；三是加强边境守卫，严防恐怖分子渗透；四是加强基础设施建设，在帮助阿富汗的同时，也打开中亚国家通往印度洋和伊朗的通道。比如修建从土库曼斯坦经阿富汗至塔吉克斯坦的铁路，该项目 2013 年 6 月开工后，目前正在紧张施工。2014 年 2 月 20 日，吉尔吉斯斯坦、塔吉克斯坦、阿富汗和巴基斯坦四国能源部长在华盛顿签署实施“CASA—1000”项目政府间协议，计划融资 10 亿美元，建设一条连接 4 国的高压输变电线，预计 2018 年建成输电，成为“中亚南亚区域共同电力市场”的重要组成部分。12 月 3 日，从哈萨克斯坦经土库曼斯坦到伊朗的“哈土伊”铁路开通运行。

2014 年 6 月 3 日，美军驻吉尔吉斯斯坦玛纳斯机场的“国际中转运输中心”完成全部撤离任务，并举行基地关闭仪式，将基地正式交还吉政府。2014 年 5 月 16 日，北约在塔什干设立中亚地区代表处，负责加强和协调北约与中亚五国联络合作事务，将为巴基斯坦和中亚国家培训打击贩毒的专业人员，还将与中亚国家在双边协议基础上开展军事装备和武器转让合作。

2014 年，集体安全条约组织的主要任务是落实执行 2012 年 12 月 29 日通过的《集体安全条约组织 2020 年前军事合作基本方向》，继续秉持不与北约合作的立场，呼吁和平对话解决叙利亚和伊拉克危机、严厉打击恐怖主义，指责北约未能履行国际反恐联盟责任，实际是在破坏国际反恐合作。为应对可能的外部威胁，集安组织开始探讨建立“统一防空反导体系”（Единая система ПВО－ПРО）和联合空军（Коллективная авиационная сила，包括作战空军和军事运输力量等）。

四、对外关系

中亚国家对外关系始终坚持实用和平衡原则。在实际操作过程中，各国结合本国特点和需求，形成不同的对外政策优先方向，并在 2014 年呈现三大特点：一是应对乌克兰局势，在维护与俄关系的同时，防止其消极后果影响本国发展和稳定；二是哈、吉、塔三国积极与俄发展一体化，俄主导中亚经济合作的能力和意愿进一步增强；三是中国的“丝绸之路经济带”获得中亚国家更多理解和接受，各国急盼中国投资。

1. 对乌克兰局势的反应

乌克兰局势直接和间接地影响着中亚地区的形势，作为独联体成员，中亚国家密切关注乌克兰局势发展。在乌克兰问题上，中亚国家的态度可以归纳为以下四点：一是一致认为应避免使用武力，主张和平协商解决争端，支持明斯克协议。这是中亚国家的一贯主张，也是其尊重联合国决议、遵守国际法基本原则的表现。二是在对俄态度上极其无奈。一方面，中亚国家不愿损害与俄关系，也担心克里米亚模式在本国上演；另一方面，中亚国家希望俄能够遵守国际法基本原则，尊重主权国家的领土完整和不干涉内政，不赞成俄支持乌克兰东部分裂势力。2014 年 3 月 26 日联合国就克里米亚公投问题表决时，哈、乌两国投弃权票，土、塔、吉三国根本未参加投票。中亚国家对此问题的立场和态度可见一斑。三是忌惮西方导演“颜色革命”。中亚国家认识到，乌克兰局势的起源是西方支持的街头革命。这种政权更迭方式不仅无助于解决各国国内危机，相反只能加重社会对立，极大威胁各国执政当局。四是评估并应对西方对俄制裁的影响。一方面，西方制裁迫使俄扩大与中亚国家的经济贸易合作；另一方面，制裁让俄更加重视中亚市场，推进中亚地区一体化的进程加快、力度加大，这也是俄希望吉尽快加入欧亚经济联盟的原因之一；此外，制裁导致俄经济困难，进而造成中亚国家在俄打工人员汇回收入减少，部分商品对俄出口下降。

2. 哈、吉、塔三国确定与俄一体化优先

中亚国家中，土库曼斯坦坚持中立国政策，不轻易加入区域国际组织，乌兹别克斯坦强调实用主义和效率，多次表示绝不加入可能有损其国家主权的欧亚经济联盟。哈萨克斯坦、吉尔吉斯斯坦和塔吉克斯坦三国则愿意与俄一体化，认为此举不仅具有地缘战略利益和经济实用利益，而且具有长期历史中形成的情感因素和人际关系。

2014 年 5 月 29 日，俄白哈三国领导人签署《欧亚经济联盟条约》(2015 年 1 月 1 日起生效)。10 月 10 日，欧亚经济共同体在明斯克召开成员国元首峰会，签署关于解散欧亚经济共同体的文件，一致同意欧亚经济共同体于 2015 年 1 月 1 日起正式停止活动，其功能将由欧亚经济联盟代替。此前欧亚经济共同体所签署的 151 份协议中的 87 份依然有效。同日，欧亚经济联盟接受亚美尼亚为新会员（第四位成员）。

吉尔吉斯斯坦多次表示愿意尽快加入欧亚经济联盟。俄积极推动吉加入，2014 年 8 月向吉提供 5 亿美元资金组建“俄吉基金”，10 月 21 日又提供 3000 万美元经济援助，并承诺在 2 年内向吉提供 2 亿美元援助，助吉落实相关入盟措施。12 月 23 日，欧亚经济联盟与吉签署有关入盟条约，约定所有入盟问题将于 2015 年 5 月 1 日前解决，并在 5 月 9 日二战胜利 70 周年纪念日前成为欧亚经济联盟正式成员[①]。

塔吉克斯坦亦多次表示愿意加入欧亚经济联盟。鉴于联盟涉及取消内部关境，因此只能等待吉入盟后才能启动塔入盟进程。塔认为，塔与

---

① 俄罗斯中文网：“吉尔吉斯斯坦签署加入欧亚经济联盟的条约”，http：//xinwen. eluosi. cn/cis/201412/97792. html。

欧亚经济联盟成员的经济相互依赖极深，约 1/4 本国公民在俄打工，国内成品油供应也主要依赖欧亚经济联盟成员，入盟将为塔提供良好发展空间。

3. 对中国的借助加大

2014 年，中国的“丝绸之路经济带”战略获得中亚国家广泛认可和支持，均认为此举将带来新的发展机遇，将其与本国发展战略相结合。9 月习近平主席访塔期间，中塔签署《2015 ~ 2020 年战略伙伴关系合作纲要》，合作推进中国—中亚天然气管道工程以及塔方输变电线路改造、交通和边境口岸基础设施建设、工业园等合作项目。12 月李克强总理访哈期间，中哈签署总额约 180 亿美元的《产能合作框架协议》。12 月 25 ~ 26 日，中哈产能合作第一次对话在北京举行，初步确定了 16 个早期收获项目和 63 个前景项目清单，涉及钢铁、水泥、能源、电力、矿业、化工等领域。哈方还希望在食品、轻纺、家具、建材、农业、旅游等领域开展产能合作，并愿意提供融资配套和优惠政策。

4. 对美疑虑增加

如果说阿富汗战争期间，中亚是美重要反恐合作伙伴和北方运输线关键环节，那么，随着美军撤出阿富汗，中亚已成为美通过地区混乱遏制中、俄发展的重要区域。中东地区和乌克兰局势发展，让中亚国家进一步看清美国的欧亚战略意图。一方面，中亚国家希望美继续留守阿富汗，避免阿局势恶化；另一方面，中亚国家担心美在“可控混乱”思想指导下，借新一轮议会和总统选举之机，在中亚制造“颜色革命”。总体上，中亚国家对美戒心加重，大国中亚博弈出现“俄进美退”态势。

亚信发展进入新阶段

◎ 赵常庆

2014 年 5 月，亚信第四次峰会在中国上海举行。这是亚信发展史上规模最大的一次盛会，是亚信进入新阶段的开始。亚信成立后取得一定的成绩，但作为论坛影响力有限，需要根据国际形势变化对功能和活动方式进行调整。中国作为亚信 2014～2016 年主席国应该也有能力为亚信发展助力。习近平在亚信第四次峰会发表的主旨演讲中提出的一些想法，可以看作是在引领亚信的发展方向。本文分析了亚信发展的有利条件，同时也指出亚信欲实现由虚向实的转变可能遇到的难题，认为亚信改革须循序渐进，不可能一蹴而就。

亚信第四次峰会既是亚信历史上一个里程碑，也是中国外交史上一个重大事件，引起国际社会广泛关注。本文对亚信现状与未来发展问题以及中国应做的工作谈些个人看法，愿与各界同人商讨。

一、2014 年峰会标志亚信发展进入新阶段

2014 年 5 月 20～21 日亚信第四次峰会在中国上海举行，共有 47 个

赵常庆，国务院发展研究中心欧亚社会发展研究所副所长，研究员。

国家和国际组织领导人或代表参会，其中包括俄罗斯总统普京、哈萨克斯坦总统纳扎尔巴耶夫等 13 位国家元首和政府首脑及联合国、上合组织负责人在内的 10 位国际组织负责人。中国国家主席习近平在大会上发表了题为《积极树立亚洲安全观 共创安全合作新局面》的主旨演讲，峰会通过了《上海宣言》。会议决定，由中国接替土耳其担任亚信 2014 ~2016 年主席国。这次会议是亚信成立以来参会国家最多、规模最大的一次盛会，也是 2014 年由中国举办的仅次于亚太经合组织第二十二次领导人非正式会议的重大国际会议，因此引起国际社会的广泛关注。

亚信第四次峰会对亚信成立后特别是第三次峰会以来的工作进行了总结，对未来工作提出了建议和安排。我们之所以认为本次峰会标志亚信发展进入新阶段，不仅是因为会议的规模大和参会的人员多，更重要的是因为本次峰会对亚信的发展目标和方向、亚信的未来架构、构建亚洲安全的理念等提出了一系列新的想法，为亚信今后的发展指明了方向，使亚信能以现有成就为基础，朝更高的目标前进。

二、亚信有很大的发展空间

亚信由 2002 年第一次峰会时的 16 个成员国发展到 2014 年第四次峰会结束时拥有 26 个成员国，规模在不断扩大。目前，亚信在哈萨克斯坦设有秘书处，还建立了外长和其他高官会议机制。亚信虽形式上具有国际组织的基本形式，但它毕竟是论坛，历次峰会通过的决议只是表达与会者对世界重大事务的看法和对自身利益的诉求，对成员国不具有任何约束力。亚信不具备执行能力，在第四次峰会前它并不为国际社会重视，其影响力甚至还不如亚洲一些区域性国际组织。亚信存在 20 多年，亚洲安全形势日趋复杂，各类重大安全事件层出不穷，面对如此局面亚信却很难发挥多大的作用，反映亚信现有机制和能力与亚洲安全现状的不相适应。

不过，对亚信存在期间所发挥的作用还是应该给予积极评价。首先，它发挥了平台作用，为亚洲各国包括立场严重对立的国家提供了沟通、表达诉求和增进相互理解和信任的平台；其次起到宣示作用，对涉及全球的问题发出亚洲国家的声音，表达亚洲国家的期望。

今日亚洲是充满活力的大陆，同时也是热点和敏感问题很多的大陆。亚洲国家众多，历史遗留问题成堆，民族宗教关系复杂，传统安全威胁与非传统安全威胁交织，且大多数国家经济不够发达，希望摆脱贫困，较快发展，对国家安全看得很重。亚洲国家都是具有不同政治取向的地区性国际组织的成员，这些组织为维护本地区的安全而努力。但由于受组织职能所限，它们只能管亚洲某一个地区的事情，无法或无能力顾及洲际事务，全亚洲的安全仍处于盲区。在这种情况下，建立一个洲际安全与合作组织是很必要的。亚信的存在与活动可以为将来建立亚洲统一组织奠定基础。

亚信以往的不足是，有虚无实，其发展的空间有限。国际和地区形势复杂多变，安全的内涵也在不断充实，相互协作已扩展到政治、经济、社会、生态、环保、网络、人文交往等各个方面。面对如此复杂的现实，亚信如果只起发表宣言的作用，恐怕有悖于创建者的初衷，继续这样办下去，有成为“鸡肋”的可能。复杂的现实也为亚信发展提供了难得的机遇，使亚信有更大的发展空间。欲做到这一点，就需要对亚信现有机制进行调整、改革甚至改造，以加强其行为能力，争取做到逐渐由虚变实，虚实结合，这是亚洲现实的要求，也是不少亚洲国家的期望。正如哈萨克斯坦总统纳扎尔巴耶夫在第四次峰会闭幕后会见记者时所说，“相信中方将做最大贡献，进一步实现亚信从论坛向真正加强合作与安全的多边机制过渡”①。

三、形势变化要求中国能为亚信发展助力

亚信不能停留在原地踏步，需要有新发展、新作为。如何发展？这就要求有新思路引领和勇于改革的精神。习近平在亚信第四次峰会发表的主旨演讲中提出的一些想法，可以看作是在引领亚信的发展方向。

首先，需要立志，需要树立亚洲国家和人民能管理亚洲安全的信心。习近平说：“亚洲的事情归根结底要亚洲人民来办，亚洲的问题归根结底要亚洲人民来处理，亚洲的安全归根结底要亚洲人民来维护。亚洲人民有能力、有智慧通过加强合作来实现亚洲和平稳定。”② 很明显，这是针对目前亚洲安全现状而言的。长期以来，域外势力一方面在亚洲制造事端，另一方面又扮演警察角色调解事端。很多亚洲国家因为自身能力有限，又没有一个亚洲国家或地区性组织能够帮助解决问题，使依靠域外大国成为不得已的常态。在以往的亚信峰会上并没有发出过“亚洲的安全归根结底要亚洲人民来维护”的声音。中国领导人在第四次峰会上提出来，即使一时做不到，也为亚信今后的发展指明了方向。

其次，要树立新的安全观。在亚信第四次峰会上习近平提出了“亚洲安全观”这个概念，即“共同、综合、合作、可持续”安全观。这个安全观的内涵极其丰富，其实质就是亚洲国家须通过合作实现共同、全面和持久的安全，亚洲国家能摒弃前嫌、携手共建亚洲安全大厦。亚洲安全观是对原有安全理论的补充、发展和创新，为致力于维护亚洲安全事业的亚信的发展提供了理论指南。

---

① 纳扎尔巴耶夫：“哈萨克斯坦对中国担任主席国寄予厚望”，人民网，2014 年 05 月 21 日。

② 习近平：“积极树立亚洲安全观，共创亚洲安全合作新局面”，中国政府网，2014 年 05 月 21 日。

第三，亚信的内涵和外延应该扩大，须从安全领域向更多的领域扩展。这是习近平在亚信第四次峰会上为亚信发展指出的又一个方向。他提示各成员国要重视发展工作，因为发展是安全的基础，安全是发展的条件。对亚洲大多数国家来说，发展就是最大安全，也是解决地区安全问题的“总钥匙”。亚信只重视安全而忽视其他领域的发展是不全面的，为此，习近平说，要建造经得起风雨考验的亚洲安全大厦，就应该聚焦发展主题，积极改善民生，缩小贫富差距，不断夯实安全的根基。要推动共同发展和区域一体化进程，努力形成区域经济合作和安全合作良性互动、齐头并进的大好局面，以可持续发展促进可持续安全。习近平建议成员国要深化反恐、经贸、旅游、环保、人文等领域交流合作①。

第四，亚信需要发展的还有机制和能力建设，这包括改变亚信目前的功能、工作效率等。亚洲面临的安全和其他方面问题很多，亚信目前的功能，即论坛的功能已经不能适应日新月异的形势变化，因此必须进行改造。正如习近平所建议的，“推动亚信成为覆盖全亚洲的安全对话合作平台，并在此基础上探讨建立地区安全合作新架构”②。“新架构”是什么？成员国可以平等协商确定。笔者认为，建立统一的亚洲洲际安全与合作组织可以成为一个选项。在“新架构”建立前，中国建议，可以考虑根据形势发展需要，适当增加亚信外长会乃至峰会频率，以加强对亚信的政治引领，规划好亚信发展蓝图。的确，目前亚信峰会四年举办一次，间隔时间太长，不能对形势变化及时作出反应。以两年举办一次为宜。峰会提出的完善亚信秘书处职能，在亚信框架内建立成员国防务磋商机制及各领域信任措施落实监督行动工作组等，也有助于亚信的发展。

第五，增强亚信的对外合作，包括同亚洲地区性国际组织的协调和

---

① 习近平：“积极树立亚洲安全观，共创亚洲安全合作新局面”，中国政府网，2014 年 05 月 21 日。

② 同上。

合作，也要扩大同其他地区和有关国际组织的对话和沟通，共同为维护地区和平稳定作出贡献。

中国将履行亚信主席国职责，同各方一道进一步提升亚信地位和作用，携手开创亚洲安全合作新局面。

四、亚信发展的有利条件以及需要克服的难题

当今世界有两个突出的特点：一是各国为发展经济正在进行大大小小的联合，建立各种形式的自贸区、经济联盟、共同体等，分布于各大洲或跨洲合作；二是世界安全问题越来越多，传统安全威胁与非传统安全威胁同在，特别是非传统安全问题形式多样，层出不穷，对谋求快速发展经济的世界各国都构成了威胁。前者是各国追求的东西，后者是各国反对的东西，无论是前者还是后者，都是一个国家无法解决的问题，都需要共同与合作解决和应对。因此，加强亚洲国家在维护安全方面的合作，以获得发展的良好环境，既是各国的需要，也符合世界发展潮流。需要是拉动发展的动力，顺应潮流会使发展顺风顺水、事半功倍。顺应时代潮流的亚信为自身发展创造了有利的条件。

亚信发展的有利条件之二是，中国成为主席国，会极力推动亚信的发展。哈萨克斯坦总统纳扎尔巴耶夫说，哈萨克斯坦对中方担任主席国寄予厚望。相信中方有潜力进一步将亚洲各国发展成就叠加，在求同存异中实现共同发展。相信中方将做出最大贡献[①]。在亚信第四次峰会上，习近平代表中国提出的各项建议都富有建设性，为亚信进一步发展勾画出初步蓝图和实施路径。亚信的发展必须有人推动，而且需要由具有改革和创新思维的人来推动。中国是亚洲安全与发展的积极推动者，特别

① 纳扎尔巴耶夫："哈萨克斯坦对中国担任主席国寄予厚望"，人民网，2014年05月21日。

是中共十八大以来，中国不仅有想法，而且有行动。

亚信发展的第三个有利条件正是得益于中国采取的行动。这突出表现在中国为构筑安全基础所作的努力。2013 年秋中国提出了建设“丝绸之路经济带”和“21 世纪海上丝绸之路”的战略构想，这是普惠于亚洲各国和造福于各国人民的战略，受到亚洲国家的欢迎。然而战略的实施需要有资金的保证。针对这种情况，中国提出建立亚洲基础设施投资银行，并出资 400 亿美元建立“丝路基金”。这无疑会推动亚洲国家间的互联互通，从而带动其他事业的发展，有利于夯实安全合作的经济基础。

亚信发展的第四个有利条件是它已经和正在与亚洲其他地区性国际组织例如上合组织、东盟、集安条约组织等建立关系，在逐步扩大合作基础，以求在涉及亚洲安全与发展问题上达成共识。

亚信如果作为松散的论坛存在，在其发展的道路上不会遇到很多难题，但作用也不大。亚信欲有较大作为，特别是如果考虑由虚向实的方向转变，也就是由论坛向更加密切的合作机制的方向转变，就会遇到很多难题。

第一个难题是现有成员是否能接受亚信功能的转变。亚信现有 26 个成员，情况各异。它们各有自己的诉求、自己的朋友圈、自己的外交取向。各国加入论坛是可以接受的，但加入一个国际组织就未必都能接受。即使能接受，一个国际组织从建立伊始其成员就严重对立，这个组织如何存在、如何发挥作用，前景难以想象。

第二个难题是亚信如果转变为国际组织，将如何处理与原有的亚洲地区性国际组织的关系。亚洲的地区性国际组织大多由大国主导，大国的立场往往成为引领组织发展的方向，大国的分歧也会成为组织发展的障碍。从目前亚洲的情况看，亚洲大国在引领亚洲发展问题上达成共识会有一定的难度，例如，让亚洲国家自己管理亚洲的事务就未必为亚洲所有国家特别是某些有影响的国家所接受。

第三个难题是目前亚洲国家的力量和威望还不足以解决亚洲国家之间存在的矛盾，例如，巴以问题、中东乱局、朝核和伊（朗）核问题等。这是历史造成的结果，需要通过亚洲国家发展逐步解决。

第四个难题，也是更难解决的难题，是域外势力主要是美国不想退出亚洲，仍想以“世界警察”的身份干涉和“领导”亚洲的事务，而有些亚洲国家出于维护自身利益的考虑，也不想让美国离开亚洲，这会使以维护亚洲安全与合作为宗旨的亚洲统一安全与合作组织难于建立，即使能够建立也很难实现亚洲“全家福”。

基于上述情况，目前建立亚洲统一的洲际安全与合作组织的条件还不成熟，还需要做很多工作，不可急于求成。

五、亚信当前应该做的事情

亚信的未来面临三种选择：一是原地踏步，仍满足于论坛形式，四年开一次峰会，发表宣言，这是最小的发展，或者说是作用不大的发展。二是考虑到亚洲的现实，从亚信实际出发，为维护亚洲安全与发展做些事情，虽然作为论坛仍有局限性，但可考虑增加某些行为能力，为将来朝建立统一的洲际组织方向努力。这是步子迈得较大的发展，也是目前能够实现的发展。三是变论坛为国际组织。如上所述，这是难度很大的发展，应该是未来的发展方向，而不是亚信当前的任务。

笔者认为，亚信应摒弃原地踏步的做法，应在现有基础上有所作为，做些应该做而且能做的事情。

2014～2016 年中国担任亚信主席国，有责任推动亚信向前发展，使亚信在维护亚洲安全方面发挥更大的作用。

在当前亚信完全转变职能的条件尚不成熟的情况下，中国应该推动亚信朝哪些方面努力呢？

笔者认为，应该推动亚信成员国在落实《上海宣言》方面努力，确实能将亚洲安全观付诸实践。为此，亚信近期工作应朝四个方向努力。

第一，朝扩大影响力的方向努力。目前亚信在国际社会影响力不大，中国在担任主席国之后需努力改变这种状况。可以做的工作有：在不同国家召开亚信名下的专题会议，针对世界重大事件和热点问题发出亚洲国家的声音；缩短峰会举办时间，由四年改为两年，高官会议的间隔时间也可以酌情缩短，这将有利于对国际形势变化及时作出反应；利用成员多的优势，在事关亚洲与发展问题方面以亚信名义做些具体事情；与其他国际组织和论坛共同举办会议，相互参加峰会等，这将有利于显示亚信的存在与作用。

第二，朝拥有实践能力的方向努力。可以尝试检查成员国对一些决议的落实情况。中国建议，在亚信框架内建立成员国防务磋商机制及各领域信任措施落实监督行动工作组，以及建立亚洲安全应急中心等，都可以作为可行性措施。

第三，使亚信朝职能多样化的方向努力。习近平在亚信第四次峰会讲话中指出发展对于维护亚洲和各国安全的重要性，强调要推动共同发展和区域一体化进程，努力形成区域经济合作和安全合作良性互动、齐头并进的大好局面，他还具体谈到，要“深化反恐、经贸、旅游、环保、人文等领域交流合作”[1]。这意味着，亚信的职能已经不局限在安全领域，而是扩大到更广阔的领域。这就赋予了亚信更多的职能，给主席国提供了更多的想象和发挥主观能动性的空间。

第四，朝建立统一的亚洲安全与合作组织的方向努力。目前要做前期准备，需要多个国家达成共识和发出倡议，还要克服各种干扰，困难会很多。应该有这个设想，朝这个目标努力。亚信可以成为建立统一的亚洲安全与合作组织的基础，朝“亚洲的事情由亚洲国家来办”的目标

---

① 习近平：“积极树立亚洲安全观，共创亚洲安全合作新局面”，中国政府网，2014年05月21日。

努力。

总之，亚信要为有利于亚洲安全与发展造势，使亚信朝“升级版”的目标努力。

根据上述思路，中国作为主席国应该和能够做的工作有以下几方面。

第一，根据习近平提出的“通过举办亚信非政府论坛等方式，建立亚信各方民间交流网络，为广泛传播亚信安全理念、提升亚信影响力、推进地区安全治理奠定坚实社会基础”的精神，亚信应不定期举办若干分论坛，如青年论坛、妇女论坛、媒体论坛、环保论坛、网络和信息安全论坛、旅游论坛、“和平共处”理论与实践论坛，等等。建议首先举办以落实《上海宣言》精神，加强相互信任为题目的媒体论坛、互联互通伙伴国论坛、“和平共处”理论与实践论坛、网络与信息安全论坛。

第二，习近平提出，亚信“既要加强同本地区其他合作组织的协调和合作，也要扩大同其他地区和有关国际组织的对话和沟通，共同为维护地区和平稳定作出贡献”①。据此，亚信或者亚信与上合组织应一道倡议召开亚洲地区性国际组织联席会议，商讨如何维护亚洲安全和落实《上海宣言》问题。

第三，为亚信发展问题设立研究课题，加强对论坛如何发挥作用和实行由论坛向国际组织转变问题的研究，以及对亚洲存在统一的安全与合作组织的必要性和可能性的研究。

第四，要适当增加对亚信的宣传。目前国内媒体对亚信的报道极少，这也是国内对亚信不了解的重要原因。在中国担任主席国之后，应该改变这种状况，使国际社会特别是亚洲国家看到中国对亚信的重视程度，增强亚洲国家对亚信发展的信心。

第五，要全面解读“亚洲事务要由亚洲国家解决”的理念，说明亚

① 习近平：“积极树立亚洲安全观，共创亚洲安全合作新局面”，中国政府网，2014 年 05 月 21 日。

信秉承开放理念，不搞排外主义，只是不希望域外势力越俎代庖，主宰亚洲事务。习近平明确表示，如果域外愿意参加亚投行和丝路基金的工作，中国表示欢迎。

亚信正在进入发展的新阶段，第四次峰会即为起点。如何使亚信在维护亚洲安全与发展方面发挥更大的作用，需要成员国共同协商解决。“明者因时而变，知者随事而制。”形势在发展，时代在进步。习近平这一看法不仅适用于人们应如何看待国际形势，同样也适用于如何对待亚信。只要成员国能解放思想、携手共建，亚信必将会迎来更大的发展。

2014年中国—中亚合作：巩固、拓展与升级换代

◎ 许 涛

2014年是中国与中亚国家关系中比较特殊的一年。这一年国际和地区形势发生很大的变化，使中国与中亚国家关系面临很多复杂的情况，但中国与中亚各国在各领域的合作却在克服阻力，积极拓宽合作空间，使2014年彼此合作呈现出许多新的特点。本文从政治、经济、人文等方面盘点本年度取得的成就和存在的问题，认为中国与中亚各国友好合作二十多年后，目前正进入新的阶段。原有合作条件正在发生重大变化，新的方式、新的路径正在积极探索之中。在总结以往经验的基础上，将迎来彼此关系升级换代的飞跃期。

2014年是一个比较特殊的年份。在这一年中，中东地区“伊拉克与黎凡特伊斯兰国”（ISIS，以下简称“伊斯兰国”）强烈冲击当今国际秩序，严重挑战人类价值和伦理道德底线。受此影响，中亚各国极端主义思潮抬头，或明或暗响应中东“伊斯兰国”极端主义行径和思想。乌克兰事件导致俄罗斯与美国、欧盟关系急剧恶化，步步紧逼的国际制裁使俄罗斯经济发展面临最困难时期，加之国际石油价格接连下滑，俄罗斯卢布汇率快速下跌，所有这些使中亚各国经济在贸易和就业等方面受

许涛，中国现代国际关系研究院研究员。

到连带性影响。俄罗斯加紧推进“欧亚经济联盟”，哈萨克斯坦与俄罗斯、白俄罗斯签署“关税同盟”条约，吉尔吉斯斯坦、塔吉克斯坦积极跟进，有望在 2015 年正式成为“关税同盟”的新成员，新的关税政策出台使中国与中亚国家贸易受到影响。在这样的地区发展环境遇到复杂阻力和多重困难的大背景下，中国与中亚各国在各领域的合作不可避免地受到一定程度的影响。面对世界和地区环境变化形成的困难，中国与中亚各国克服阻力，积极拓宽合作空间，使 2014 年中国与中亚地区各国的合作呈现出许多新的特点。

一、政治合作：落实战略伙伴关系内容

自 2013 年 9 月中国分别与塔吉克斯坦、土库曼斯坦、吉尔吉斯斯坦建立战略伙伴关系后，中国与中亚所有国家间关系均已升级为战略伙伴关系（2005 年中国与哈萨克斯坦建立战略伙伴关系，2012 年与乌兹别克坦建立战略伙伴关系）。这不仅标志着中国与中亚各国国家关系的提升，也预示着中亚地区在中国外交和国际合作中地位的提升。2014 年是中国与中亚各国全面结成战略伙伴的第一年，在政治层面充实战略伙伴关系内容成为中国与中亚各国合作中的优先领域。

1. 哈萨克斯坦

2014 年是中国与哈萨克斯坦双边关系发展成果颇为丰硕的一年，也是继 2013 年习近平主席访问哈萨克斯坦后两国领导人频繁互动的一年。5 月，中国积极承办了由纳扎尔巴耶夫总统倡导的亚洲相互协作与信任措施会议（简称“亚信”）第四届国家领导人会议。这一亚洲的盛会由阿斯塔纳、伊斯坦布尔移至上海召开本身，就体现了中国政府和领导人对哈萨克斯坦方面在政治上的重大支持。在会议期间，习近平主席

充分肯定了纳扎尔巴耶夫总统倡导“亚信”对亚洲稳定与发展的积极意义，并积极评价了哈萨克斯坦坚持推动20多年，使“亚信”会议成为亚洲多数国家和国际组织高度关注并积极参加的重要平台。在会议期间，习近平主席代表中国政府授予纳扎尔巴耶夫总统“丝绸之路和平奖”。在参加“亚信”峰会和结束国事访问后，纳扎尔巴耶夫总统会见各国记者时表示，“我与习近平主席多次会见，讨论了有关我们两国进一步互利合作的许多问题。亚信的接力棒即将传递到中方手中，相信在中方主持下，亚信一定能取得更大发展”①。

12月李克强总理出访哈萨克斯坦，参加中哈总理第二次定期会晤，并出席上海合作组织成员国政府首脑理事会第13次会议。这是李克强任总理后第一次访问哈萨克斯坦，中哈双方都高度重视。李克强总理在《哈萨克斯坦真理报》上发表题为《让中哈合作驰骋在希望的田野上》署名文章，将哈萨克斯坦定位为中国在中亚的最大友好邻邦、同中国双边合作机制最健全的中亚国家、中国在欧亚大陆最大的投资对象国。李克强总理还在文章中首次提到了中国与哈萨克斯坦间存在的跨界水资源问题，坦率提出额尔齐斯河和伊犁河两条河流作为重要水资源对中国西部新疆等省区人民生活与生产的重要性，并充分肯定了中哈两国政府及有关部门在跨界水资源方面富有成效的合作，而且表示相信双方一定能够找到办法，使跨界河流成为两国人民的繁荣之源、友谊之河②。在与纳扎尔巴耶夫总统会见时，双方就能源、交通、核能等具体领域中的合作深入交流，并就建设“丝绸之路经济带”的道路联通问题交换意见③。李克强总理与哈萨克斯坦总理马西莫夫举行了长达一个半小时的会晤，共同见证涉及经贸、能源、金融、核能等领域的合作文件签署，进一步促进了中哈两国高水平政治互信，发挥经济互补性优势，扩大非

① http：//bnews. kz/ru/news/post/244279.

② http：//kz. chineseembassy. org/chn/zhgx/t1218915. htm.

③ http：//www. inform. kz/rus/article/2727113.

资源领域合作，打造合作新亮点和共同发展的新引擎，推动两国务实合作升级换代[①]。

2. 土库曼斯坦

继 2013 年习近平主席访问土库曼斯坦后，中土高层往来和政治互信继续升温。2014 年 5 月，应习近平主席邀请，土库曼斯坦总统别尔德穆哈梅多夫来华访问。面对媒体，别尔德穆哈梅多夫总统表示，中国是土库曼斯坦最重要的战略伙伴，两国关系始终是富有成果的、建设性的，近几年又有了特别的发展。尤其是 2013 年习近平主席对土库曼斯坦的国事访问为两国协作提供了强劲动力。访问前，别尔德穆哈梅多夫总统还在内阁会议上明确指出，土库曼斯坦始终坚持走与中国扩大互利合作的道路，并指示一位副总理专门负责筹备参加在西安举行的“丝绸之路经济带国际博览会”，认为参加这种国际水平的盛会可以向国际社会展示土库曼斯坦的经济成就和拥有的资源[②]。

在华访问期间，别尔德穆哈梅多夫总统积极回应习近平主席提出的建设丝绸之路经济带的倡议，强调土库曼斯坦位于国际交通运输的要冲，具有非常独特的地理优势，并主动提出建设经土库曼斯坦抵波罗的海和波斯湾交通走廊的建议，认为在这一领域中土库曼斯坦与中国合作的空间是广阔的。别尔德穆哈梅多夫总统还表示，目前土库曼斯坦为成为重要的国际交通枢纽，正努力实施各运输领域的大规模项目，投入了大量资金[③]。

在别尔德穆哈梅多夫来华访问前一天，长篇小说《幸福鸟》中译本在北京举行首发式。小说《幸福鸟》通过描述别尔德穆哈梅多夫总统的父亲在卫国战争最艰难时期为家庭担当、帮助村民渡过难关、向社会奉

① http://chinababe.ru/delkit/politics/2014/12/15/keiqian-kz.

② http://news.xinhuanet.com/world/2014-05/09/c_1110611738.htm.

③ http://www.turkmenistan.gov.tm/?id=6453.

献爱心的故事，记述和赞美了土库曼斯坦民族在历史上形成的爱国、勇敢、坚强、无私的优秀品质。在别尔德穆哈梅多夫总统访华期间，北京还召开了世界汗血马协会特别大会。对此，别尔德穆哈梅多夫总统感谢中方的特殊安排，将土库曼人民引为骄傲的阿哈尔捷金马向世界推广。

3. 乌兹别克斯坦

2014 年 5 月，乌兹别克斯坦总统卡里莫夫来华访问并参加“亚信”会议。在赴华之前，曾通过外交渠道强调，他此次来华主要是为了与习近平主席会面。卡里莫夫总统高度评价 2013 年习近平主席访问乌兹别克斯坦的成果，认为此访为乌中友好关系与不同领域中的合作开辟了新的时期。卡里莫夫总统对习近平主席提出构建“丝绸之路经济带”的倡议颇为赞赏，他认为，乌中人民早在两千多年前就通过“丝绸之路”紧密联系在一起，近年双边关系更是提升到新水平。他还强调，习近平主席提出共建“丝绸之路经济带”的倡议，正得到乌兹别克斯坦方面的积极回应，并大大促进乌中在政治、安全、经贸、人文等各领域合作进一步深入。

近几年中国与乌兹别克斯坦政治互信关系发展的轨迹，比较突出地体现出两国领导人个人关系的不断密切和加深。2014 年 5 月，卡里莫夫总统在华访问期间会见记者时介绍说，2013 年习近平主席访问乌兹别克斯坦后，在乌国内产生了重大积极影响。卡里莫夫总统举例说，当他在很边远的地方视察时，都有人清楚记起中国国家主席在乌兹别克斯坦说过的话，记得习近平主席对卡里莫夫总统的评价。卡里莫夫总统确信，乌中这种水平的高层关系和民间基础，将保障两国友好、互信、睦邻、合作关系世代传承下去。

4. 塔吉克斯坦

塔吉克斯坦是 2013 年习近平主席访问中亚时唯一没有去到的国家，

而2014年9月他赴杜尚别出席上海合作组织成员国元首理事会第十四次会议和对塔吉克斯坦的正式国事访问所取得的成功，却成为2014年中国周边外交的典范。习近平主席在赴塔前夕，分别在塔吉克斯坦的《人民报》和“霍瓦尔”国家通讯社发表题为《让中塔友好像雄鹰展翅》的署名文章。习近平主席在文章中首先以孔子“仁者乐山”的境界，将中国人民的传统价值观与高山民族塔吉克拉近。习近平主席还在文章中强调，“亲望亲好，邻望邻好。塔吉克斯坦是中国的重要邻国，中塔关系正处于历史最高水平。中方高度重视对塔关系，视塔吉克斯坦为中国向西开放的重要合作伙伴”。真诚希望通过这次访问，巩固中塔政治互信，深化安全、经济、人文等领域互利合作，加强两国战略协调和配合，推动中塔关系“百尺竿头，更进一步”。同时，习近平主席在文章中进一步向塔吉克斯坦社会和公众阐述了构建“丝绸之路经济带”的地区发展远景，并重点强调实现互联互通对实现这一宏大构想的重要意义①。拉赫蒙总统也特别指出，建设“丝绸之路经济带”是一个非常明智的倡议，它适应了塔吉克斯坦发展的需求，它将为所有与中国接壤的国家提供发展机会，塔吉克斯坦方面将积极支持中国领导人的这一倡议。

塔吉克斯坦总统拉赫蒙高度评价李克强来访具有重要里程碑意义，相信这将是一次历史性访问，一定会有力推动双边关系发展，惠及两国和两国人民。拉赫蒙强调塔吉克斯坦在当前复杂多变的国际地区形势下，同中国发展战略伙伴关系是外交的优先方向②。拉赫蒙总统对中国的快速发展和习近平主席体现出的大国责任表示钦佩，认为中国的发展给地区和世界带来和平的希望、发展的机遇。塔吉克斯坦对中国寄予厚望，愿意做中国真诚的伙伴和亲密的兄弟，同中国携手前行、世代友好③。

---

① http：//news. xinhuanet. com/world/2014 –09/10/c_ 1112430120. htm.

② http：//topwar. ru/28992 – tadzhikistan – i – kitay – odnobokoe – partnerstvo. html.

③ http：//news. xinhuanet. com/politics/2014 –09/13/c_ 1112468841. htm.

二、经济合作：向更加广阔领域拓展

2014 年中亚地区经济发展面临较多困难。俄罗斯作为多数中亚国家的第一大贸易伙伴国受到西方制裁，全年主要经济指标下滑，卢布汇率下跌，都对中亚各国经济影响明显。5 月 29 日，俄罗斯、哈萨克斯坦、白俄罗斯三国总统在阿斯塔纳签署《欧亚经济联盟条约》，宣布欧亚经济联盟将于 2015 年 1 月 1 日正式启动。俄、白、哈三国加紧建设统一经济空间，哈萨克斯坦对外贸易税制加紧向俄罗斯和白俄罗斯靠拢。2014 年，哈萨克斯坦对由中国进口的电器、大型机械等上千种商品调高税率，也使中哈贸易受到影响。1 ~7 月，中哈进出口贸易总额为 104. 3 亿美元，同比下降 18. 8%。1 ~8 月，中国与乌兹别克斯坦双边贸易总额为 26. 19 亿美元，同比下降 11. 11%。在经贸大环境不乐观的形势下，中国与中亚各国发掘潜力，努力开拓经贸新增长点。

1. 增加非能源领域项目

哈萨克斯坦总统纳扎尔巴耶夫 2014 年 5 月访华期间，中哈间签署了包括加工工业领域在内的一系列合作文件，主要有：中方融资在塔拉斯建立甘草膦生产厂、在阿拉木图建立油气管道生产厂、在科斯塔奈州建立热电厂、在卡拉干达建立化工厂、在阿克纠宾斯克建立氮肥厂等总额为 100 亿美元的项目。12 月，李克强总理访问哈萨克斯坦时，表示中方将积极参加哈方“光明之路”建设，在两国总理见证下先后签署了数十项包括交通、冶金、电力等领域合作协议，涉及金额达 230 亿美元①。

中国与乌兹别克斯坦除继续推动“中国—中亚”天然气管道 C、D

① http：//bnews. kz/ru/news/post/244248.

线在乌项目建设外，也在积极开展吉扎克中乌工业园建设。目前，中国对乌投资总额已超过50亿美元，中国已是乌第二大贸易伙伴、第一大投资国、第一大棉花买家、第一大电信设备和土壤改良设备供应国。在乌中资企业数量已近500家，涵盖能源、交通、通信、机械、化工、建筑、农业、金融等各个领域。中乌经贸合作的潜力正被充分挖掘出来，平等互利的中乌务实合作正成为丝绸之路经济带建设的重要亮点。目前，乌兹别克斯坦同中国的陆路交通运输合作相对滞后。因此，努力加快中乌间公路、铁路、航空运输等领域的对接，包括推动中吉乌铁路等战略项目的实施等，对于丝绸之路经济带建设意义重大①。

据吉尔吉斯斯坦国家统计委员会公布的信息，中国对吉直接投资已达2.54亿美元，占吉吸引直接外资的37%，同比增长1.7倍，已是吉方的第一大外资来源国。目前，中国在吉尔吉斯斯坦主要的合作领域和行业为地质勘探（占76.7%）和炼油、化工等加工工业（占16.9%）。2014年4月，中国援建的比什凯克热电厂现代化改造项目正式开工，这一项目能为这家热电厂增加装机容量300兆瓦，预计于2017年竣工②。

中国在塔吉克斯坦的合作项目也主要集中在电力设备改造方面，其中包括利用中国优惠出口买方信贷实施的“罗扎拉尔—哈特隆”220千伏、“现—北”550千伏输变电项目。目前中国在塔吉克斯坦的投资已超过10亿美元，成为塔吉克斯坦第二大投资来源国③。

2. 互联互通合作积极展开

2014年4月，土库曼斯坦总统别尔德穆哈梅多夫来华访问时表示，土位于国际交通运输的要冲，具有非常独特的地理优势。为充分发挥巨大运输潜力，土中双方共同在交通领域迈出了积极的步伐，在土境内开

① http://uz.china-embassy.org/chn/zwgx/jmhz/t1137298.htm.

② http://kg.mofcom.gov.cn/article/jmxw/201405/20140500569713.shtml.

③ http://tj.mofcom.gov.cn/article/jmxw/201410/20141000778437.shtml.

展交通线路的建设。“南北”跨境运输走廊与“东西”跨大陆运输干线的对接，将为欧亚大陆各国开辟了通往欧洲、中东、近东、中亚、南亚和中南亚市场的广泛通道。铺设哈萨克斯坦—土库曼斯坦—伊朗铁路就是这个大规模项目的一部分，这条铁路干线计划 2014 年投入使用，为欧亚大陆的所有国家和地区经济发展与平等合作提供更多机会①。

7 月，中国—吉尔吉斯斯坦政府间合作委员会第十次会议在比什凯克举行，吉第一副总理萨尔帕舍夫就推动吉中经贸合作提出建议和希望，其中包括将两国口岸全天 24 小时开放、开通“比什凯克—喀什”的“奥什—喀什”两条新航线、开通“比什凯克—吐尔尕特—乌鲁木齐”和“奥什—伊尔克什坦—乌鲁木齐”两条客运线，以及由中方提供贷款修建的“北—南公路”二期项目②。

5 月，哈萨克斯坦总统纳扎尔巴耶夫来华访问时介绍，为了把哈中双边贸易额提升到400 亿美元，此前已经启动了以连云港为运输终端的项目，届时可将哈萨克斯坦的物资通过海运集装箱输送到世界各国。12 月，李克强总理访问哈萨克斯坦时，纳扎尔巴耶夫总统再次向中国总理表示，哈方支持中方提出的建设“丝绸之路经济带”和“21 世纪海上丝绸之路”的倡议，愿同中方开展经贸、互联互通合作，并欢迎中方积极参与哈萨克斯坦基础设施建设③。

3. 推动人民币国际化

2011 年 6 月，中国人民银行与哈萨克斯坦共和国国家银行在阿斯塔纳签署了金额为 70 亿元人民币的双边本币互换协议，以加强双边金融合作、便利两国贸易和投资④。2014 年 9 月 25 日，人民币在哈萨克斯坦

---

① http://www.news-asia.ru/review/Valery_chumakin/6437.

② http://kg.china-embassy.org/chn/jejsstyfgk/t1176451.htm.

③ http://news.xinhuanet.com/world/2014-12/15/c_1113636773.htm.

④ http://www.chinanews.com/fortune/2011/06-14/3108526.shtml.

证券交易所挂牌首日成交量达 592.8 万坚戈（181.88 坚戈 =1 美元），全天完成两笔金额为 20 万人民币的交易，成交价为 29.64 坚戈/人民币。12 月中国人民银行与哈萨克斯坦国家银行在阿斯塔纳续签了双边本币互换协议，同时签订了新的双边本币结算与支付协议。此次两国宣布的双边本币互换规模为 70 亿元人民币/2000 亿哈萨克坚戈，协议有效期 3 年，经双方同意可以延期①。目前，中国虽然只在哈萨克斯坦开展本币互换业务，但这是中国在中亚地区开展金融合作的十分重要趋势。

三、文化合作：促进民族价值观认同

中国与中亚各主体民族同属于亚洲民族，各自保持着悠久的东方历史文化传统。在中国与中亚国家民族发展历史上，相互交流与睦邻合作不仅促进着各民族经济、文化的发展，也形成了地区和平共处的精神纽带。2013 年习近平主席提出建设“丝绸之路经济带”构想时，将“民心相通”提到了前所未有的高度，大大带动了 2014 年中国与中亚各国在文化领域和公共外交中的积极互动。

1. 人性化项目设计增加

2014 年中国的中亚外交，除了在能源、交通、贸易方面取得的成果外，人性化外交设计是一大看点。上海“亚信”会议及哈萨克斯坦总统纳扎尔巴耶夫访华时，习近平主席为他颁发“丝绸之路和平奖”；土库曼斯坦总统别尔德穆哈梅多夫访华时，中方特地举办“世界汗血宝马大会”和小说《幸福鸟》中文译本首发式；习近平主席访问塔吉克斯坦时，夫人彭丽媛向塔国立音乐学院赠送古筝等，这些活动大大地拉近

① http：//finance.ifeng.com/a/20141214/13353971_0.shtml.

了中国与中亚各国民族情感上的距离，是中国周边外交“亲、诚、惠、容”精神在中亚地区的即时体现。

2. 留学人数和质量上升

目前，哈萨克斯坦在中国的留学生人数达 1.12 万人，仅次于向俄罗斯派出的人数（2.8 万人），中国已成为哈第二大留学目的国。乌兹别克斯坦、塔吉克斯坦在华留学生分别在 2000 人左右。中亚各国在中国留学人数不断增加的同时，留学质量也在上升。不仅高学历留学生数量增加，而且带项目主动来华调研和完成课题的留学人员也在增加①。这对改变中亚国家各民族对中国了解不足的现状和培养中国与中亚各国不同年龄段（尤其是年青一代）睦邻友好人群具有积极意义。

3. 亟待解决的问题

（1）开展文化交流的力度不够

目前，我驻中亚各国使馆仅在哈萨克斯坦设有文化处，其他使馆的文化交流、教育合作、汉语推广工作岗位均不固定，或由领事兼管，或在政治处由政务参赞负责，不仅人力不足，而且没有专门经费保障（教育部、文化部只向设有教育处和文化处的使馆提供专项经费）。

（2）急需专业化公共外交队伍

中国驻中亚各国使馆主管文化交流、教育合作、汉语推广工作的干部多数没有从事过文化、教育、学术工作或相关的管理工作，面对中外教师、学生、文化和文艺工作者以及相关主管官员缺乏有关专业知识，难以在管理工作和涉外交往中把握分寸和原则。

（3）孔子学院功能应尽快明确

中国在中亚各国的孔子学院，因国内承办院校不同而在中亚各国的

① http：//www. cscse. edu. cn/publish/portal0/tab38/info8100. htm.

开办方式、授课内容、招生领域、收费尺度也不尽相同。又由于国内各国承办院校重视程度不同，对派出的中方孔子学院院长的选拔也宽严不一，因此与所在国高校合作水平也不同，有的得到大力支持，有的在人事和财政上被架空，有的干脆放任其自生自灭。这种现象既不利于中国在中亚各国的文化交流，也大大有损于中国国家形象，应受到有关部门重视。国内的孔子学院总部应出台选派和考察中方孔子学院院长的规章制度。

中国与中亚各国的合作经历了二十多年的发展，目前正在进入新的阶段。原有合作条件正在发生重大变化，新的方式、新的路径正在积极探索中。在经历了相对艰难的徘徊后，中国与中亚各国的合作必然进入升级换代的飞跃期。

乌克兰如何前行?

◎ 顾志红

乌克兰举行了总统和议会选举之后，议会政党之间力量对比出现了全新的局面，形成了以亲西方和民族主义力量占主导地位的政治格局，国内政局发生了转折性的变化。放弃不结盟地位、实行与欧洲一体化、谋求加入北约成为本届政府制定的国家发展战略。

2014 年，乌克兰举行了总统和议会选举，领导集团以新面貌示人，国内政局发生了转折性的变化。新领导集团如何解决东部冲突，克服经济危机，确定国家发展方向，这不仅关系到乌克兰的国家命运，而且涉及地区安全。本文想就这些问题做一肤浅的探讨。

一、选举结果与议会政治力量变化

2014 年 10 月 26 日，乌克兰进行议会选举。根据乌克兰法律规定，此次议会选举采用混合选举制，在总共 450 个议席中，一半议席按照政党“比例代表制”选举产生，另外一半议席则在“单席位”选区中选

顾志红，国务院发展研究中心欧亚社会发展研究所研究员，中国社会科学院俄罗斯东欧中亚研究所研究员。

举产生。在26日的选举中，全国225个“单席位”选区中有198个选区参加投票。另27个选区设在克里米亚和塞瓦斯托波尔及顿涅茨克州和卢甘斯克州，没有进行投票选举。全国投票率为52.4%，利沃夫州的投票率达到了70%，顿涅茨克州和卢甘斯克州分别为32.4%和32.9%。乌克兰东部地区的投票率明显低于乌克兰中部和西部地区，如敖德萨州为39.5%，赫尔松州为41.4%，尼古拉耶夫州为43.8%，哈尔科夫州为45.3%。这一情况表明，亲欧洲的政党在西部地区有效地动员选民参加投票。而东部地区的大多数选民处于冷漠的状态，虽然有29个政党参加了议会选举，但东部选民没有看到能够代表自身利益的政党。

11月12日《乌克兰之声报》公布议会选举结果，进入乌克兰议会的政党有：

亚采纽克领导的“人民阵线”，得票率为22.14%，该党由亚采纽克和图尔其诺夫领导，领导层中还有乌克兰第四号人物，曾任国家安全与防务委员会秘书帕鲁比伊和内务部长阿瓦科夫。该党为亲西方政党，目标是建立欧洲乌克兰，优先方向是实现欧洲—大西洋一体化和恢复乌克兰领土完整。对顿涅茨克和卢甘斯克奉行比总统更加强硬的政策。另外，“人民阵线”反对与俄罗斯妥协，主张与俄罗斯强硬对抗，要求乌克兰实行去俄化和乌克兰俄语居民乌克兰化的政策。

“波罗申科联盟”，得票率为21.82%，该党于2014年8月末以总统党为基础建立，后克里钦科领导的“打击党”加入并主持该党竞选活动。

“自助”党，得票率为10.97%，该党由利沃夫市长萨多维领导。该党获胜出乎大多数专家的预测，“自助”党为亲西方政党，主张乌克兰走欧洲一体化发展道路，放弃不结盟地位，要求发展地方自治。该党拥护中央向地方下放更多的权力和金融资源。该党竞选人中的第二号人物谢缅琴科为“顿巴斯”志愿营营长，参与了乌东南部地区的“反恐行动”，该党的票仓在西部地区。

“反对派联盟”，得票率为 9.43%，由原来的地区党成员组建，主要领导人为勃伊科，此人在亚努科维奇任总统时期曾任燃料和能源部部长。该党的主要资助人为著名的顿涅茨克寡头阿赫梅托夫。“反对派联盟”在对俄关系方面比其他政党持更具建设性的立场，但不能算是亲俄政党。该党主张停止乌克兰东南部的流血，对枪杀平民的人追究法律责任，扩大地方权力，起草顿巴斯复兴计划。该党在支持乌克兰欧洲一体化方针的同时，主张维持国家的不结盟和中立化地位。该党的选民主要来自顿巴斯地区，在顿涅茨克州获得 38.8% 的选票，在卢甘斯克州获 35.4% 选票，在哈尔科夫州获 32.2% 选票，在第聂伯罗彼得罗夫斯克州获 24.3% 选票，在扎波罗热州和其他州获 22.2% 选票。当然，该党在 26 日的选举中获得的支持率已不能与地区党昔日的成绩相比，这在很大程度上与克里米亚和受武装力量控制的顿涅茨克和卢甘斯克地区没有参加投票有关，但更主要的原因是地区党内的腐败行为所致。

“激进党”，得票率为 7.44%，该党领导人为利亚什科，此人以激进的民族主义和平民化政策著称。2014 年 3 月，他曾向乌克兰议会提交法律草案，要求中断与俄罗斯的外交关系，乌俄间实行签证制度，禁止共产党和地区党，呼吁欧盟禁止持有俄罗斯护照的克里米亚人进入欧盟。乌东南部战事发生后，利亚什科建立了本党领导的特种营参加“反恐行动”，并亲自赴前线参战。“激进党”的支持者主要来自年轻人，并得到佳格尼博格领导的“自由党”中部分成员的支持。

季莫申科领导的“祖国党”，得票率为 5.68%。该党支持率大幅下降的主要原因，首先是 2014 年该党中的主要政治力量，如亚采纽克、图尔其诺夫、阿瓦科夫等退出了“祖国党”。其次是在竞选活动中，季莫申科从激进的亲西方立场批评波罗申科总统，认为要尽快放弃不结盟地位，加入北约，同时批评总统解决东南部危机的和平计划，主张对顿巴斯采取更加强硬的政策。

未能进入议会，但拥有一定影响力的政治力量有：佳格尼博格领导的“自由党”（获4.7%选票）、乌克兰共产党（获3.9%选票）、季吉普科领导的“强大的乌克兰”（获3.1%选票）。

综上所述，现乌克兰议会形成了以亲西方和民族主义力量占主导地位的政治格局，议会政党力量关系出现了全新的局面。第一，波罗申科政党的支持率与总统选举时相比有所下降（在总统选举中，波罗申科获得54.7%的选票）。主要原因是总统没有获得选民期待的军事胜利，也没能保证选民期待的国内和平。第二，美国因素对乌克兰国内局势的影响比尤先科执政时期还要大，美国已有能力控制乌克兰领导层的权力之争。第三，季莫申科的支持率更低，从总统选举时的12.8%降至5.5%。季莫申科的政治前途复杂，当前她显然没有进入决策层。季莫申科曾是社会平民的代表，现在是激进平民的代表，但在这方面，新兴力量比季莫申科的形象更好。第四，议会选举结果证明，乌克兰国内形成两支反对派，一是“广场反对派”，代表对新政权不满情绪的民众，但他们不会支持反对派联盟或共产党。另一支是没能进入议会的政治力量，他们支持“反广场力量”，这部分人支持反对派联盟、共产党和“强大的乌克兰”。第五，本届议会中形成了三个集团：叶列麦耶夫集团（约30名议员）、受到科罗莫伊斯基支持的霍穆蒂恩内克集团、日瓦尼亚集团（20~25名议员），前两个集团都致力于在议会中加强“经济发展派”的力量，在一定程度上可以理解为，新议会组成更多地代表了科罗莫伊斯基的利益。上述集团是否会对议会决策产生影响，还有待观察。第六，共产党未能进入议会，证明乌克兰社会对传统政治力量的厌烦情绪，期待出现新的政治力量，这是来自利沃夫的“自助党”成功进入议会的根本原因。第七，在乌克兰议会选举中，主要的外部赢家是美国。纽兰在议会选举前访问乌克兰时提出的三个要求（共产党不能进入议会、新议会不能实行一党多数、议会中要有反对派）全部兑现。

二、新领导集团的治国政策

根据议会选举结果，乌克兰议会议席分配如下："波罗申科联盟"获得 132 个议席，"人民阵线" 获得 82 个议席，"自助党" 获 33 个议席，"反对派联盟" 获 29 个议席，"激进党" 获 22 个议席，"祖国党" 获 19 个议席，自由党获 6 个议席。2014 年 11 月 15 日，"波罗申科联盟"、"人民阵线"、"激进党"、"自助党" 和 "祖国党" 组建议会五党联盟，并于 11 月 21 日签署并批准联盟协议，继而组建政府，亚采纽克出任新一届政府总理。

这届新政府不同于以往，启用了三位外籍部长。经济发展和贸易部长由立陶宛人阿勃拉马维丘克担任，其妻为乌克兰人，近几年一直居住在基辅。此人是瑞典"东方投资公司" 的合作伙伴，该公司已向乌克兰投资了 2 亿美元。卫生部长由格鲁吉亚公民克维塔什维利担任，他于 1992 年结业于第比利斯国立大学历史系，在美国获得硕士学位，曾在驻阿塞拜疆、立陶宛、乌克兰、亚美尼亚和塞尔维亚等国的国际组织中任职。2008 年担任格鲁吉亚卫生部长，2010 年任第比利斯国立大学校长，2013 年辞职出国。金融部长由乌克兰裔美国人亚列西科担任，她在芝加哥长大并在美国完成学业。1992 ~ 1995 年曾主持美国驻乌克兰使馆经济处的工作。1995 年主持对乌中、小企业的投资工作，2006 年亚列西科成立了自己控制的公司，筹集了 1.32 亿美元。此后一直在乌克兰金融领域工作。

普遍认为，联盟协议是乌克兰进行改革的基础文件，其中确定了国家经济发展战略，提出了一系列乌克兰与欧洲一体化中的重要优先发展方向。在对外政策方面，联盟协议明确提出，乌克兰放弃不结盟地位、实行欧洲一体化、谋求加入北约的政治方针。联盟协议还规定，恢复对克里米亚地区的国家主权是乌克兰对内对外政策的战略目标之一。根据联盟协议，摆在执政联盟面前的首要任务是2015年6月1日以前，乌克兰按照欧洲模式建立现代化的政治和社会机构。要实现这一目标，乌克兰需要在以下领域进行改革。首先是进行预算改革，按欧洲标准起草2015年预算法，并保证每一位公民可以在互联网上阅读全文。其次是向地方放权和对强力部门及执法机构进行改革。再次是税改，减少税种和行政干预。最后是司法改革和土地关系改革。

就其经济内容来说，联盟协议还不能被视为乌克兰今后发展的纲领性文件。首先，联盟协议明确了一系列有关乌克兰欧洲一体化方针的优先方向，但在经济政策方面的措施尤为薄弱，特别是对于市场经济中的关键问题——土地市场问题延续了旧议会的一贯做法，避而不谈。其次，联盟协议中对宏观经济政策阐述不清。再次，联盟协议中专门谈了农业政策，但却没有相应的工业政策的基本构想，只是强调了军工企业、航空领域、飞机制造、能源体系在乌克兰经济发展中的重要性。在乌克兰与欧盟自由贸易区协议生效以后，乌克兰实行何种工业政策的问题仍然没有解决。最后，劳动关系民主化仍然是没有解决的问题。

乌克兰第8届议会组建之后，面临四大关系国家命运的问题。第一是寻求国际援助，克服经济危机；第二是维护国家领土完整，解决东部地区武装冲突；第三是选择适当的国家经济发展模式；第四是与俄罗斯实现关系正常化。其中最严峻的问题是国家经济恶化。根据乌克兰国家经济发展和贸易部的数据，2014年乌克兰国内生产总值上半年下降5%，格里夫纳贬值30%。工业生产2014年4月同比下降6%：化工部门4月生产下降11.2%，全年下降23.3%；机器制造业下降8%，全年下降18.9%，冶金业下降2.3%，年度下降12.8%，轻工业下降6.6%，年度下降14.9%；焦炭和石油加工产品4月下降7.7%，年度下降10.1%。因此工业只能保证国家财政收入的40%。2014年前11个月，国内零售贸易与2013年相比下降7.5%，这一数据甚至比2008～2009

年经济危机时期还差，2009 年零售贸易总额下降了 6%。2014 年 11 月，乌克兰食品和饮料零售额与 2013 年同比下降 17.9%。

乌克兰经济危机的主要原因与顿巴斯地区局势有关，顿涅茨克和卢甘斯克地区曾是国家财政收入的重要来源地。但目前上述两个地区基本脱离了中央政府的控制，短期内难以收复。东部地区内战加剧了经济危机，战争摧毁了东部地区的基础设施，企业和煤矿停工，而且战争需要大把的银子来支持，武装冲突的后果是顿涅茨克和卢甘斯克的事实独立。在乌克兰议会选举中，顿巴斯地区设立了 32 个选区，其中 14 个选区确定不参加乌克兰议会大选：顿涅茨克州的 21 个选区中确定有 8 个选区不参加投票，而卢甘斯克的 11 个选区中有 6 个选区不参加投票，上述地区均受到分离势力的控制。收回对东部地区的控制权，同时，又能够稳定国家经济形势，是摆在乌克兰新议会和政府面前的难题。

为应对国内经济危机，2014 年 12 月 11 日，乌克兰议会通过亚采纽克政府提出的《2015～2016 年政府行动计划》。该计划规定，在 2015 年上半年，政府管理机构的数量从 56 个减少到 28 个，同时缩小职权范围。2015 年乌将通过新的国家公务员法，规范公务员的行为，精简机构，国家机关工作人员减少 10%。从 2016 年起，乌克兰各级官员的职责要求以欧盟标准为衡量标准。

2015 年国家还将计划下放地方部分预算和税收权力，财政下放也意味着责任的下放。政府还将根据《乌克兰与欧盟联系国协定》的要求实行 1500 项新标准，废除所有苏联遗留的标准。

但《政府行动计划》中没有涉及部门改革，如医疗、教育、农业、能源等。政府承诺与新形势下的腐败行为作斗争，将公布国家公职人员的财产信息。2015 年政府计划成立国家反腐败预警处和国家反腐败局，对司法系统进行根本性的改革。

为应对经济危机，乌克兰政府主要采取节流措施。2015 年国家预算政策大幅限制社会支出，该政策的负面影响是导致国内消费乏力，加快经济下跌趋势，同时为社会不满情绪制造了土壤。国家预算减少的主要部门为：

第一，教育。中学教育年限从 11 年减少到 9 年，取消免费教育制度，取消学校的助学金制度，不包括孤儿等需要国家救助的人群。可节约 12. 553 亿格里夫纳。

第二，提高退休年龄，男女退休年龄均提高到 65 岁。暂停实行养老金指数化措施，降低特殊养老金（军人和科研人员）水平，可减少 28. 798 亿格里夫纳。削减军人家属补助金 8. 933 亿格里夫纳。

第三，对切尔诺贝利重新划定辐射污染区，可少支出 9. 02 亿格里夫纳。除了残疾人，取消对切尔诺贝利人的所有优惠待遇，总计 415. 90 亿格里夫纳。

第四，医疗，实行有偿服务，停止部分医药的补贴制度。

第五，金融机构裁员 3%，可节省 63. 386 亿格里夫纳。

2015 年乌克兰经济面临严峻的形势，政府不得不削减预算支出，但将力保安全和国防预算支出，这方面的预算将不少于国内生产总值的 5%。

三、明斯克协议与顿巴斯地区形势

乌克兰东部顿巴斯地区的顿涅茨克和卢甘斯克控制着 1. 6 万平方公里（不到乌克兰领土面积的 3%），人口约为 450 万（约占全国人口的 9%）。顿巴斯地区有 93 个煤矿，由于战事，只有 24 个煤矿正常开工，还有 60 个维持性运营，7 个煤矿被完全摧毁。为实现和平，2014 年 9 月 5 日，相关各方签署明斯克停火协定。该协定的主要内容：第一，乌克兰东南部的武装组织停止在顿涅茨克和卢甘斯克的进攻行动。第二，乌克兰武装力量撤到射击距离以外。第三，对遵守停火的条件进行全面和客观的国际监督。第四，禁止运用空军攻击冲突区内的平民区。第五，无条件交换被俘人员。第六，开通人道走廊用于难民迁移和获得人道主义援助物资。第七，保证工兵营修复被破坏的道路和基础设施。根据该协议，顿巴斯三分之一的地区（13 个区），包括顿涅茨克和卢甘斯克将在乌克兰版图内获得特殊地位，地区政权可独立支配地方预算、自行管理财产和土地。根据明斯克协定，在顿巴斯地区划分为 5 个安全带，由欧安组织派出 3～5 名工作人员与乌俄两国代表共同监督停火，在整个顿巴斯地区共派出 350 名监督人员。

明斯克协定签署之后，乌克兰议会于 2014 年 9 月 16 日通过《顿涅茨克州和卢甘斯克州某些地区自治特殊程序法》① 和《关于不追究和惩罚参与顿涅茨克和卢甘斯克事件者责任法》。《顿涅茨克州和卢甘斯克州某些地区自治特殊程序法》规定，顿巴斯的数个区域获得为期 3 年的自治区地位；在公共和私人交往中可自由使用俄语和其他语言；在教育、传媒、国家和地方权力机构活动、司法、经济和社会活动中实行自治。每年中央政府以“国家目标计划”的形式向该地区投资，避免预算减少；自治政府与中央政府各部门签署地方发展计划协议；地方自治权力机构的职责将移交给 2014 年 12 月 7 日选举产生的新的地方权力机关。

虽然 2014 年 9 月 5 日签署了明斯克协议，启动了和平进程，9 月 16 日乌议会通过特别程序法，9 月 19 日签署了明斯克备忘录，但乌克兰东南部地区仍然战事连连，明斯克协议并没有得到很好的落实。顿涅茨克和卢甘斯克为实现所控领土内权力合法化，建立能够与乌政府就地区地位和国家体制进行谈判的合法政府，不顾明斯克协议规定，于 2014 年 11 月 2 日举行地方议会选举。他们向基辅提出以下要求：承认他们的特殊地位；乌军方停止军事行动；进行自由选举；承认俄语国家语言地

① 俄文为 Закон об особом порядке местного самоуправления в отдельных районах Донецкой и Луганской областей。作者注。

位；当地武装编制享有特殊地位；有权任命法官；有权决定深化与俄罗斯和关税同盟的经济一体化。

乌克兰总统和政府认为，东部地区擅自改变地方议会选举时间破坏了明斯克协议，破坏了乌克兰法律规定（关于在顿涅茨克和卢甘斯克一些地区地方自治临时程序法中规定12月7日举行地方选举），表示不承认这一选举结果。联合国、G7集团、欧盟和美国的领导人均声明不承认乌克兰东部地区于11月2日举行的议会选举结果。之后，波罗申科总统签署命令，取消顿涅茨克和卢甘斯克自治特别程序法并宣布对这两个州进行经济封锁。

在预定于2015年1月15日在哈萨克斯坦首都阿斯塔纳就落实明斯克协议举行乌克兰、俄罗斯、德国和法国四方会谈的计划失败以后，乌克兰东部地区局势发展前景更加模糊不清。首先，顿巴斯地区没有乌克兰的国家部队驻守。其次，当地没有乌克兰的安全部队和执法机构，而是地方武装建立起的权力机构。再次，地方行政机构中没有中央官方代表和观察员，也没有民选的议员。最后，当地的企业或破产或并入俄罗斯企业。因此，乌克兰中央政府无法对顿巴斯地区进行有效控制。同时，顿巴斯地区一直自认为是乌克兰经济的重要支柱，理应在乌克兰国家政治生活中获得主要的话语权。在亚努科维奇和地区党的长期经营下，该地区习惯于在国家政治生活中享有特殊地位。不过，这一切随着亚努科维奇逃往国外而终结，他们不甘心退出政治舞台，在俄罗斯的支持下试图诉诸武力夺回失去的权力。但是，顿涅茨克和卢甘斯克地方武装力量（俄罗斯联军、顿涅茨克人民军、卢甘斯克近卫军等）都不具备足够的组织力量和经济资源同国家军队进行长期的对抗，因此顿涅茨克和卢甘斯克地区很难实现独立。与“德左”、阿布哈兹、南奥塞梯地区相比，东部地区没有明确的民族特征，当地的武装分离分子主要是俄罗斯公民或是出生在乌克兰各地的俄族人及对乌克兰新政权不满的人，同时东部地区缺少领袖式的精英和管理人才。而且，俄罗斯还不打算正式承认顿涅茨克和卢甘斯克的独立地位。

对顿涅茨克和卢甘斯克武装力量，乌克兰政府持强硬立场，拒绝向该地区派驻维和力量，以避免形成“德左”地区的状况。对于通过乌克兰实行联邦制解决东南部地区冲突的建议，波罗申科总统多次明确表示，任何关于乌克兰国家的主权、领土完整、独立的问题都不能列入日程，乌克兰是单一制国家，没有什么联邦化。在波罗申科提出名为《2020 年战略》的乌克兰改革计划中，明确指出了基辅与卢甘斯克和顿涅茨克的关系，即顿巴斯没有任何“特殊地位”，“只有地方管理特别制度”，必须服从中央政府管理。乌克兰总统和政府的立场得到了乌克兰绝大多数公民（86.2%）的支持，他们反对顿涅茨克和卢甘斯克以任何形式独立，38.1% 的顿巴斯地区居民不承认地方武装力量政权的合法性。

乌克兰独立近 25 年之际，终于确定了国家的欧洲发展方向，但为此付出了高昂的代价。2015 年将是乌克兰极为艰难的一年，国家发展面临诸多的未知数。

乌克兰危机对中亚地区的影响

◎ 杨相红

近期国际和地区形势变化对中亚的影响很大，乌克兰危机是主要因素之一。乌克兰危机虽然未使中亚地区的地缘政治格局产生根本性变化，但其外溢效应已经对中亚地区造成了明显的冲击。冲击主要表现在经济领域，对其政治、外交产生了一定的消极影响，但影响有限。2014年底，中亚国家进入新一轮总统和议会选举期，这可能导致大国在中亚的争夺加剧，中亚地区不稳定因素增多，乌克兰危机对中亚局势的负面影响也将进一步显现。

2014年以来，国际和地区局势错综复杂，乌克兰危机是影响局势变化的重要因素之一。此外，国际大宗商品价格下跌、俄罗斯经济衰退、宗教极端势力的活跃等因素也在影响世界包括中亚地区的局势。这些变化对中亚地区的影响有多大，表现在哪些方面，本文试作解读。

一、乌克兰危机等因素对世界及地区形势变化的影响

中亚形势变化离不开国际和地区形势的变化，而近期对世界和地区

杨相红，国务院发展研究中心欧亚社会发展研究所副研究员。

形势影响最大的因素之一是乌克兰危机。乌克兰危机导致俄美欧关系的变化，不仅影响到上述国家自身，也影响到与俄罗斯关系密切的中亚国家。

1. 俄美欧关系进入新的博弈期

乌克兰危机在全球层面引发了世界大国关系的变化，俄罗斯与西方博弈加剧。乌克兰事件导致西方推动乌克兰、格鲁吉亚和摩尔多瓦“弃俄投西”，欧盟与乌、格、摩三国 2014 年正式签署了联系国协定。在经济领域，美欧对俄罗斯施加系列制裁，俄罗斯则实施反制裁。但由于双方实力相差较大，俄罗斯经济受损严重，经济出现明显衰退。在军事上，北约通过在波罗的海国家和东欧国家增加军事投入、频繁举行军事演习等加大对俄施压，俄罗斯则针锋相对，不甘示弱。迄今俄与北约呈剑拔弩张之势，牵动世界及中亚国家的神经。很明显，乌克兰危机导致俄美欧关系严重恶化，处于“冷战”后谷底，目前尚无缓解的迹象。

2. 国际能源战加剧

石油天然气等资源一直是大国地缘争夺的工具。乌克兰危机后，美国利用自己可以部分影响石油价格的能力，打压对世界能源价格有强烈依赖的俄罗斯。2014 年 9 月开始，国际市场石油价格每桶由 100 多美元迅速跌到 50 美元左右。石油价格下跌不仅重挫了俄罗斯经济，同样也给对能源出口依赖较大的哈萨克斯坦等中亚国家带来间接的负面影响。此外，乌克兰问题使俄欧能源合作关系受挫，俄欧双方为保障各自的能源安全、降低相互依赖度，积极推进能源合作多元化战略，这也将影响能源资源丰富的中亚国家。

3. 俄罗斯经济衰退

西方经济制裁导致俄罗斯经济陷入深度困境，俄罗斯的国家实力被严重削弱。2014 年俄罗斯卢布暴跌 40%，物价上涨，通货膨胀率高达 11.4%[①]，处于 2008 年金融危机之后的最高水平；资本大量外流，据俄罗斯央行统计，俄罗斯 2014 年净资本外流 1515 亿美元[②]；国家储备基金迅速减少，俄财政部预计到 2016 年底俄储备基金将减少 90%；经济整体减速，2014 年国内生产总值同比增长仅为 0.6%，远低于 2.3% 的预期，2015 ~2016 年俄罗斯还将面临经济负增长的压力[③]。俄罗斯经济衰退趋势明显，短期难于复苏。

俄罗斯与中亚地区的经贸关系较为密切。卢布贬值和俄罗斯经济下滑直接拖累了中亚国家经济，并将削弱俄在中亚地区投资的意愿与能力，使俄罗斯推进欧亚经济联盟、加速独联体地区经济一体化的难度增大。

此外，中亚国家外部安全威胁增多也是影响中亚地区形势的因素之一。这是指美国和北约从阿富汗撤军带来的阿富汗安全问题、叙利亚和伊拉克局势动荡和极端势力“伊斯兰国”肆虐中东和世界的问题。这些外部因素使中亚国家面临的安全威胁上升，对中亚地区的安全与稳定构成挑战。特别是“伊斯兰国”在中亚地区的影响力和号召力明显上升，对中亚地区的渗透愈演愈烈令人担忧。据俄罗斯《独立报》2015 年 1 月 21 日报道：“伊斯兰国”（ISIS）组织头目已决定拨款 7000 万美元在中亚开辟“第二战线”。吉尔吉斯斯坦“宗教、法律和政治”分析中心主任马利科夫表示，目前在阿富汗和叙利亚的“伊斯兰国”组织的主要目标是搅动费尔干纳谷地、吉尔吉斯斯坦和乌兹别克斯坦南部地区的局势[④]。外来的和本土化的宗教极端主义、恐怖主义势力相勾结将使中亚

---

① Годовая инфляция в РФ составила 11，4%，http：//www. interfax. ru/business/416458.

② ЦБ：отток капитала из России вырос за 2014 год вдвое – до 151，5 млрд долларов，http：//www. banki. ru/news/lenta/？id = 7574149.

③ http：//world. huanqiu. com/hot/2015 – 01/5453069. html.

④ http：//xj. people. com. cn/n/2015/0122/c188527 – 23643635. html.

安全局势变得更加复杂。乌克兰危机部分分散了对“伊斯兰国”的打击力度。

目前对中亚国家产生主要影响的外部因素包括乌克兰危机导致的大国关系变化、俄罗斯经济衰退、石油等国际大宗商品价格下跌和“三股势力”的威胁，其中乌克兰危机对中亚地区的影响全面而深远，冲击力很大。

二、乌克兰危机对中亚国家的影响

2014 年，乌克兰危机虽未使中亚地区的地缘政治经济格局产生根本性变化，但其外溢效应已经对中亚地区造成了一定的冲击。其冲击主要表现在经济领域，对政治和外交亦有消极影响。2015 年后，乌克兰危机对即将进入新一轮不确定期的中亚局势所产生的影响将逐步显现，并将引发中亚国家在政治、经济、外交等方面的调整与变化。

1. 乌克兰危机对中亚国家政治的影响

中亚地区位于亚洲腹地，地理位置远离欧洲与独联体分界线，并与俄罗斯和中国两个大国接壤，所面临的地缘战略压力及东西战略选择的迫切性明显低于乌克兰。乌克兰危机的爆发没有对中亚政局造成直接的冲击，对中亚国家内政产生的影响有限，2014 年中亚国家国内政局基本保持了稳定。

乌克兰危机对中亚国家政局也产生了一定的负面效应。

第一，乌克兰危机对中亚地区反对派和民族分裂势力起到鼓舞和示范作用。乌克兰通过街头暴力革命推翻合法政权、克里米亚公决脱离乌克兰等事件，使中亚国家的反对派和民族分裂势力受到了鼓舞。2014 年内，在吉尔吉斯斯坦首都比什凯克和南部地区发生了多起反对派示威游行，在哈萨克斯坦北部俄罗斯族聚居区出现了多起要求回归俄罗斯的活动。反对派和民族分裂势力活动渐趋活跃的势头虽然很快被遏制在可控范围内，但它可能在中亚国家政治经济形势恶化时再次发酵，是中亚国家稳定的潜在威胁。

第二，美俄等大国干预乌克兰内政的做法，使中亚国家对国内稳定的担忧明显增加。一方面，中亚国家担心“克里米亚模式”影响到中亚地区。俄罗斯以保护俄侨民和支持民族自决权为由“收回”克里米亚，这种做法让同样存在领土问题和大量俄罗斯族居民的中亚国家较为担忧，使中亚国家与俄罗斯间又增加了新的摩擦因素。另一方面，中亚国家政治精英和普通民众也很担心“乌克兰式危机”和新一轮“颜色革命”在中亚地区重演。“颜色革命”从2003年11月开始席卷了整个独联体地区。“革命”后，格鲁吉亚、乌克兰和吉尔吉斯斯坦等国政局持续不稳，经济形势恶化，未起到“颜色革命”的榜样和示范作用，因此近年来“颜色革命”呈止步趋势，在中亚地区受阻。但是，在本次乌克兰危机爆发后，美欧对中亚进行“民主改造”、推动“颜色革命”又呈现活跃态势。2015年初，美国任命在东欧及前苏联国家推进“颜色革命”的专家理查德·迈尔斯担任美驻吉使馆临时代办；1月底，吉国家反对派运动领袖热恩别科夫率领吉反对派代表团访问美国，与美国务院和国会的相关官员会面，讨论在吉推进民主等问题。访问回国后，吉尔吉斯斯坦反对派活动明显活跃。政局一直不稳、经济状况艰难的吉尔吉斯斯坦面临再次“颜色革命”的压力增大。

为防止上述趋势的发生，一方面，中亚国家采取措施加强内部管控，通过立法和修改现有法律，打击极端民族主义和分裂势力，加强对反对派和非政府组织的监督，加大国内反腐惩戒力度等方式进一步维护国内政治和社会的稳定，防范“颜色革命”和“克里米亚模式”的发生。2014年，哈萨克斯坦通过《刑法》修正案提高对民族分裂主义行为的打击力度。另一方面，中亚国家注重维护自身的主权完整、强调民族的独特性，继续推进“去俄化”进程。哈萨克斯坦总统纳扎尔巴耶夫在 2014 年公开表示，哈萨克斯坦无意重新被莫斯科统治，强调在建立欧亚经济联盟过程中“不会让渡主权”；乌兹别克斯坦则表示不会加入俄罗斯主导的政治意图明显的“欧亚联盟”。2014 年年初，纳扎尔巴耶夫总统还提议将现在的国名“哈萨克斯坦”去掉有俄文标志的词尾“斯坦”，改为哈萨克语“哈萨克耶烈”（哈语意为“哈萨克国”）。塔吉克斯坦注重回归本民族传统，鼓励民众将俄式姓氏改回塔吉克族姓氏。

第三，新一轮总统和议会选举使中亚地区的不稳定因素增多。从 2014 年 12 月份开始，中亚进入了新一轮总统和议会选举期。2014 年 12 月 21 日，乌兹别克斯坦举行了议会下院选举；2015 年 3 月 29 日和 4 月 26 日，乌兹别克斯坦和哈萨克斯坦要先后举行新一届总统选举；在 2015 年秋和 2016 年下半年，吉尔吉斯斯坦和哈萨克斯坦将举行议会选举；2017 年，吉尔吉斯斯坦将举行总统选举。在乌克兰危机未解决的背景下，中亚即将举行的总统和议会选举将进一步加剧外部势力在中亚的竞争，“颜色革命”对中亚国家的威胁增大，中亚地区新的不稳定因素增多，未来中亚形势将更加复杂。

为减少乌克兰危机对本国政权稳定产生的冲击，哈萨克斯坦提前举行总统选举，确保近期政权的顺利交接和社会稳定。2015 年 2 月 25 日，哈萨克斯坦决定将 2016 年下半年举行的总统选举提前到 2015 年 4 月 26 日。纳扎尔巴耶夫在签署关于提前进行总统选举的总统令时指出，目前哈萨克斯坦所面临的内外不确定因素有所增加，国际经济环境疲软，全球和地区的安全形势遭到挑战，“为了不使我们的国家出现内部裂痕，避免受到外部冲突的波及，我们必须保障社会的稳定与统一”①。

---

① http：//news. ifeng. com/a/20150226/43219859_ 0. shtml.

2. 乌克兰危机对中亚国家经济的影响

中亚国家与乌克兰经贸关系并不紧密，因此乌克兰危机最初并未对中亚国家的经济造成直接的冲击。但2014年以来，俄罗斯经济形势在西方制裁下进一步恶化，国际大宗商品价格下跌，这使尚未走出国际金融危机阴影的中亚国家经济面临双重震荡，对与俄罗斯经贸关系密切的中亚国家经济产生明显的传导效应。

乌克兰危机对中亚国家经济产生不利影响的传导机制主要包括四种渠道。第一，汇率渠道，俄罗斯卢布和中亚国家本币贬值，加剧了短期资本流动性波动，对中亚国家金融体系造成一定程度的冲击。同时，物价上涨和通货膨胀，严重影响了中亚国家百姓的工资收入和生活成本。第二，价格渠道，中亚国家主要出口商品石油、天然气、铝、黄金、棉花等价格的下降，导致中亚国家出口收入减少。第三，贸易渠道，由于俄罗斯经济衰退，国内需求下降，对中亚国家的出口贸易造成一定的影响。第四，投资渠道，西方对俄罗斯金融领域的制裁对中亚投资也产生了消极影响，欧美和俄罗斯对中亚国家的投资减少。

2014年以来，乌克兰危机对中亚国家经济领域产生的影响主要体现在以下几个方面。

（1）中亚国家经济下行压力增大

2014年，中亚国家整体经济减速，下行压力明显增大。其中，哈萨克斯坦、吉尔吉斯斯坦和塔吉克斯坦等国受俄罗斯经济下滑拖累最大，国内经济活跃度下降，经济增速下滑明显。根据中亚各国政府公布的数据，吉尔吉斯斯坦2014年国内生产总值增速从2013年的10.5%下滑到3.6%①，哈萨克斯坦国内生产总值增速从2013年的6%下滑至

① http：//www.24kg.org/ekonomika/4896/.

2014 年的 4.3%[1]，塔吉克斯坦国内生产总值增速从 2013 年的 7.4% 下滑到 6.7%[2]。在中亚国家中，只有乌兹别克斯坦和土库曼斯坦的经济保持了稳定增长。2014 年乌兹别克斯坦和土库曼斯坦国内生产总值分别增长 8.1% 和 11.3%，比 2013 年的 8% 和 10.2% 略高。

导致中亚国家经济增速放缓的有四大因素。一是中亚国家主要出口商品石油、天然气、铝、黄金、棉花等国际价格的下降，导致中亚国家出口收入减少，并限制了国家财政收入的稳定与增长。二是俄罗斯经济衰退，国内需求减少，对俄罗斯与中亚国家进出口贸易产生了消极影响。其中，对吉尔吉斯斯坦的影响最大，2014 年吉尔吉斯斯坦农产品、纺织缝纫品和黄金等出口额大幅下降：水果出口下降 90%，蔬菜出口下降 20.8%，皮革出口下降 31.7%，服装出口下降 4.6%，黄金出口下降 2.7%。三是缺乏投资资金，西方对俄罗斯金融领域的制裁对中亚投资也产生了消极影响。由于金融领域的限制措施，西方资本无法进入俄罗斯，而与俄罗斯关系密切的中亚国家在吸引外资、海外融资等方面也遭受了直接和间接的影响。乌克兰危机以来，欧美和俄罗斯对中亚国家的投资均有所减少，同时民众对经济下行的预期增大，投资者的信心遭受打击。四是中亚国家间缺乏良好的地区合作，使中亚地区水资源利用、能源勘探、交通运输和基础设施建设方面的潜力未充分发挥，对各国经济的发展造成消极的影响。

国际油价波动及俄罗斯经济下滑等因素对中亚的影响将持续。2015 年初，国际机构和中亚国家纷纷下调了对中亚经济发展的预期。国际货币基金组织对中亚和高加索地区 2015 年经济发展的预期从 4.8% 下调到 4.4%。IMF 认为 2015 年吉尔吉斯斯坦国内生产总值增速将继续下行，

---

① http://bnews.kz/ru/news/heading/glavnye_ novosti/.

② http://www.dialog.tj/news/temp - rosta - vvp - tadzhikistana - v - 2014 - godu - zamedlilsya - na - 0 - 7.

预测仅达1.7%[①]。哈萨克斯坦也下调了对本国国内生产总值增速的预期。以年均石油价格50美元一桶进行计算，2015年哈国内生产总值增长预期下调到1.5%，2016年哈国内生产总值增速为2.3%，2017年为3.4%[②]。2015年2月，国际评级机构标准普尔将哈萨克斯坦长期主权信用评级从BBB+调低至BBB，展望为负。外币和本币债务短期主权信用评级为A-2。国家信用评级下调至AA+[③]。

（2）货币贬值，通货膨胀加剧

中亚国家货币市场受卢布贬值、美元升值及国际石油价格下跌等因素的影响波动较大，各国货币均出现了不同程度的贬值。2014年1~12月，吉尔吉斯斯坦索姆兑美元平均汇率贬值19.71%，哈萨克斯坦本币坚戈兑美元贬值18.3%，塔吉克斯坦本币索莫尼贬值11.2%，乌兹别克斯坦本币苏姆官方汇率贬值9.9%。一直比较稳定的土库曼斯坦本币马纳特在2015年1月也突然贬值，对美元汇率从2.85跌至3.5，跌幅高达18.6%[④]。

中亚国家央行不断采取措施稳定汇市，动用了数亿美元的外汇储备进行汇市干预。以吉尔吉斯斯坦为例，为维持索姆汇率基本稳定，2014年吉国家银行总共61次介入外汇市场，出售美元净金额达5.16亿美元。2014年吉国外汇储备缩减2.808亿美元，截至2014年底外汇储备总金额为19.576亿美元[⑤]。但是，由于中亚国家货币与俄罗斯卢布高度关联，虽然中亚各国央行采取了积极措施稳定汇市，但是如果国际油价持续走低，卢布继续贬值，中亚国家货币将面临再次贬值的压力。

中亚国家本币贬值进一步加剧了通货膨胀。据中亚各国国家统计机

① http：//www. mofcom. gov. cn/article/i/jyjl/e/201502/20150200896058. shtml.

② http：//www. mofcom. gov. cn/article/i/jyjl/e/201502/20150200897866. shtml.

③ http：//www. ru114. cn/news/show -7467. html.

④ http：//finance. qq. com/a/20150102/005847. htm.

⑤ http：//kg. mofcom. gov. cn/article/jmxw/201501/20150100867697. shtml.

构数据，吉尔吉斯斯坦通胀率从 2013 年的 4% 升至 2014 年 10.5%，哈萨克斯坦通胀率从 2013 年的 4.8% 升至 2014 年的 7.4%①，塔吉克斯坦通胀率从 2013 年的 3.7% 升为 2014 年的 7.7%②，乌兹别克斯坦和土库曼斯坦 2014 年的通胀率分别为 6.1% 和 4% 左右。

2014 年中亚国家物价普遍上涨，尤其是食品、水电气等价格的上涨，严重影响了中亚国家百姓的工资收入和生活成本。2014 年哈萨克斯坦食品价格上涨 8%，非食品价格上涨 7.8%，服务价格上涨 6.4%③。2014 年 12 月，吉尔吉斯斯坦食品和非酒精类饮品价格涨幅为 13.9%，非食品类价格涨幅为 6.8%；服务价格上涨 5.9%。2014 年 3 月，乌兹别克斯坦塔什干市食品和服务的价格上涨了 30% ~70%。从 2014 年 10 月 1 日起，乌兹别克斯坦国内燃气价格和电费将提高 10%，中央供暖和热水供应的价格提高 7.2%。

影响中亚国家物价上涨的原因是多方面的，是中亚体制和政策因素、能源垄断因素、本币贬值、高利率政策、地缘政治综合作用的结果。但地缘政治因素是 2014 年中亚国家货币贬值、物价上涨和通货膨胀加剧的主要推手。

（3）侨汇收入减少、劳动移民返乡引发社会问题

西方制裁使俄罗斯经济遭到重创，俄国内经济不景气、卢布贬值、工作岗位减少、俄出台限制外国劳工数量的新规定等因素，导致中亚从俄罗斯寄回的侨汇收入减少，中亚在俄劳动移民返乡人数增多。据塔吉克斯坦中央银行的数据，2014 年塔吉克斯坦劳务移民汇款总额为 39 亿美元，同比减少 8.3%。2014 年吉尔吉斯斯坦的侨汇收入也比 2013 年有所减少，为 22.36 亿美元④。

---

① http：//kz. mofcom. gov. cn/article/jmxw/201501/20150100858202. shtml.

② http：//www. mofcom. gov. cn/article/i/jyjl/e/201502/20150200896766. shtml.

③ http：//kz. mofcom. gov. cn/article/jmxw/201501/20150100858202. shtml.

④ http：//caijing. chinadaily. com. cn/2015 -02/16/content_ 19605029. htm.

侨汇减少和劳动移民回流不仅对中亚国家经济，还对社会稳定产生了不利影响。侨汇占塔吉克斯坦、吉尔吉斯斯坦和乌兹别克斯坦国内生产总值的比重很高，其中占塔国内生产总值的50%，占吉国内生产总值的30%，占乌国内生产总值10%以上。2014年以来，侨汇的减少直接导致中亚国家外汇收入减少，国内居民购买力下降，国内市场需求减弱。

同时，大量中亚劳动移民回流造成中亚相关国家就业市场出现不利变化，青年失业率处于较高水平，增加了社会不稳定因素。其中，对哈萨克斯坦的影响最大。因为从俄罗斯返回的中亚劳动移民大量涌入哈萨克斯坦，冲击了哈劳动力市场，哈失业率上升。哈萨克斯坦副总理萨帕尔巴耶夫2015年2月11日表示，由于世界经济形势不好及西方制裁俄罗斯的影响，尽管哈萨克斯坦采取了多重措施，但根据哈专家评估，仍有12万工人将失业[①]。

（4）推动经济结构加快调整

在研究乌克兰危机对中亚国家经济的消极影响时，我们也应看到积极的一面。中亚国家经济发展面临诸多挑战，前景不容乐观，但尚不至于发生经济危机。中亚国家为减少乌克兰危机及俄罗斯经济衰退对本国的影响，积极尝试刺激本国经济增长的新政策。2014年11月11日，哈总统纳扎尔巴耶夫发表题为《光明大道——通往未来之路》的年度国情咨文，宣布实施“光明大道”新经济计划。哈政府预计拨款333亿美元（6万亿坚戈）资金，2015～2017年还将从国家基金中划拨90亿美元（每年30亿美元），旨在通过一系列投资促进哈萨克斯坦经济结构转型，实现经济增长。

2015年1月16日，乌兹别克斯坦总统卡里莫夫在工作报告中指出，乌将在2015年进一步调整经济结构，对主要工业部门进行现代化和多

---

① http://kz.mofcom.gov.cn/article/jmxw/201502/20150200897864.shtml.

样化改造，促成生产的本地化，发展运输和通信基础设施，同时还将进一步减少国家权力机关在经济中的存在，消除对自由财产和私营企业完全自由的一切障碍和限制，采取必要措施，维持高经济增长率。

俄罗斯经济下滑和国际油价波动等不利因素产生的传导效应对中亚国家整体经济形势的冲击将在 2015 ~ 2016 年进一步显现，对中亚国家经济将产生多方面、深层次的影响。

3. 对中亚国家外交的影响

中亚国家在外交上始终坚持实用和平衡的原则。乌克兰危机后，中亚国家与俄罗斯的关系发生了微妙的变化。中亚国家在继续保持与俄的传统外交关系时，对俄罗斯的离心倾向也增强了，更加坚定地奉行多元化外交，中国在中亚外交中的地位明显上升。

（1）俄罗斯仍是中亚国家外交的优先方向

2014 年，俄罗斯失去乌克兰后在外交上更加重视中亚地区。

俄克服自身经济困难，巩固了在中亚地区的主导地位和军事存在，积极推进欧亚经济联盟，与中亚国家关系取得不同程度的进展。哈、吉、塔三国积极发展与俄的一体化，在安全上主要依托俄罗斯和集体安全条约组织。哈萨克斯坦、吉尔吉斯斯坦与俄罗斯关系最为密切，塔吉克斯坦排在其后。哈萨克斯坦和吉尔吉斯斯坦稳步推进与俄罗斯的经济和军事一体化，在实践中与俄形成准结盟关系。2014 年 5 月 29 日，俄白哈三国领导人签署《欧亚经济联盟条约》并于 2015 年 1 月 1 日正式生效。2014 年 12 月 23 日，吉尔吉斯斯坦也签署了入盟条约，并将于 2015 年 5 月成为该联盟全权成员国。塔吉克斯坦也多次提出了入盟意愿，但其入盟尚需时日。欧亚经济联盟建立后，将形成 4.5 万亿美元生产总值、1.7 亿人口的共同市场，联盟内部逐步实现商品、服务、资本和劳动力的自由流动。欧亚经济联盟预计到 2016 年将建立药品共同市场，2019 年前建立电力共同市场，2025 年前建立石油天然气共同市场。

乌兹别克斯坦奉行务实外交，土库曼斯坦奉行中立外交，乌土两国均与俄罗斯保持一定距离，在经济方面选择与俄罗斯的合作。2014 年俄乌关系取得进展。12 月 10 日，普京对乌兹别克斯坦进行了正式访问，双方签署相关协议免除乌欠俄 8.6 亿美元债务，扩大农产品等领域的经贸合作，以应对西方对俄的制裁。

（2）平衡发展与美欧关系

中亚国家一直保持与欧洲的良好关系。乌克兰危机后，哈萨克斯坦在外交上积极发挥平衡俄罗斯与欧洲关系的作用，促进俄欧双方对话，努力降低俄欧之间的对抗和制裁。受俄罗斯的影响，中亚国家对待美国则与欧洲有所区别。中亚国家在开展与美合作的同时，对美国的戒心加重，认识到美国是乌克兰危机最主要的幕后推手，主导对俄罗斯的制裁，并将继续推行“颜色革命”。在俄罗斯力促下，吉尔吉斯斯坦将美军基地逐出国土，2014 年 6 月 3 日，美军驻吉尔吉斯斯坦首都玛纳斯机场的“国际中转运输中心”正式关闭。美国和乌兹别克斯坦关系继续升温，2014 年 5 月 16 日，北约在塔什干设立中亚地区代表处，负责加强和协调北约与中亚五国联络合作事务①。

（3）更加重视与中国发展关系

2013 年习近平主席访问中亚后，中国与中亚关系得到全面提升，中国与中亚五国全面建立了战略伙伴关系。2014 年中国提出了“丝绸之路经济带”战略，旨在“和平、友谊、合作、发展”的基础上，与中亚各国开展全方位合作。中亚国家对此予以积极回应，认为此举符合双方国家战略及中长期发展需要，将给中国与中亚国家合作带来新的发展机遇。2014 年 9 月，习近平主席访塔期间，中塔签署《2015～2020 年战略伙伴关系合作纲要》②，推进中国—中亚天然气管道工程以及塔

① http：//news. xinhuanet. com/world/2014－05/17/c_ 1110735459. htm.
② http：//china. huanqiu. com/News/fmprc/2014－09/5137123. html.

方输变电线路改造、交通和边境口岸基础设施建设、工业园等合作项目。2014 年 11 月，哈总统纳扎尔巴耶夫提出的“光明大道”新经济计划与“丝绸之路经济带”战略在发展交通基础设施建设等方面不谋而合。2014 年 12 月，李克强总理访哈萨克斯坦期间，中哈签署了总额约 180 亿美元的《产能合作框架协议》，为拉动两国的产能合作注入新动力。乌克兰危机后，中国与中亚国家在发展上互有所需，战略利益契合度高，必将成为中亚国家实施多元化平衡外交的重要一极。

大国关系变化中的美国与中亚国家关系

◎ 肖 斌

中亚国家独立后，大国关系成为影响中亚国家对外政策的重要因素，美国、俄罗斯、中国对中亚国家的影响最大。本文试图分析在新的国际形势下美国对中亚政策的变化和调整。

自中亚国家独立以来，大国间关系便成为影响中亚国家对外政策的重要因素，其中俄罗斯、美国、中国之间的关系是对中亚国家影响最大的一组大国关系。美国因其在国际政治中的霸权国地位而对全球政治具有十分巨大的影响力。但是作为霸权国，美国对全球政治的影响力并不均衡，在一些地区美国拥有绝对的影响力，而在一些地区其影响力则是相对的，中亚地区就属于后者。这是因为，中亚地区夹在俄罗斯和中国两大国之间，俄罗斯和中国在中亚地区都有重大利益。俄罗斯要维持在中亚地区的主导地位，中国在中亚地区则需要保持稳定的能源供应和反恐。与往年不同，因乌克兰危机、中国推动“一带一路”战略构想的力度加大，美国、俄罗斯、中国之间的关系在 2014 年发生了一些变化，其中比较突出的是美国及其西方盟友与俄罗斯关系恶化，美国与中国关系中出现了一些积极因素，俄罗斯与中国关系更为紧密。针对上述大国

肖斌，中国社会科学院俄罗斯东欧中亚研究所博士。

关系的变化，2014 年美国与中亚国家关系出现了策略性的调整。

一、从分化转向离间国家间关系

2014 年上半年受乌克兰和中俄关系影响，美国对中亚国家的外交策略具有较强的分化、离间中亚国家与俄罗斯、中国之间关系的意图。具体做法是：一是去俄罗斯在中亚地区主导地位的“合法化”，例如，美国助理国务卿比斯瓦在哈萨克斯坦国立古米廖夫欧亚大学发表演讲指出，哈萨克斯坦不应只成为一个连接欧亚大陆的枢纽，而应在中亚地区发挥领导作用；哈萨克斯坦是美国“有实力的伙伴和远方的朋友”；美国支持哈萨克斯坦的波拉沙克计划，并期待更多的哈萨克人来美国学习；美国继续欢迎哈萨克斯坦在解决全球问题上发挥作用，支持哈萨克斯坦通过参与和解决地区事务上提高其领导能力。二是强调“亚太再平衡”战略对中亚国家的重要作用，例如，在哈萨克斯坦，美国助理国务卿比斯瓦解释说，“亚太再平衡”战略是为了把美国的安全和繁荣与亚洲经济的增长中所面临的挑战和机会紧密相连①；在吉尔吉斯斯坦，比斯瓦则强调说，“亚太再平衡”战略能够推动亚洲社会的繁荣和安全。三是鼓动中亚国家积极融入国际社会，走出地区性国家集团的圈子。美国助理国务卿比斯瓦在哈萨克斯坦强调世界不应被分割成集团，增强国家之间的相互依赖符合国家的根本利益；在吉尔吉斯斯坦指出建立排他性集团的时代已经结束，因为我们不是在单极或两极世界，我们在一个多极化的世界里②。

2014 年下半年，因中俄关系的不断紧密以及阿富汗大选中出现的

① 美国驻哈萨克斯坦大使馆网站。访问时间：2014 年 11 月 30 日。
② 美国驻吉尔吉斯斯坦大使馆网站。访问时间：2014 年 11 月 30 日。

问题，美国调整了其对中亚国家的外交策略，以拉拢中亚国家、疏离中俄关系为主，把中俄关系控制在美国可以接受的限度内，不希望看到中俄联合抗美。具体做法有：一是回避中亚国家在乌克兰问题上公开表态。美国副助理国务卿丹尼尔·罗森布鲁姆2014年9月5日在土库曼斯坦首都阿什哈巴德记者招待会上强调，乌克兰问题与美国及土库曼斯坦的政策不适合在这种场合讨论。“我想提醒的是，我们一直向我们的中亚伙伴重申尊重独立主权和领土完整的原则，在处理我们与中亚国家关系上发挥了重要作用。”[①] 二是肯定中国“丝绸之路经济带”倡议的积极意义。2014年9月23日，美国副国务卿威廉姆·J. 伯恩斯在纽约的讲话中指出，无论新丝绸之路或者丝绸之路经济带都是想通过共同努力来实现中亚地区成为全球商业、思想和文化的枢纽[②]。三是加大推动新丝绸之路计划的力度，强调区域间互联互通对中亚国家的重要性。2014年10月28日，美国副助理国务卿法特玛·Z. 苏玛尔在乔治·华盛顿大学的演讲中说，美国及国际驻阿富汗联军的缩编、阿富汗新政府的组成、乌克兰问题上大国随意践踏小国的教训、伊斯兰国（ISIS）、国际油价的低迷以及俄罗斯经济增长的疲软等，使中亚国家意识到分享紧密的政治、经济、安全和民间联系来平衡与俄罗斯之间的关系可能是最好的选择，那么支持区域间互联互通便显得十分重要，而国际社会尤其是土耳其、中国、日本、韩国、欧洲国家等将共同承担中亚地区的发展责任[③]。

---

① 美国驻土库曼斯坦大使馆网站。访问时间：2014年10月30日。

② 美国国务院中亚南亚事务局网站。访问时间：2014年11月7日。

③ 美国国务院中亚南亚事务局网站。访问时间：2014年11月28日。

二、选择差异化策略

在美国实施其“新丝绸之路”计划的同时，俄罗斯在加快其“欧亚经济联盟”的进程，中国也强势推进其“一带一路”战略。虽然美国、俄罗斯和中国所提出的地区间经济发展计划有很大不同，但相同的是，这些地区间发展计划都与中亚国家有较为密切的关系。大国在中亚地区发展计划的相互重叠，在一定程度上影响了中亚国家的注意力，让中亚国家有了更多的选择，同时也增加了大国推进自己计划的难度。为了突出与俄罗斯“欧亚经济联盟”、中国“一带一路”战略的区别，2014 年美国在已有“新丝绸之路计划”的基础上，明显地增强了对中亚国家政策的差异化。选择差异化策略可能会增加美国对中亚国家政策的短期成本，但通过差异化策略可以提高美国与其他大国在发展与中亚国家关系中的竞争优势，并随着竞争优势的扩大而最终降低政策的长期成本。具体做法如下。

加强与哈萨克斯坦在安全领域的合作，核不扩散是目前美哈安全合作的重点。自哈萨克斯坦独立以来，美国向哈萨克斯坦提供了 2.4 亿美元的援助用于帮助消除大规模杀伤性武器相关的基础设施和武器，打击核原料走私。2014 年美国对哈萨克斯坦的援助中有 39% 的经费用于和平与安全项目。2014 年 3 月，在海牙核安全峰会上，哈萨克斯坦总统纳扎尔巴耶夫与美国总统奥巴马发表联合声明《关于不扩散大规模杀伤性武器和加强核安全领域的合作》[①]。同时，美国及其盟国为哈萨克斯坦加强边境管理提供帮助，例如，2014 年 11 月 24 日，美国与英国合作向

① 美国白宫网站 http://www.whitehouse.gov/the - press - office/2014/03/25/joint - statement - president - obama - and - president - nazarbayev - kazakhstan - coop。访问时间：2014 年 11 月 30 日。

哈萨克斯坦提供了价值303万美元边境管理设备，旨在提高哈萨克斯坦管控非法走私大规模杀伤性武器的能力[①]。通过北约和平伙伴关系计划举行“草原之鹰—2014”（德国）军事演习，美加强与哈萨克斯坦军事交流。

深化与乌兹别克斯坦的经济和技术合作。2013年美国与乌兹别克斯坦的贸易总额为3.48亿美元，顺差2.94亿美元，在美国的贸易伙伴中排名第153位[②]。目前美国与乌兹别克斯坦经济合作的重点在农业、铀矿开发和过境贸易等领域。同时还成立了美乌科学技术合作联合委员会，优先在农业、可再生能源和医学上加强技术合作。例如，在美国国际开发署的资助下，2014年10月28~29日在乌兹别克斯坦的乌尔根奇召开了“跨境水资源管理的咸海会议”，有200位科学家、外交官、国际组织代表和中亚国家政府代表参加了这次会议，会议的目的是解决咸海流域水资源管理中存在的问题。美国驻乌兹别克斯坦大使柯洛尔强调，水是美国外交和发展目标的基础，因为水涉及健康、经济发展、粮食安全、性别平等和缓解冲突等问题。如果管理得好，水将能促进经济发展，让孩子们健康成长，也可以让邻居们和平相处及合作[③]。此外，美国大力加强英语教育培训，资助《乌英词典》和《英乌词典》等项目。

积极推动吉尔吉斯斯坦民主化进程。美国的重点是把吉尔吉斯斯坦打造成中亚地区的“民主之岛”，具体做法包括加强吉尔吉斯斯坦的民主化机制建设，诸如促进新闻互联网自由、社交媒体建设；在奥什大学和中学举办马丁·路德金纪念会。在美国国际开发署的资助下，美国霍

---

① 美国驻哈萨克斯坦大使馆网站，http://kazakhstan.usembassy.gov/pr-11-24-14-2.html。访问时间：2014年11月30日。

② 美国国务院中亚南亚事务局网站，访问时间：2014年11月3日。

③ 美国驻乌兹别克斯坦大使馆网站，http://uzbekistan.usembassy.gov/usaid_110614.html。访问时间：2014年11月30日。

普金斯大学公民社会研究中心与吉尔吉斯斯坦的企业联合举行研讨会，讨论吉尔吉斯斯坦公民社会问题；支持吉尔吉斯的刑法改革；干预吉尔吉斯斯坦立法，反对吉尔吉斯斯坦设立诽谤罪等。2014 财年在美国对吉尔吉斯斯坦对外援助预算中，有 31.9% 的预算资金投向了民主治理项目，美国援助该项目的目标是提高司法体系和内部管理来促进公平和减少腐败；加强议会立法程序、对政府监督等；支持吉尔吉斯斯坦建立自由、公正的选举制度；帮助律师提高辩护能力，促进律师在司法体制中发挥更大作用；资助当地非政府组织和独立媒体对政府进行监督[①]。

关注塔吉克斯坦的民生事务和边界管理问题。2014 年美国对塔吉克斯坦民生事务和边界管理援助金额大约占其援助总额的57%，其中民生项目占 30%[②]。美国驻塔吉克斯坦大使馆有专门负责民生事务的工作小组，通过该小组的工作，美国大使馆与美国国际开发署一道在塔吉克斯坦农村援建了学校、医疗诊所、清洁饮用水系统等。例如，美国通过其国际社会和人道主义援助计划（CHAP）向塔吉克斯坦的鲁达基（Rudaki）地区的综合学校援助了教辅设备，该设备将会使 191 ~250 名学生受益[③]。美国还与联合国儿童基金会合作启动提高儿童营养的活动，向塔吉克斯坦提供医疗设备、实验试剂、药品等等。此外，美国积极与其他国际组织合作寻求更多的融资渠道，帮助解决塔吉克斯坦的民生问题。2014 年10 月美国驻塔吉克斯坦大使与阿迦汗发展网络集团（AKF）的驻地代表签署了协议，通过该协议，美国国际开发署与阿迦汗发展网络集团将在五年内共同出资 1.21 亿美元来提高塔吉克斯坦与阿富汗边境居民的生活水平[④]。培训强力部门官员，加强美国中央特种司令部与塔吉克斯坦特种部队之间的合作，提供用于边防安全的检查设备和资

① 美国国务院网站。访问时间：2014 年 11 月 27 日。
② 美国国务院网站。访问时间：2014 年 11 月 29 日。
③ 美国驻塔吉克斯坦大使馆网站。访问时间：2014 年 11 月 29 日。
④ 美国驻塔吉克斯坦大使馆网站。访问时间：2014 年 11 月 30 日。

金。例如，2014 年 9 月美国与塔吉克斯坦签署补充协议，增加 324 万美元援助提高塔吉克斯坦边境安全、执法、打击毒品、人口走私、司法领域的发展①。

发展与土库曼斯坦的文化交流，提高土库曼斯坦经济部门的经济分析能力。美国与土库曼斯坦文化交流是以美国文化输出为主，通过美国驻土库曼斯坦使馆在土举办了美国电影展、美国黑人历史月、美国民谣乐队巡展等。此外，美国还与土库曼斯坦文化部门合作输出美国文化，例如，2014 年 11 月举办了为期三天的美国文化节②。美国还积极参加土库曼斯坦的国际艺术节、向土库曼斯坦文博单位提供技术和资金援助，派遣体育特使指导土库曼斯坦残疾人体育运动，培训土库曼斯坦科研院所信息技术应用。例如，在 2014 年 6 月，通过美国的培训，土库曼斯坦有 1000 名教职工、学生和研究人员了解了当前的信息和通信技术，培训覆盖了 80% 的土库曼斯坦研究机构和 68% 的高等教育机构的研究人员。为土库曼斯坦央行、经济和发展部、财政部、国家统计委员会、战略规划和经济发展研究所等提供计量经济分析课程。例如，2014 年 8 月 19 日美国国际开发署与雪佛兰公司合作开办了“投资银行及其在私有化和资本市场发展中影响”的课程，有 20 位土库曼斯坦的银行家、金融专家、经济学家和银行代表参加。资助土库曼斯坦农业部研讨 WTO 的兽医标准等③。

三、继续利用阿富汗问题的关联作用

随着阿富汗国际安全部队的撤离，阿富汗国内局势能否稳定成为中

① 美国驻塔吉克斯坦大使馆网站。访问时间：2014 年 11 月 29 日。

② 美国驻土库曼斯坦大使馆网站。访问时间：2014 年 11 月 30 日。

③ 同上。

亚国家越来越关心的问题，这也是美国发展与中亚国家关系的关键问题。针对中亚国家对阿富汗国内局势稳定问题的关切，美国国务院高官在 2014 年先后发表了《美国支持新丝绸之路》、《扩大大中亚的经济联系》（助理国务卿伯恩斯）和《中亚地区一体化的期望》（副助理国务卿法特玛 · Z. 苏玛尔）等文章，强调了阿富汗的稳定及安全与美国“新丝绸之路计划”的紧密联系，目的是解释美国对阿富汗问题的立场和做法，并希望更多的中亚国家参与美国“新丝绸之路计划”的建设①。为了缓解中亚国家对阿富汗在 2014 年之后稳定与安全的疑虑，美国采取了各种措施，例如通过《美阿贸易和投资框架协定》帮助阿富汗加入世界贸易组织，通过东京相互问责制框架由美国国际开发署提供 1.75 亿美元激励基金用于鼓励阿富汗在选举、法治、人权、公共和商业领域、国家预算和国家治理、经济等方面的发展；美国国防部设立正义奖励计划提供 3000 多万美元用于通缉哈卡尼网络领导人；设立 GPI 项目提供 1.47 亿美元奖励减少毒品种植的努力；签署《美阿双边安全协定》（BSA）等。北约《威尔士峰会宣言》中关于阿富汗的内容表明，短期内北约通过非战斗部队对阿富汗国民军提供咨询和培训，中期内对阿富汗国民军提供资金支持，长期致力加强与阿富汗的伙伴关系。根据与北约签署的《武装力量地位协定》（SOFA），非战斗使团主要在喀布尔—巴兰格地区，大约有 12000 人的部队。该战斗使团将从 2015 年开始履行职责，美军将留下 10800 人到 2015 年底，此后再削减一半数量来巩固在喀布尔和巴兰格的空军基地。到 2016 年底将由美国驻阿大使负责。2015 年到 2017 年，每年提供财政支持 10 亿欧元，美国要求 2015 年提供 41 亿美元来提高 352000 多人的阿富汗国民军实力，建立有效的筹资机制，包括阿富汗国民军信托基金，建立监督和协调机制②。

---

① 美国国务院中亚南亚事务局网站。访问时间：2014 年 11 月 25 日。

② 美国白宫网站。访问时间：2014 年 10 月 27 日。

美国的做法产生了一定的效果，2014 年 12 月在与土库曼斯坦总统会晤后，纳扎尔巴耶夫明确表示将参与到土库曼斯坦—阿富汗—巴基斯坦—印度（TAPI）管线建设中来[①]。

四、影响美国与中亚国家关系的因素有变化

奥巴马政府对俄罗斯政策的调整、美国与中亚国家关系的提升、上海合作组织启动扩员程序等可能是影响大国在中亚关系变化的关键因素，而这些关键因素发生变化的可能性较大。

奥巴马政府对俄罗斯与中国的政策。2014 年美国共和党在中期选举中赢得压倒性胜利，占据了美国参众两院的多数席位。在美国中期选举结果公布后很多分析家认为，由于共和党不满奥巴马对俄政策过于软弱，奥巴马政府在余下任期内对俄罗斯政策可能会更强硬。例如，美国参议院外交委员会主席梅内德斯在 2014 年 11 月 19 日表示，鉴于俄罗斯在乌克兰问题上的态度，是美国考虑向乌克兰提供防御性、致命性军事援助的时候了[②]。而笔者认为，尽管美国共和党在对外政策和国防政策上被认为比较强硬，但就此判断奥巴马政府会对俄罗斯实施更为强硬的政策还为时过早。原因如下：一是在对俄罗斯政策方面，美国共和党内部也存在温和派、激进派；二是下一届美国政府也不会愿意处理因美俄关系继续恶化而可能带来的一系列棘手的问题；三是在制裁俄罗斯方面，美国奥巴马政府及其盟友掌握着更多主动权，不太可能去选择更为冒险的对俄政策。因此，奥巴马政府在剩下任期内不一定会出台把俄罗斯逼向死角的政策。具体做法可能是：在美俄关系上可能会保持斗而不

① Elena Kosolapova, *Kazakhstan to participate in TAPI gas pipeline project*, http://en.trend.az/casia/kazakhstan/2339479.html. 访问时间：2014 年 12 月 3 日。

② 美国参议院网站，访问时间：2014 年 12 月 3 日。

破，继续向俄罗斯施加压力，但也控制在一定的限度内。通过加大与亚洲盟国的合作，控制中国在东亚地区的发展势头，把中国的战略空间挤向俄罗斯，让俄罗斯对中国产生更多的战略疑虑。如果美国选择这样的大国政策，那么在发展与中亚国家关系上可能更为积极，会分化俄罗斯与中亚国家关系；对中国“一带一路”战略持更多的肯定态度，以分化俄罗斯与中国的关系。

提升与中亚国家的关系，哈萨克斯坦可能是突破口。与其他中亚国家相比，哈萨克斯坦所处的地理位置具有重要的战略地位，可称之为中亚的“乌克兰”。如果美国能够离间俄罗斯与哈萨克斯坦的关系，那么在一定程度上可以遏制住俄罗斯在中亚国家影响力。当然，美国也十分清楚地知道，在相当长的时间内还不具备出现这种结果的条件。努力营造有利于美国“新丝绸之路计划”推进的环境依然是其对中亚政策的首选。哈萨克斯坦也有意愿提升与美国关系。2014 年 9 月 8 日，美国中亚政策重要的智囊机构之一，美国霍普金斯大学中亚及外高加索分析中心的斯塔尔举办了“美国与哈萨克斯坦关系的展望”论坛，在这个论坛上美国与哈萨克斯坦总统战略研究所的布拉特·苏尔丹诺夫、哈萨克斯坦国立大学历史学教授法提玛·库克耶娃、总统基金会所属的世界经济和政治研究所的艾斯卡尔·努尔沙等讨论了发展美哈关系的重要性并提出了政策建议。具体有：签署《美哈战略伙伴关系协定》，并加强战略伙伴关系下各个工作组的职能；密切在国防和安全方面的合作；消除美国在哈萨克斯坦投资的障碍；在阿富汗 2014 年之后的多领域合作；建立“中亚 6 + 1”磋商机制（美国中亚/阿富汗伙伴）；扩大政府间和社会间在人权、法治和民主化方面的联系；通过推动美国总统访问中亚提高访问水平，而哈萨克斯坦则是美国总统首访中亚最适合的国家。美国与哈萨克斯坦关系的提升在一定意义上可以看成是美国与中亚国家关系的“晴雨表”。如果美国与哈萨克斯坦关系提升到战略伙伴关系，这将对其他中亚国家有较大的示范效应，其余中亚国家也可能会提升与美国的关系，那么美国与中亚国家的关系可能会有一些较为明显的调整。

上海合作组织扩员后的影响。虽然中国“一带一路”战略设想的提出冲淡了对上海合作组织的关注，但上合扩员问题一直是国际社会关注的热点。2014 年 9 月，上合杜尚别峰会批准了一系列重要文件，其中《给予上海合作组织成员国地位程序》和《关于申请国加入上海合作组织义务的备忘录范本》修订案，为上合组织吸纳新成员提供了法律基础。虽然扩员大门打开，但要实现扩员还需要履行很多程序。上合组织打开扩员大门，为美国调整与中亚国家的关系提供了可能性。因为印度和巴基斯坦加入上合组织是有利于美国“新丝绸之路计划”推进的。如果上合组织启动印度和巴基斯坦加入上合组织的谈判进程，那么美国可能借机与其他中亚国家一起推动“新丝绸之路计划”，尤其是地区能源市场的建立。

总之，影响 2014 年美国与中亚国家关系的最大因素是大国关系的变化，大国关系的变化没有削弱美国与中亚国家的关系，相反在一定程度上还使其有所发展和巩固。美国“新丝绸之路计划”在能源领域方面也取得了一些实质性的进展。2015 年，随着大国关系的变化，美国与中亚国家关系也可能会有一定的微调。

从美军撤出阿富汗看大国地区博弈的得失

◎ 傅全章

美国在阿富汗的反恐战争带有拓展其在大中亚地缘政治利益的战略考量，催生了大国在大中亚的战略博弈。美国从阿富汗抽身而退，表明美国成了这场大国地缘政治博弈的最大输家，俄罗斯和中国是最大赢家。美国输得很惨，但还在竭力维护自己残存利益；俄罗斯赢得漂亮，取得了在中亚无可争议的主导地位；中国稳打稳扎，成功拓展了自己的战略利益。

美国率领国际安全援助部队在阿富汗苦打了13年战争，现在欲走还留羞羞答答地准备收场了。这场战争美其名曰反恐，而实则是美国借此拓展自己在大中亚的地缘政治利益，力图在该地区建立美国主导下的新秩序，强化美国的世界霸主地位，由此催生大国在大中亚长期的战略博弈。这场博弈已初见分晓，美国领导的国际反恐战争无功而返，以国际安全援助部队战斗人员全部撤出为标志，美国成了这场大国政治博弈中的最大输家，而另外两个大国俄罗斯和中国无疑是最大赢家。然而，一切并非到此为止，美国撤军并不意味阿富汗热点的冷却，大国围绕建立各自地区秩序的较量将以新的形式继续精彩上演。

傅全章，国务院发展研究中心欧亚社会发展研究所研究员。

一、美国输得很惨但还要维护自己残存利益

美国输掉了这场战争，未能在大国博弈中建立美国主导的大中亚地区新秩序，未能改变大国在本地区的力量格局。13 年来美国为这场反恐战争投入了大量兵力（美军与北约联军最多时高达 14 万人）和财力（花费上万亿美元），令美国元气大伤，再也耗不下去了，不得不在国内外一片责难声中灰溜溜地走人。重要的是，美国一开始就在战略层面输给了中国。早在小布什总统上台之初，美国就决定战略重点东移，把中国作为“主要竞争对手”以遏制这个新兴大国的崛起。然而，“9·11事件”打乱了美国全球战略部署，中国从重点被打压对象一下变为美国的重要国际反恐合作伙伴，从而赢得了十多年宽松的发展空间，一跃成为世界第二大经济体。美国这才如梦初醒，后悔战略上吃了大亏。奥巴马上台后，决定先从伊拉克全身而退，然后再从阿富汗撤兵，虽一度增兵阿富汗，但增兵是为撤兵铺路，今天终于又回到入侵阿富汗前的战略原点。不管当前阿富汗形势如何严峻，不管伊拉克和叙利亚境内的“伊斯兰国”如何猖獗，美国表示继续推进“亚太再平衡”战略坚定不移。奥巴马做出空袭“伊斯兰国”的艰难决定时还特别声明，不管这个世界上发生多少麻烦，什么乌克兰、阿富汗和“伊斯兰国”等等，都改变不了战略重点东移的国策。2014 年 9 月 29 日美国《防务周刊》文章做了再清晰不过的注脚：派遣航母打击“伊斯兰国”算不了什么，而能否与实力日益扩张的中国在较量中获胜“才是关键”。一句话，“伊斯兰国”和塔利班不过是美国眼中的一伙小小蟊贼，只是脚趾上的癣疾而已，而中国才是美国的心腹大患。美国从阿富汗撤军将从此腾出手来集中力量对付中国，把不堪回首的一页历史翻将过去。

但是，美国不会就此认输，还要抢救其在本地区的残存利益。首

先，千方百计保留花巨资修建的多个阿富汗军事基地。美国留下上万人的非战斗部队，除了训练阿安全部队外主要就是看守这些基地。阿境内几大核心基地拥有起降 F－22、B－2、全球鹰等现役先进战机的能力，最快只需 20 多分钟就能飞临中国新疆，飞到俄罗斯南部也十分便捷①。总之，美将继续把阿富汗作为一个遏制中国、牵制俄罗斯、控制巴基斯坦、威胁伊朗的桥头堡。其次，美国还积极谋求在塔吉克斯坦和乌兹别克斯坦建立军事性质的“训练中心”，保持某种军事存在，保证在出现危机情况下的军事干预能力，以防美国在地区安全问题上被彻底边缘化。

然而，不管美国采取多少补救措施，只要美国及北约撤出全部战斗部队，又被彻底逐出吉尔吉斯斯坦军事基地，其在本地区的影响将逐渐式微。2014 年 11 月，奥巴马又使出补救新招，下令美军在必要时为阿军打击塔利班武装实施空中支援，但这只不过起到一点小小壮胆作用，扭转不了美国在阿富汗的败局，更改变不了美在本地区大国博弈中的颓势。

二、俄罗斯在地区博弈中，取得对中亚无可争议的主导地位

美国借阿富汗战争大举进入中亚，一时显露欲取代俄罗斯的势头。俄则利用自己在中亚无人企及的政治和军事影响，轻松地化解了美国在中亚掀起“颜色革命”建立亲美政权的图谋，号称“民主之岛”的吉尔吉斯斯坦经过两次非正常政权更迭并未如美所愿成为中亚“民主样板”，相反成了逢乱求俄的中亚国家典范。美国在中亚推进“民主”，扶植现政权的反对派，威胁中亚各国政局稳定，迫使中亚国家玩弄大国

① “阿美签约，中国获‘近利’存‘远忧’”，《环球时报》，2014 年 10 月 9 日。

平衡外交的天平向俄方倾斜，致使美国不得不收敛其力推中亚“民主”的锋芒，一段时间以来美国在中亚老实了许多。

俄罗斯终结美国在中亚的军事存在也为俄对美博弈的胜利书写了浓墨重彩的一笔。想当年美借阿富汗反恐战争之机在中亚大举扩张，特别是美军历史上首次进入中亚——进驻吉尔吉斯斯坦空军基地，时任美国国务卿鲍威尔就此得意地夸耀说，“这是美国连做梦也未曾想到的”。该基地如此靠近中俄边境，令两国如鲠在喉。俄罗斯利用自己在中亚强大影响，借助上合组织联手中国，假手吉尔吉斯斯坦，终于把美军撵出吉军事基地[①]，美国在中亚的军事存在即将回到阿战前的原点，这恐怕也是美国“连做梦未曾想到的”。

如今的俄罗斯是中亚安全的保证，是中亚现存秩序掌控者。俄罗斯通过独联体集安条约组织及其所属中亚快反部队和在吉尔吉斯斯坦及塔吉克斯坦的军事基地，加上俄同中亚各国的一系列双边军事协定，织就了以俄为主导的中亚安全网，这是包括美国在内的任何大国无法企及的。俄罗斯还趁美国从阿富汗撤军前夕未雨绸缪，就应对中亚安全新形势做了有条不紊的部署，先后同塔吉克斯坦和吉尔吉斯斯坦签署延长使用军事基地分别到2042年和2032年的协议。根据协议，俄向塔吉克斯坦提供不菲的军援用于军队装备的现代化，这将进一步提升两国军事合作水平，加强塔武装力量。鉴于塔阿1300多公里边境线是中亚前线国家中最长的一段而防务又最薄弱，新协议无疑有助于应对2014年后阿富汗变局可能对塔吉克斯坦乃至整个中亚安全造成的影响。还是根据协议，俄将向吉尔吉斯斯坦提供高达11亿美元的军事援助，这将大大提高吉应对新安全危机的能力。俄对中亚另一前线国家乌兹别克斯坦也做了安排。2013年4月，俄罗斯与乌兹别克斯坦两国总统在莫斯科就国际安全援助部队2014年撤出阿富汗后共同应对新的安全形势及援阿事宜

① 俄新社报道：“吉拒绝延长美国基地租期”，2014年11月17日。

达成了协议。总之，俄罗斯的军事安排意在表明，俄才是中亚安全的主宰。

而普京欧亚联盟战略出台更精准地选在奥巴马的阿富汗反恐战争正酣之际的 2011 年，俄实际也是抓住了美国赐予的这一战略机遇期。这是继 2008 年狠狠教训格鲁吉亚成功阻断北约东扩后出台的又一影响欧亚政治版图走向的宏伟蓝图。普京的欧亚联盟分三步走：从欧亚经济联盟到统一经济空间最后建成集政治、经济和军事一体化的欧亚联盟，成为国际上与美国、欧盟、中国比肩的独立一极。尽管乌克兰危机危及欧亚联盟的最初构想，但普京决不会放弃，一方面仍在阻击乌克兰勿使其离俄西去，另一方面紧锣密鼓地推进第一步计划的实施，根据 2014 年 5 月俄罗斯、白俄罗斯和哈萨克斯坦三国元首签署的联盟条约，2015 年 1 月条约生效日即标志欧亚经济联盟的建立。而且吉尔吉斯斯坦和塔吉克斯坦正排队入盟。俄罗斯顽强地要在前苏联地区包括中亚在内重建冷战后新秩序，俄与西方仍有一搏。

综上所述，俄罗斯与美国在地区博弈中确实尽占上风，不过在支持美国反恐问题上俄却未捞到便宜。俄向美国开放空中及地面运输通道，加上提供情报，为美在阿富汗的反恐战争帮了大忙，但却未得到美国应有的回报。美国对待反恐的双重标准遭到俄的痛批。如今，美国要俄罗斯打击“伊斯兰国”出力遭冷遇，这就是美国必然付出的代价。

三、中国在地区博弈中稳扎稳打成功拓展了自己战略利益

1. 中国在阿富汗耐心低调但持之以恒地稳步推进

中国支持美国反恐，但坚持军事不介入原则，不提供美国军需物资过境通道，巧妙地与美周旋，就是不趟阿富汗这盆浑水。与此同时，中国作为阿富汗邻国，义无反顾地承担国际责任，向阿富汗政府提供了多

批无偿赞助及发展援助，并且有限参与对阿国家警察的训练，中资企业在战乱环境中帮助阿进行基础设施建设。中国的真诚援助赢得了阿富汗政府和人民的信任，我同阿两届政府建立战略伙伴关系，成功地在与美博弈中站稳了脚跟。阿新总统加尼就任不久首访选择中国，反映阿新政府对中国的高度信赖，凸显中国地区外交的卓有成效。中国在北京主持召开第四次阿富汗问题伊斯坦布尔进程外长会议，充分表明中国主动承担国际责任和地区政治影响的增长。主持大会的李克强总理在致辞中提出坚持“阿人治阿”、推进政治和解、加快经济重建、探索发展道路、加强外部支持等五点主张①。随后，据外电报道，阿总统请求中国承担调停角色，中方随即邀请塔利班访华，任命了阿富汗事务特使，同时设立阿富汗问题多种论坛。这一切表明，中国要在推进阿富汗和平进程中发挥更大作用。

加尼政府对中国参与阿富汗和平重建寄予殷切的期望，决定将埃娜克铜矿项目和阿姆河盆地油田项目交给中国开发，尽管阿富汗形势发展不明，投资风险极大，但这是有益于阿恢复经济的重大民生工程，中国冒风险也要上。特别是阿富汗位于中亚与南亚通往中东的接点上，对建设中国倡议的“丝绸之路经济带”促进互联互通意义重大，加尼访华时已明确表示了参加丝路建设的愿望。中阿共建丝路经济带的前景美好。

然而，必须看到，中美在本地区博弈仍将继续。美国心态十分复杂矛盾，一方面希望中国为其阿富汗战后安排出力，另一方面又担心中国将阿富汗转入“后美国”时代，唯恐中国填补美国留下的“真空”，因而戒心有加。特别是美国几年前提出以阿富汗为中心实施“新丝绸之路计划”，虽未见实质性具体行动，但也未从美国地区议事日程上消失，而中美迄今未表示两个“丝路”构想相互融合彼此促进的意愿，看来竞争不可避免。

---

① 见《环球时报》，2014 年 11 月 1 日。

2. 在大国地区博弈的游戏中，中国与俄罗斯更多是相互借力与给力，这突出表现在两国在上合组织中的合作

随着美国从阿富汗抽身而退，上合组织对地区安全保障作用凸显，这要求上合组织特别是中俄在地区局势走向方面有更多的担当。

上合组织诞生于美国发动阿富汗战争的同一年，13 年后的今天，上合组织已成长为具有重要国际影响的地区维稳组织，而美国的侵阿战争却正走向终结。中国在此期间已成为本地区乃至全球战略格局中举足轻重的力量，俄罗斯在本地区的地位也今非昔比。大国在本地区的力量对比明显发生了有利于中俄的变化。有上合组织，有俄主导的独联体集安条约组织，还有中俄战略伙伴关系，三者叠加，相信足以应对阿富汗形势可能突变的挑战。

中东欧转轨25年观察与思考

◎ 马细谱　李少捷

过去的25年，是中东欧国家进行政治、经济和社会重大变革的时期。中东欧这些年云谲波诡，大事频发，惊天动地。它们犹如一部部纪录片在我们眼前一幕又一幕掠过。中东欧国家经过动荡、疼痛、呻吟，在挣扎，在变化。一方面中东欧作为一个整体政治经济转轨尚未结束，另一方面它们又在朝着稳定和发展的方向前进，"回归欧洲"的道路荆棘丛生，比想象的遥远，仍需顽强努力。

1989~1990年，原东欧各国社会制度变革始于波兰、匈牙利、民主德国和捷克斯洛伐克，旋即波及东南欧的保加利亚、罗马尼亚和阿尔巴尼亚，最后结束于南斯拉夫联邦。原东欧国家先后开始向多元政治体制和市场经济过渡。这是20世纪发生的重大历史事件之一，是国际社会主义运动史上的一次重大挫折。外国学者认为，中东欧国家的转轨不是通过战争或外部占领实现，呈现非暴力性，而是具有强烈的外部约束性，参加北约和欧盟成为转型的主要标志。转型主要是向西方文明方向发展。有人称中东欧国家的转型是迄今为止历史上的

马细谱，国务院发展研究中心欧亚社会发展研究所研究员；李少捷，国务院发展研究中心欧亚社会发展研究所秘书长。

“大转型”[①]。

这里，便提出了转轨完成的标准是什么的问题。经济学家和政治学家对这个问题的回答是不一样的，前者强调一个社会的经济指标和市场化程度，后者强调政治和社会指标，即一个社会的自由化、民主化和法制化程度。具体到中东欧国家，人们把这些国家加入欧盟即欧洲一体化进程作为衡量转轨“结束”与否的标准。其实，这种方法不是很全面，过于简单化，有许多不确定性和随意性，涉及社会政治经济转轨更是这样。目前有关于“过渡”、“转型”、“转轨”等不同叫法，本文统称为“转轨”。转轨是全方位的，涉及社会的各个领域。本文重点分析政治、经济和外交三个方面。

25 年来，东欧剧变和欧盟东扩这两个形影相随的历史性事件不仅在中东欧，而且在世界其他国家和学术界引起广泛的关注，热烈的讨论，认真的研究，产生不同的评价和激烈的争论。在众多的看法和观点中，对这两个事件既有人表示肯定和喜悦，也有人感到不满和担忧。如何评价和看待 25 年来中东欧社会的走向？应该从中吸取什么样的经验教训？这是一切关心和从事中东欧问题研究的人必然会碰到和提出的问题。

一、政治转轨的成果优于经济转轨的成果

东欧剧变以来，中东欧各国几乎同时宣布接受和移植西方的自由民主价值观，学习西欧的政治制度模式。首先，各种反对派组织和个人起来反对社会主义制度和共产党执政。接着，短时间内形形色色的政党和组织竞相丛生，每个国家都存在几十个甚至几百个大大小小的政党组

① 见马细谱，李少捷主编：《中东欧转轨 25 年观察与思考》，中央编译出版社 2014 年版，第 17 页。

织。中东欧各国开始实行多党制和政治体制多元化，接受了多党议会民主制和三权分立制作为国家的基本国体和政体。

1989年秋发生在原东欧地区的剧变是社会性质的根本变化，美国和西欧的社会政治模式表现出强大的吸引力，政治转轨率先开始。一时间，议会选举、总统竞选和民主自由极大地调动了人们的积极性和盲目性。但与此同时，反共歇斯底里、党派对立、打咂抢烧的街头暴力、民族冲突和内战，造成这些国家社会政治力量尖锐对立，陷入严重无政府主义泥潭，出现大量社会问题和社会矛盾。这第一阶段的政治转轨一片混乱，民主选举的政府失去控制，政局动荡。这种剧变既出乎共产党人也出乎西方剧变策划者们的意料。

于是，欧洲共同体（欧洲联盟）为巩固这种早期成果，立即趁东欧动荡未稳之时，向其抛出了橄榄枝，发出了“邀请函”，请君加入欧盟。这就是欧洲共同体1993年在吸收中东欧国家入盟申请国时确定的三条主要标准：①政治标准，即民主、法治、人权、尊重少数民族权利；②经济标准，即有效的市场经济；③接受欧洲法律。政治标准是欧盟扩大历史上第一次提出，明显是针对中东欧国家的，可见欧盟把政治标准作为东扩的首要标准，是要向东欧强行输出西方的民主自由和西方社会政治制度及其价值观。加入欧盟的条件一清二楚：原东欧国家必须彻底抛弃社会主义制度，取消共产党的领导，接受西欧价值观，使社会全盘欧化。欧美学者把这称作“融入欧洲一体化”过程，并美其名曰“欧盟东扩”。而东欧国家则称自己是要“回归欧洲”，盼望尽快实现西方的民主自由，过上西方的富裕生活。

接下来，到20世纪90年代末，中东欧的政治转轨在急于“回归”欧洲的内部压力和外部约束下，进入了第二阶段。各国参加议会竞争的议会党已减少到3~5个。街头暴力已转入议会争吵，党派斗争变得理智起来。不同性质和政治趋向的党有时在朝成为执政党或参政党，有时又在野沦为反对党，但它们已形成以中左翼和中右翼两大势力为中心而轮流坐庄的局面。同时，中间派力量的崛起和联合政府的建立，也是中东欧多党制发展的一个趋势。而且，这种联合政府在由两党或三党向多党方向发展，由单纯的左派或右派政府在沿着中左或中右执政的道路前进，偶尔还有左中右共治的局面。

政治转轨较为顺利和成功的原因有：①政治制度转轨作为推翻一个旧的政治制度和政党制度，从而建立起一种新的政治和政党制度进度快，时间短，除罗马尼亚出现流血冲突和前南斯拉夫发生战乱外，其他东欧国家都是按和平的方式完成的；②政治转轨在西方的策划下反对派可以利用一切手段大胆枉为，没有任何顾忌和禁区，可以迅速取胜；③历史上受到不公平对待的各种性质的形形色色的资产阶级政党蜂拥登上政治舞台，马上反攻倒算，参与多党竞争；④人民群众渴望拥有参加政治生活的自由和民主权利，特别是拥有选举权和被选举权，政治积极性空前高涨；⑤议会选举和总统直选以及全民公决等形式被普遍接受和采用。

前些年开始，中东欧学者普遍认为，政治体制方面的改革优于经济体制改革，取得了值得肯定的成就。所谓政治形势好于经济形势，主要是指中东欧国家无一例外地废除了垄断性政治体制，通过了新宪法，基本确立了多党议会民主政治制度和法制；有了思想、信仰和言论自由，有了个人和集会结社的自由，还有了由民主机制产生的总统、议会、政府，确立了立法、行政和司法三权分立原则，等等。这些国家的政党一致认同多党竞争是促进社会西化的“最佳途径”。这些国家的大多数民众基本上也接受和认同多党制和议会制，认为这种制度可以解决各自国家面临的问题，尽管有时也对现行制度解决问题的能力表示怀疑。

但是，中东欧政治体制和政党体制及其游戏规则非常脆弱，尚不成熟，仍然存在诸多不确定因素。看起来是多党制，其实是一党独大。执政党不考虑国家的发展，而一心关注自己的党派利益和选票。除没有建立起强大的议会党外，街头政治和选民对政府信任度普遍降低依然是中东欧国家面临的问题。近年，波兰、匈牙利、罗马尼亚、保加利亚等国游行、罢工时有发生，表面上看多为工会组织的反对物价上涨和要求增加工资，很少提出政治诉求，但其背后是政党在操纵，受政党利益所驱使。近几年来，中东欧国家的民众对政治的参与热情在逐年下降，疲惫不堪。剧变初期，执政党大多拥有80%甚至90%的支持率，目前能超过50%支持率的党派非常罕见，大多不到40%，这也造成了中东欧国家的议会选举和总统选举经常提前举行，均要举行至少两轮投票才能以简单多数决出胜负。所以，在中东欧国家很少有一届政府或一位总统能够获得连任。例如，最近25年来保加利亚共更换了15届政府、8届议会、13位总理。不同性质的政党都登台执政过，但到底实行议会制还是总统制？至今争吵不休。又例如，具有议会传统的中欧国家波兰、捷克和匈牙利同样政府频繁更迭，政党争斗不止，跟西方的民主选举和政党正常轮换相差甚远。至于巴尔干国家，则普遍存在毒品走私、有组织偷渡、贩卖妇女儿童、走私武器、偷盗汽车等有组织犯罪活动，贪污腐败盛行。

这集中反映了中东欧一些国家多党民主制度不成熟、不健全，它们一味推行西方的政党模式和政治体制，结果带来一些消极后果。同时，这也衬托出欧盟内部目前软弱无力和无法控制各成员国、指挥不灵的无奈局面。尽管这样，我们甚至还是可以认为，中东欧政治体制转轨要好于它们的经济体制转轨。

二、经济转轨严重滞后，诸多问题依然存在

人们要界定经济转轨完成的标准则比判定政治转轨完成的标准困难得多。绝大多数中东欧国家在剧变初期采取了“休克疗法”，或者说照搬美国式自由市场经济和德国式社会市场经济模式。它们的共同特点都

是先把国有企业疯狂私有化，然后再按市场经济原则改革经济体制和经济结构。原来的社会主义计划经济连同国家所有制和集体所有制立刻变成了私人所有制。过去的国有工业企业由于不适应自由竞争纷纷倒闭或低价卖给了国内外新兴资产者和投机分子，工人大批失业，生产下滑和倒退。盲目私有化的结果造成经济混乱和崩溃，社会两极分化加剧，5% ~8% 的人群暴富，占据了国家的绝大部分财富。

在私有化借口下和私有化过程中，一部分新贵利用职权或混乱的局势，通过非法的或合法的途径，占据或瓜分国家的公共资源，聚敛了大量的社会财富和人民的血汗，致使腐败到处滋生。自称民主派的人士仰承西方的支持，使国家财产和资源大量流失到西方，使国内社会贫富分化持续和日益加剧。这些寡头金融集团政治上和经济上都依附于西方财团。他们侵吞和掠夺的社会财富到了令人发指的地步。在社会主义年代，尽管经济状况一般，物资短缺，但大家生活水平都差不多，贫富差距不大，人们有着良好的道德水准。而今天，经济形势好转了，政策宽松了，一部分人很快富裕起来了，却丧失了道德准则，不择手段侵占国家财产，贪婪堕落。经过这 20 多年社会的严重分化，极少数市场经济中产生的新兴资产阶级和富裕阶层控制了社会的大量财富，而失业者、低收入者、退休者、老年人等成了转轨时期的弱势群体。

经济转轨头 10 年，中东欧国家市场经济体制的基础已经形成，私有经济已居主导地位。到 2008 年，私营经济部门占国内生产总值的比重一般达到 60%（如塞尔维亚、波黑）至 80%（如捷克、斯洛伐克和匈牙利），其他国家私营部门的比重在 65% ~75% 之间。但是，这时中东欧国家的经济遭遇大破坏、大滑坡、大衰退，国内生产总值持续下降。转轨后的第一个 10 年中东欧国家的经济增长纪录除个别国家（波兰）外都比转轨前差。大体在 2000 年前后，它们才开始走上较稳定的经济增长之路。

善良的人们寄希望于美国和欧盟的援助，指望通过加入欧盟发展生产，增加收入，提高生活水平。欧盟正是利用中东欧国家的灾难性经济，吸引它们进入自己的所谓“富人俱乐部”。中东欧国家则一心要“回归”欧洲，把融入欧洲一体化作为首要任务和压倒一切的中心工作。2004年、2007年和2013年，中东欧11个国家先后参加了北大西洋公约组织（北约）和欧盟。至今，仍有部分原东欧国家（即所谓西巴尔干国家）在努力争取加盟入约。公正地说，欧盟东扩为中东欧国家“回归欧洲”开启了一个历史上独一无二的融入欧洲的过程和机会。但是，近年来，由于欧盟内部矛盾和机制问题，特别是2008年开始的全球性金融经济危机和2010年出现的欧债危机，欧盟东扩已经不再被列入欧盟的首要议事日程。

中东欧国家加入欧盟后的经济发展速度加快，其经济增长率年均为5%~7%，这超过了欧盟老成员国的平均速度。由于有大量的外国投资，中东欧各国一般都获得了10年左右的发展期，有的国家GDP的增长率高达10%。从实际国内生产总值看，中东欧国家2005年的GDP平均已达到剧变前1989年的133%；罗马尼亚和保加利亚分别为104%和94%；前南斯拉夫地区由于战乱和经济封锁，其经济尚未走出低谷，克罗地亚为98%，马其顿为88%、塞尔维亚为58%。但是，按购买力平价计算的人均国内生产总值却仍然很低。2006年保加利亚的人均GDP为3480美元，罗马尼亚为4490美元，而已于2004年入盟的中欧和波罗的海8国为9240美元，欧盟老成员国人均GDP则达到29330美元。德意志银行的专家认为，时至今日，中东欧10个入盟国在放弃苏联模式的计划经济而转入市场经济模式之后，人民的生活水平同1990年相比提高了50%~70%，但仍只是欧盟平均生活水平的59%左右。

有人认为，中东欧国家成为欧盟正式成员国后，就意味着这些国家经济转轨业已完成或基本完成。其实，这仅仅是迈出了经济转轨的第一步，仍处于转轨的初级阶段。无论欧洲银行还是欧盟都对经济转轨制定了一系列的量化指标，作出了强制性规定，如小私有化、大私有化、整顿和改造企业、放开价格、开放贸易和外汇体制、实行竞争机制、改革银行金融体系与证券市场、改变经济结构、完善基础设施，等等。这些任务还远没有实现，经济转轨还不能说已经完成。

所以，我们只能说，近 25 年来中东欧国家的经济转轨取得了不俗的成绩，但仍面临诸多挑战。中东欧国家的经济基础不稳，经济体制抗风险的能力较弱，一些国家还面临外贸逆差过大和预算赤字过高、失业率居高不下的问题。

同时，中东欧国家由于国情不同和环境各异，在转轨过程中，中欧跟东南欧的差距在逐渐拉大，呈现北快南慢、北好南差的现象。这是它们转轨过程中的一个突出的特点。总的说来，中欧国家政局相对稳定，经济形势继续看好；而东南欧国家政治和经济起伏不定，进展缓慢。其主要原因有：①历史上中欧国家的资产阶级议会民主和多党政治具有传统，宪法和法制较为完善；②工业基础较好，农业私有化程度高，金融体制较健全，属中等发达资本主义国家；③地理位置紧靠中西欧，文化和宗教深受西方影响，人们的文化教育素质良好；④社会主义时期掀起过几次改革浪潮，在党内外产生了一批具有改革思想的人物，取得了经验和教训；⑤在向市场经济转变时，较快形成了自己的一套理论和做法，私有化取得了明显进展。同时，政局发展相对平稳，政治与经济转轨几乎同步进行；⑥重视本地区内的合作与协调，成立了像“维谢格拉德”集团和中欧自由贸易区等区域性机构；⑦国际组织和西方国家在政治支持、经济援助、投资贷款和接纳成员国等方面，对中东欧国家持双重标准，区别对待，也是导致出现差异的重要原因之一。

因此，历史又在重演。时至今日，呈现在我们眼前的欧洲仍然是两个欧洲，即发达的西欧和落后的东欧。而原东欧地区又是两个不同的次地区：中欧波捷匈斯（洛伐克）4 国的政治经济向西欧迅速靠拢，而东南欧罗保阿 3 国在转型中蹒跚滞后；至于前南斯拉夫地区，同样又分为西北部较富裕的斯洛文尼亚和克罗地亚，以及东南部较后进的塞尔维亚、黑山、波黑和马其顿。由于历史的原因和成员国的经济发展水平与国情不同，要缩小各成员国之间的这种鸿沟，乐观地估计也得30～50年。特别是在高科技竞争力方面，中东欧国家要赶上西欧国家，恐怕要到2050年以后。

近几年，特别是2008年和2010年以来，中东欧国家普遍受到了全球金融海啸和欧洲主权债务危机的冲击。两次危机已影响中东欧各国的进出口贸易和基本建设，内需下降、生产下滑、失业增加、经济发展速度放慢、对欧盟的依赖性进一步加强。2014年突如其来的乌克兰危机又雪上加霜，把它们卷入西方和俄罗斯的制裁与反制裁中，经济和贸易受到两面夹击的损失，有的国家损失还相当严重。中东欧国家为了自己的利益，不愿听从美国和欧盟的指挥对俄罗斯采取损人不利己的制裁措施。它们打出了“既要欧盟，又要俄罗斯”的旗帜，明里暗里在服从在抗争。它们经济的发展趋向最终还将取决于西方和俄罗斯之间在乌克兰等问题上的博弈结果。

2014年5月，欧洲复兴开发银行发布的年度报告称，东欧国家的政治和经济改革在推翻共产主义制度以来已陷入停顿，“东欧很可能永远达不到西欧的水平”。在今后的10年，中东欧国家的生产率只会保持在2%～4%的增长。而且，随后这种速度也会降低。中欧国家和克罗地亚、斯洛文尼亚以及波罗的海国家在20年后将达到欧元区国家人均收入60%的水平，而其他东欧国家将在这个“门槛”之外①。

从上我们可以看出，经济转轨的难度要比政治转轨大得多。①经济转轨是由西方的所谓改革派经济学家设计和监督实施的，全然不符合东欧社会主义计划经济的实际情况；②造反派或者说民主派人士对经济转轨不重视，他们关心的是打倒执政党夺取政权，满足上台执政的欲望，

① 转引自欧洲复兴开发银行：《东欧很可能永远达不到西欧的水平》，2014年5月6日保加利亚网站 Mediapool. bg。

并不在意如何去建设一个新社会；③人们对于经济转轨的标准没有共识，对实行自由市场经济还是社会市场经济摇摆不定；④经济转轨本来是决定社会稳定和发展的基础，但人们对其中的难点和困难估计不足，认为只要实行私有化和推行万能的市场经济模式一切问题可以迎刃而解；⑤全社会都把发展经济和提高人民生活水平寄希望于西方，认为只要融入欧洲一体化，大量的援助和投资就会滚滚而来，人人会有工作，生活水平会迅速提高；⑥欧盟东扩时永远把地缘政治利益放在第一位，经济放在第二位，或者说，这25年来欧盟并没有把拯救和发展中东欧国家的经济摆在优先的位置；⑦人们对世界性经济危机和欧债危机到来及其造成的严重后果估计不足。

三、外交政策转向较快，执行亲美不离欧、恐俄又依俄政策

中东欧国家外交政策转轨较快，由过去的对苏联“一边倒”转而实行全面倒向和依赖西方，但仍处于美国、欧洲、俄罗斯三角关系中左右为难的境地。中东欧国家与欧盟、美国和俄罗斯关系都不同程度地存在着一些现实矛盾与问题。欧盟在经济形势衰退、经济危机和主权债务危机的沉重打击下，东扩乏力，尤其是在西巴尔干扩大上毫无进展和起色，中东欧国家普遍感到失望。此外，新成员国入盟后一些要求没有得到满足、欧盟对中东欧国家入盟后的消极表现存在看法以及欧盟欲加强与俄罗斯关系等，使得双方矛盾增多，中东欧国家对欧盟的不满情绪在增长。美国一直是推动中东欧国家加入欧洲大西洋机构的主导者，在自身国内问题成堆的情况下，既不想退出中东欧地区，但又担心欧盟和俄罗斯的影响扩大。由于奥巴马政府2009年一度“重启”与俄罗斯关系，大多数中东欧国家认为它们现在是美俄新阶段关系的“牺牲品”，对美国的期望值有所降低。俄罗斯与中东欧国家历史上形成的固有矛盾难以

化解，几乎所有中东欧国家对俄不怀好感，部分国家甚至抱有敌意。俄欲改善与波兰等国的关系，但收效甚微。中东欧国家否定苏联在这些国家所起的重要作用，尤其是否定苏联红军在第二次世界大战中的功勋，引起俄的强烈不满。

尽管新成员国组织上加入了欧盟，但它们在军事上和国家安全方面离不开美国，纷纷成为美国军事基地，而在经济上和能源上又需要甚至依赖俄罗斯。

中东欧新成员国面对一系列导致国际局势紧张的事件，不得不屈从美国，寻求美国的“保护伞”，执行一条亲美路线。早在欧盟东扩前夕，中东欧各国政府就追随美国的单边主义政策，支持北约的扩张主义行径。它们纷纷支持以美国为首的北约 1999 年对主权国家南斯拉夫联盟狂轰滥炸，支持美国出兵阿富汗和入侵伊拉克，把自己国家绑上美国战车，提供陆地和空中走廊，甚至充当美军的牺牲品。目前，在乌克兰危机中，少数中东欧国家也是唯美国马首是瞻。

美国为了进一步控制巴尔干国家，于 2005 ~ 2006 年在罗马尼亚和保加利亚两国建立了 7 个军事基地，近年又继续在罗、保两国建立导弹基地和在科索沃与阿尔巴尼亚等地扩大美国的军事存在。显然，美国在巴尔干地区修建军事基地的真实意图不是为了反对恐怖主义，也不是为了巴尔干地区的民主化和稳定，而是为了争夺和控制里海和中亚的石油天然气能源，并最大限度地挤压俄罗斯在该地区的战略空间，缩小它的影响。

美国在欧洲的战略，首先是要将原东欧社会主义国家纳入西方的发展轨道，其次要设法削弱俄罗斯，以维持其霸权地位。对于欧盟，美国要使它不能脱离自己的掌控，成为自己的一个工具。美国在捷克和波兰部署反导系统是美全球战略布局的重要组成部分，把矛头指向俄罗斯，为北约下一步东扩做准备。俄媒体称这是“逼向俄战略核力量喉咙的刀子”，俄将作出强烈反应。波兰和捷克“拥抱”美国，傲视欧盟，挑衅俄罗斯，使其成为美国的“特殊盟友”，抑制法国—德国轴心和牵制俄罗斯。欧盟认为波兰的一些做法“太过分”。

其他新入盟国和入盟候选国，也都愿意向美国献媚，把本国领土提供给美国建军事基地和导弹防御系统。一个所谓“统一的、共同的”欧盟到头来众叛亲离，都被美军一个一个控制，这恐怕不是欧盟东扩的初衷。欧盟新成员国同意在自己领土上修建美国军事基地既违背了欧盟同俄罗斯的双边关系准则，又违背了北约同俄罗斯的协议原则。北约和欧盟都承诺在新成员国领土上不得部署北约的武装力量，否则，这将导致新的军备竞赛，而那些设有美国军事基地的国家首当其冲会成为俄的打击目标。

现在“追美”风又从前些年的科索沃、高加索地区转移到了乌克兰。以美国为首的北约不断派军舰在黑海和波罗的海“军演”，派飞机在波兰和波罗的海三国上空“显现实力”，美军已经驻扎波兰，声援乌克兰，抢占俄罗斯的地缘战略空间。俄反对北约东扩至乌克兰和格鲁吉亚，反对美国军事基础设施向它的边界线推进。如果北约一意孤行继续东扩，必然遭到俄罗斯的顽强抵抗。

当然，中东欧国家处于大国的夹缝之中，属于缓冲地带。它们对大国的关系是动态的，可变的，也是实用主义的，甚至是民族主义的。它们的倒向取决于下列因素的影响：①美欧俄三方关系的变化和发展；②本国政治力量和政党力量的消长情况；③本国历史文化渊源和国际地缘政治利益的变化。

巴尔干地区由于其特殊的地缘政治和战略地位，复杂的民族、领土和宗教问题以及敏感的安全局势，依然是欧洲的热点，仍然是大国（集团）博弈的舞台。美国欲巩固控制权，死保科索沃；欧盟紧握入盟主导权，谨防“后院着火”；俄罗斯重返巴尔干地区，维护“斯拉夫族利益”。

从目前国际格局的走向来看，今后夹在欧美俄之间的中东欧国家仍会坚持下面的原则立场：一是它们的亲美疏俄的总立场不会有根本的变化；二是它们仍会在美俄之间继续周旋下去，对美国的战略会继续支持下去，同时也会继续讨价还价，从中获取最大的政治经济利益；三是它们仍会与欧盟保持紧密协调关系，尽量遵守欧盟的统一外交政策和某种游戏规则，以尽可能做到亲美不脱欧；四是多数中东欧国家仍会从长远利益考虑，尽量保持与俄罗斯长期的睦邻友好关系或正常国家关系，这既有政治上的需要，又有经济上的好处，因为俄罗斯是中东欧国家难以替代的能源、投资、贸易和旅游资源国。

近年来，中东欧与中国互动频繁，高层互访不断，双方关系迈上了一个新台阶。当然，中国与中东欧国家关系的发展受制于它们与欧盟、美国和俄罗斯的关系。在这样的大背景和大前提下，中国应该客观地看待中东欧国家在其外交中的地位，加强政治往来，增进理解信任，妥善处理某些问题上的分歧；利用中国经济实力，努力拓展经贸合作的新领域，提升经贸合作的档次与水平；利用建立文化中心和开展文化交流，扩大中国在该地区的软实力与影响力，以此稳步推进与中东欧国家的关系，更好地发挥中东欧国家在中国与欧盟之间的“桥梁”作用。中东欧国家也越来越认识到，中国是目前世界上重要的经济独立体，中国在国际经贸合作中的作用和地位是不可替代的。双方都愿意为促进双边经贸合作的发展做出贡献。2014 年是中国与中东欧国家建交 65 周年，也是中国—中东欧国家合作投资经贸促进年。双方的互访活动明显增多。

四、没有结束的结论

中东欧国家的政治经济转轨远未结束，要得出明确的结论尚有待观察。如果说有某种结论，也只是阶段性的。目前，国内外对中东欧转轨问题研究的成果丰硕，但是，中国学者与中东欧学者在诸多重要问题上由于研究的视角和观点不同而存在不同看法。笔者认为，至少有几个问题有待学者们追溯历史，跟踪转轨的发展变化，展望未来，进行深入的探讨，认真的思考。

思考之一：中东欧的转轨进程迅速，但尚需一个很长的时期巩固和完善。转轨是一个漫长而又痛苦的过程，企盼迅速实现是不现实的。转轨的社会经济基础仍然不稳，抗风险能力脆弱。从近 25 年来中东欧国家的社会政治、经济与对外政策转轨来看，中东欧国家转轨进程中呈现出如下三个特点：第一，政治转轨好于经济转轨，得到社会绝大多数人的认可；第二，经济转轨导致地区差别拉大和发展不平衡，引起社会普遍不满；第三，外交政策转轨较快，几乎一步到位，但处于美国、欧盟、俄罗斯三角关系中难以自拔。至于文化方面的欧洲一体化更是一个艰难的过程。尽管各国的转轨模式基本相同，但转轨所产生的效果却明显不同，而且各国、各地区之间的差距有拉大的趋势，正像一群学生中，有优等生、合格生和后进生之分。造成这种状况的原因很多，既有历史的、传统的、文化的和宗教方面的原因，也有欧盟支持力度不同的原因，既有内在的原因，也有外在的原因。历史上，中东欧国家分别属于奥匈帝国和奥斯曼帝国。转轨初期，它们的起点也不同。例如，1990~1991 年几个东欧国家的国内生产总值和人口是：捷克斯洛伐克 332 亿美元（1030.6 万人），匈牙利 340 亿美元（1036.5 万人），波兰 779 亿美元（3818.3 万人），罗马尼亚 321 亿美元（2320.7 万人），保加利亚 87.18 亿美元（871.8 万人）[①]。

思考之二：中东欧国家加入欧盟是一件好事，利大于弊，但欧盟东

① 关于 1990~1991 年东欧几国的人口和国内生产总值，见：Data from Kotowska，Irena E. and Janina Jozwiak，eds. *Population of Central and Eastern Europe：Challenges and Opportunities*. Warsaw：Statistical Publishing Establishment，2003；Data from Friedman，Roman et al. *The Privatization Process in Central Europe*. Budapest - London - New York：CEU Press，1993。显然，美国学者为了证明东欧剧变后各国国内生产总值的迅速增长，而有意缩小了 1991 年东欧国家国内生产总值的总量。

扩已处于进退两难境地。最近20多年来，中东欧国家加入欧盟和北约的过程几乎构成了整个中东欧地区的历史和现实。2004年波兰、匈牙利、捷克、斯洛伐克、斯洛文尼亚、爱沙尼亚、拉脱维亚、立陶宛8个国家第一批正式成为欧盟成员国，这是欧盟历史上的第五次扩大，也是规模最大的一次扩大。2007年保加利亚和罗马尼亚第二批捆绑式进入欧盟，至今仍受到欧盟的某种制约和严格监督检查。西巴尔干地区即前南斯拉夫的塞尔维亚（包括科索沃）、马其顿、波黑、黑山和阿尔巴尼亚，由于民族矛盾复杂和安全形势脆弱，它们的入盟道路漫长曲折，欧盟内部曾非正式提出，整个西巴尔干地区国家在2025～2030年期间入盟才是现实的。东扩不能取代各国的民族、历史、宗教和文化特征。任何强加于人的做法只会激起欧盟内部的民族主义活跃，使内部出现难以愈合的裂痕。如果欧盟继续把地缘政治、西欧意识形态和价值观作为东扩的首要标准，那东扩的消极影响将蔓延扩大。东扩已产生“综合征”，折射欧盟一些深层次问题。

思考之三：欧盟东扩有没有地域和时间界线。欧盟东扩到底意味着什么？经过十几年的东扩“狂热症”后是否需要冷静地思考：东扩是要吸纳原东欧国家还是也包括苏联的加盟共和国，如乌克兰、格鲁吉亚、摩尔多瓦等以及西亚的土耳其？欧盟要建成超级国家共同体还是新的帝国？是否既主张发展新成员国也允许吐故纳新？还有，美国和欧盟联手肢解了前南斯拉夫和苏联这样的多民族多元文化国家，有朝一日欧盟会不会自食其果，被历史淘汰？这不是危言耸听的预言，而是历史的教训。

思考之四：欧盟面临新的挑战和考验，前景堪忧。近年来，不光是西欧、北欧欧盟老成员国的民族主义和极右翼政党抬头，同样在中东欧的民族主义和极右翼政党也跃跃欲试。这在2014年5月的欧洲议会选举中已经凸显。当年西方全力煽动和支持右翼政党和民族主义势力推翻共产党和社会主义制度，现在右翼政党和民族主义势力又在新老成员国复苏，对欧盟来说绝不是件好事，因为这些极右的、保守的、民族主义势力“持亲法西斯立场”，“反对超国家组织的存在”[①]。另外，美国卷入亚洲和中东事务，就不可能像“冷战”时期那样向欧洲提供安全和经济援助[②]。同时，一个拥有 28 个成员国的欧盟，是一部超负荷的机器，很难正常运行；很难统一为一个声音，很难形成和执行共同的政策。如果欧盟没有独立的对内对外政策，一味追随美国在许多重大问题上采取双重标准，对别的国家和地区指手画脚，那欧盟就很难继续扩大和存在，就很难排除“脱欧”现象的出现。目前，欧盟的“疲劳论”、“衰退论”、“前途未卜论”油然而生，今日之欧盟已受到来自各方面的质疑。

① 《民族主义的崛起和吉卜赛人的一体化》（*Възходът на национализмите ромската интеграция*），索非亚“普利马—先锋”出版社 2014 年版，第 20 页。

② 转引自罗伯特·卡普兰：“欧盟能够生存下去吗?”，2014 年 4 月 24 日保加利亚网站 mediapool. bg。

乌克兰危机搅乱冷战后欧洲的地缘政治格局

◎ 张征东

2014 年欧美俄围绕乌克兰危机进行激烈的博弈。在这场较量中，欧盟得不偿失，俄有得有失，美从中渔利，乌受害最深。乌克兰危机使俄与西方关系全面恶化，搅乱了冷战后欧洲地缘政治格局。在欧洲力量重组中，俄欧既相互对峙又留有余地。双方均面临着彼此关系的重新调整和定位。

2014 年，欧洲地区经历了冷战结束 20 多年来一场最严重的地缘政治危机，美国和欧盟与俄罗斯围绕乌克兰危机进行的激烈博弈，搅乱了冷战后形成的相对稳定的欧洲地缘政治格局，欧洲被置于“冷冲突”状态。

在乌克兰危机的较量中，欧美俄以及北约动机不同，目标各异，各有所图，所导致的直接后果是，俄与西方关系全面恶化，欧盟得不偿失，俄罗斯有得有失，美国渔翁得利，而处在夹缝中的乌克兰成了最大受害者。

俄罗斯毕竟是欧盟的最大邻国，无论地缘政治上还是经济上，欧俄有着永远剪不断的联系，在欧洲力量格局重组中，双方面临着相互关系的重新调整和定位。

张征东，新华社世界问题研究中心研究员，新华社欧洲总分社前社长。

一、欧俄地缘博弈尖锐化

乌克兰危机爆发，绝非偶然，它是俄罗斯与欧美长期地缘政治博弈、矛盾激化的结果。乌克兰独立 20 多年来，一直是欧美与俄争夺的重点国家。欧盟为实施其扩张势力范围的“东进”战略，利用乌国内错综复杂的矛盾，与俄罗斯进行了几个回合的反复较量，最终发展到如今难以收拾的局面。

20 世纪 90 年代以来，西方为巩固冷战的“胜利成果”，在俄罗斯原传统势力范围的中东欧地区积极推行“双扩”战略，即北约东扩和欧盟东扩。前者的目标是，在军事安全上把中东欧纳入北约的安全框架之内，控制整个欧洲的安全主导权；后者的目标是，按照欧盟的政治经济标准改造这一地区，将其纳入欧洲发展模式。经过 20 多年的努力，北约从当初的 16 国扩张到 28 国，欧盟也从当初的 15 国膨胀到 28 国，囊括了大多数中东欧国家。北约中的多数成员是欧盟国家，北约军事扩张直接影响到欧盟与俄关系。北约东扩把战略防线自西向东推进了一两千公里，构筑起了北起波罗的海，中间经波兰、罗马尼亚等国，南到黑海连接土耳其，针对俄罗斯的围堵防线，大大挤压了俄战略空间；欧盟把俄挤出了在中东欧地区传统势力范围，损害了俄在这一地区的重大利益和影响。

北约和欧盟并未就此罢手，仍在策划继续扩张，主要目标瞄向了乌克兰、格鲁吉亚等国。为扫除势力范围扩张的障碍，欧盟和北约采取了惯用伎俩，即通过支持所谓的“街头革命”颠覆亲俄政权，扶持亲西方政权，并于2003 年 11 月在格鲁吉亚策划了“玫瑰革命”，2004 年 11 月在乌克兰策划了“橙色革命”，推翻了两个国家的“亲俄”政权。

黑海沿岸的乌、格所在的南高加索地区，乃俄罗斯西南方向与“双扩”后的北约、欧盟仅存的缓冲区和战略屏障，丧失这一地区意味着俄将无险可守、无屏障可当，对俄国家安全和经济利益构成巨大威胁，因而俄把这一地区视为不可逾越的“红线”。

2008 年 6 月 2 日，普京曾发出严厉警告，“北约的扩张只能在欧洲建立新的分界线”，“制造更危险的新柏林墙”。西方对俄的警告并没有当回事。可此后仅两个月的当年 8 月 8 日，俄出兵格鲁吉亚，支持阿布哈兹和南奥塞梯“独立”，并在两地区建立军事基地，对格积极投靠北约进行了“惩罚”。这是俄在北约步步紧逼的情况下，第一次采取军事手段进行反击。北约强烈谴责俄“过度使用武力”，俄的行动“不可接受”，宣布“冻结”与俄关系，欧俄关系也陷入冷淡。

乌克兰是东欧地区大国，由于其特殊的地理位置和战略地位，是北约和欧盟“双扩”的重点国家。早在乌独立之初，北约就开始拉拢乌入约的行动。1994 年，乌成为独联体中第一个参加北约“和平伙伴关系计划”的国家，1997 年建立了“北约—乌克兰委员会”作为加强双方合作的常设机构。2002 年 11 月，北约布拉格峰会通过了旨在帮助乌进行军事改革，使乌完全纳入北约安全框架的“北约—乌克兰行动计划”。亲西方的尤先科政权通过“橙色革命”上台后，于 2008 年 1 月提出加入北约的要求。乌克兰为北约在阿富汗、索马里、波黑等地区的军事行动提供了诸多帮助，受到北约的赞扬。俄格 8 月战争后，北约迅猛扩张势头受到阻击。2010 年乌克兰大选，亲俄的亚努科维奇夺回权力，乌当局宣布，实行“不与任何集团结盟”的政策，乌暂停了加入北约的申请。北约与俄再次缓和关系，于 2010 年 11 月在葡萄牙首都里斯本举行峰会，双方发表联合声明，承诺“在相互信任、透明和可预见性基础上建立现代战略伙伴关系”，决定俄参加北约导弹防御系统的合作。俄与北约在乌的博弈暂得以缓和，但更激烈的还在后头。

欧盟在完成 2004 年和 2007 年扩大后，继续实行扩张战略，下一阶段的主要目标瞄准了西巴尔干地区国家和独联体国家，其中乌克兰也是重点。2009 年 5 月，欧盟与乌克兰、白俄罗斯、摩尔多瓦、格鲁吉亚、亚美尼亚、阿塞拜疆 6 国，在捷克首都布拉格签署《东部伙伴关系宣言》。该宣言称，“东部伙伴关系计划”主要目的是为伙伴关系国与欧盟加强政治联系和经济融合创造必要条件。欧盟支持伙伴国家政治和社会经济改革，促其向欧盟靠拢。该计划实际上是欧盟向独联体地区渗透的重要举措，是在对俄“挖墙脚”。尽管欧盟领导人一再声称东部伙伴关系计划“不针对任何人，也不是企图扩展欧盟势力范围”，但俄认定就是针对它的，是欧盟在欧洲制造“新的分界线”。

欧盟把与伙伴国签署联系国协定作为吸纳它们入盟的第一步，开始与它们进行多轮谈判，其中乌克兰、摩尔多瓦、格鲁吉亚准备于 2013 年 11 月在立陶宛首都维尔纽斯举行欧盟东部伙伴关系峰会上签署联系国协定。在这次峰会上，摩、格分别与欧盟草签了联系国协定，而乌宣布暂停与欧盟签署联系国协定，激起了欧盟以及乌国内亲欧派的强烈不满，从而引来了一场灾祸。

二、欧美充当危机的推手

2014 年爆发的乌克兰危机，实际上是 2004 年乌“橙色革命”剧情的延续和发展，上演了欧美支持亲欧势力通过“街头暴力”夺权，俄与欧美进行激烈的地缘政治博弈新的一幕。欧盟在其中是始作俑者，扮演了推手角色，但最终结果事与愿违，得不偿失。

乌克兰危机的直接导火索是亚努科维奇政府 2013 年 11 月 1 日决定暂时中止与欧盟签署“联系国协定”。21 日当晚，上千亲西方群众在基辅独立广场集会，抗议当局决定。随后，抗议活动不断扩大升级，当局做出了重大让步，并于 2014 年 2 月 21 日达成了和平解决问题的协议，欧盟 3 个成员国德国、法国、波兰外长也在协议上签了字。但美国和欧盟支持的乌克兰亲西方势力次日就以武力推翻了经民主选举产生的亚努科维奇政权，俄罗斯将其定性为“武力政变”。其实，亚氏政府暂停与欧盟签署联系国协定，并未放弃“融入欧洲”的政策，只是为了增加与欧盟谈判的筹码。乌与欧盟的联系国协定谈判此前已经进行了多年，双方在主要条件上未达成一致。乌方的主要条件是要求欧方提供200亿欧元的贷款以缓解国内财政“揭不开锅”的困局，而欧盟近几年被债务危机折腾得焦头烂额，无力拿出这笔巨额援助，拒绝了乌方要求。欧方开出的前提条件是，要求乌当局释放因“滥用职权罪”被判入狱的前总理季莫申科，认为乌司法当局的判决“有明显的政治动机”。欧盟的条件引起了乌方不满，东部伙伴关系峰会前，双方都未能满足对方的条件，乌方做出了暂停签署联系国协定决定。随后，欧盟于2013年12月15日也宣布，停止与乌方的谈判，直至乌方表现出“明确诚意”，严肃对待联系国协定。这显然是在煽动亲西方示威者的不满情绪。

正是在以上背景下，乌当局开始把目光转向俄罗斯，这就是乌克兰所谓的“向西”还是“向东”的问题。俄方承诺，向乌方提供150亿美元的贷款，并提供廉价天然气等优惠条件。在乌欧联系国协定谈判过程中，俄同样向乌施加了压力。俄表示，如果乌与欧盟签署联系国协定，俄将对从乌的进口商品取消优待，并采取保护措施，同时乌不能加入俄主导的关税同盟。乌与俄有着深厚的历史渊源和密切的经济联系，更何况俄手中握有天然气这一“撒手锏”，乌在欧盟不能满足其条件的情况下，通过加强与俄关系向欧盟施压也算顺理成章的选择。但没想到，亚氏政权的这一抉择却触动了大国争夺的敏感神经。

亚氏政权的“向东”倾向引起了欧盟的强烈不满，开始策划利用新的“颜色革命”形式推翻“亲俄”政权。这一轮暴力抗议活动爆发后，欧盟高调介入，到了毫不掩饰的赤裸裸程度。欧盟多次召开乌问题的特别外长会议、特别首脑会议，商讨应对乌危机的对策，对亚氏政权又是谴责又是制裁施压。欧盟外交与安全政策高级代表以及法国、德国、波兰外长等人在内的一些欧盟政要，还以“斡旋”为名，亲自跑到基辅，为亲西方示威者撑腰打气，煽动扩大事态，致使局势完全失控。欧盟通过支持街头暴力活动再次推翻亲俄的亚氏政权，最终在乌建立起了“亲欧”政府，并通过大选使之合法化。

美国在乌危机中始终推波助澜，扮演操盘手角色。亲西方游行刚开始，美国就表示支持、怂恿，为街头暴力活动火上浇油。乌亲西方派暴力夺权后，美国官员又相继跑到基辅为新政权镇压东部分裂武装出谋划策，美国中央情报局局长布伦南和副总统拜登在这方面都留下了“显著痕迹”。

然而，在这场对乌的地缘争夺战中，俄罗斯反应之激烈，行动之大胆，出人意料。俄以闪电般速度军事控制克里米亚，并迅速完成并吞的法律程序，令美欧目瞪口呆，猝不及防。随后，乌东部亲俄的顿涅茨克州和卢甘斯克州宣布“独立”，并举行大选，乌当局派兵镇压未果，冲突愈演愈烈。西方一再指责俄军事装备和人员进入乌东部支持亲俄武装，俄矢口否认。欧美与俄相互指责。

俄对乌的战略目标是，在乌建立联邦体制，保持中立地位，不加入北约，确保这一缓冲区和战略屏障；欧美的目标是把乌完全纳入西方阵营，把乌变为围堵俄的前沿阵地。两者战略目标针锋相对，互不相让，这正是乌危机难以化解的根源所在。如果乌完全倒向西方怀抱，俄支持东部地区从乌完全分裂出去的可能性大增。

乌克兰非北约成员国，西方缺少进行直接军事干涉的理由，于是对俄采取了强硬施压手段逼其退让，其中主要措施：一是外交上孤立俄，在重大国际问题上停止或减少与俄的磋商与合作，开除俄的 G8 成员资格，在 7 国集团峰会、北约威尔士峰会、G20 峰会等国际场合，一致“强烈谴责”俄对乌的“侵略行动”，并有意冷落俄领导人；二是政治和军事上施压，欧盟中止了欧俄首脑会议，北约冻结与俄军事、民事合作关系，北约还制定出矛头直指俄的“战备行动计划”，组建快速反应部队“先头部队”以应对俄对成员国的“潜在侵略威胁”，并向东欧地区增派战机、军舰和地面部队，连续进行针对俄的高频度军演；三是经济上不断加大制裁力度，誓言要俄“付出代价”，把俄经济拖入困境，以削弱俄与西方对抗的实力和意志。

欧美对俄的这些强硬措施，前所未有，火药味十足，是基于把俄当作战略对手和“潜在的侵略者”而采取的，目的在于迫使普京政权在压力下屈服。这充分表明，欧俄之间完全失去了战略互信。

三、欧盟得不偿失

从欧盟在乌危机中的所作所为可以看出，它误判了形势的复杂性，扮演了始作俑者角色。但乌危机局势的发展出乎事先预料，最终结果是欧盟得不偿失，真可谓搬起石头砸了自己的脚。

首先，乌克兰虽然通过“暴力夺权”建立了亲西方政府，并于2014年6月27日与欧盟正式签署了联系国协定，但欧盟得到的却是一个支离破碎的乌克兰。俄并吞克里米亚控制了黑海地区的战略要地，东南部两州宣布“独立”，整个国家实际上正在进行一场“代理人战争”，乌克兰人生灵涂炭，这不仅是乌国的悲剧，也是欧盟的悲哀。

乌与欧盟签署联系国协定并不意味着乌马上就能加入欧盟。乌克兰把加入欧盟作为改变现状、过上西欧人富足生活的愿景，不仅是不切实际的一厢情愿，而且纯粹是一种幻想。且不说经济发展水平的巨大差异短期难以弥合，就加入欧盟本身来说有着复杂的程序，需要一个漫长的过程。欧盟为吸收成员国制定了严格的政治、经济、法律标准，而且需要多步骤的复杂谈判程序。在政治标准中，明文规定，申请国必须建立稳定的制度来确保国内的民主、法治、人权和少数民族权利。仅这一条乌克兰要符合标准并不容易。可以预计，近期内，乌加入欧盟的可能性很小。对欧盟期望值很高的乌民众，能否有耐心长期等待还是个疑问。

更何况欧盟刚刚经历过债务危机和经济危机，经济复苏乏力，又背上经济濒临破产的乌克兰大包袱，是福是祸还很难说。

其次，乌危机不断恶化，导致美俄关系恶化、俄与北约剑拔弩张，欧洲实际上陷入了一种新形式的“冷对抗”中，受害者首当其冲是欧洲人。欧洲地缘形势动荡，这对曾经历两次世界大战悲剧和长期冷战对峙的欧洲人来说，无疑是一场新的噩梦。

美国在这场争斗中，浑水摸鱼，实现了“一石三鸟”的目的：一是继续推行控制欧亚大陆的“两洋战略”，通过“遏俄”、“弱俄”政策，防范俄东山再起对其全球霸权地位构成挑战；二是离间欧盟新老成员关系，利用危机给东欧国家对来自俄威胁的安全担忧，显示美国在欧洲的安全“保护伞”作用，牵制“老欧洲”盟国的离心倾向，把北约作为进一步加强对欧洲控制的工具；三是通过拉欧盟对俄制裁，使欧俄经济两败俱伤，控制正在进行的欧美“跨大西洋贸易与投资伙伴协议”谈判主导权，削弱欧盟与之争霸的经济实力。

最后，俄罗斯的激烈反应令欧盟猝不及防，除了强烈谴责俄的侵略，进行外交孤立和不断加大经济制裁力度外，并无更多招数可使，暴露出欧盟战略上的软肋，它缺乏应对危机的硬实力和软实力。欧盟多年来致力于欧洲独立防务建设，建立了自己的政治军事机构，组建欧洲快速反应部队，但在关键时刻发挥不了作用，任凭美国主导的北约充当与俄对抗的马前卒，使欧盟失去了掌控对俄关系的主动权。

四、美国发起的制裁使欧俄两败俱伤

欧盟在美国压力下对俄罗斯进行多轮制裁，损人并不利己，不仅无益于乌危机的解决，反而使欧俄关系更趋紧张，后果是两败俱伤。俄毕竟是欧盟的最大邻国，无论在安全上还是在经济上，双方存在着共同地缘政治利益，是一种“剪不断理还乱”的关系。

欧俄关系紧张所导致的直接后果是：

其一，损害了双方合作的基础，中断了多年来在各个领域的合作进程。近20多年来，欧俄都在致力于加强和扩大双方的合作。2003年5月，欧俄圣彼得堡峰会通过欧俄建立“四个统一空间”计划，即统一经济空间，统一自由、安全和司法空间，统一外部安全空间，统一科技、文化空间。2005年5月，欧俄峰会通过了建立“四个空间”的一揽子计划。2010年6月，欧俄峰会宣布，欧俄将启动“现代化伙伴关系倡议”，规定欧俄将在改善投资环境、发展创新合作、发展中小企业、统一技术标准、深化经贸合作、保护知识产权、发展低碳经济、反腐以及人员交流等优先领域加强合作。

俄外长2010年6月访问欧盟时曾强调，“俄罗斯是欧洲的一部分”，意在表明俄“融入欧洲”的迫切愿望。欧方则强调，“俄罗斯离不开欧盟，欧盟与俄罗斯合作中有着巨大利益”。近几年来，欧俄之间的合作虽未取得新的实质进展，但高层仍保持着正常的接触和磋商，并在能源合作等领域取得了一些进展。然而，欧俄双方的这些合作努力，却因乌克兰危机而功亏一篑，被迫中断。

其二，欧盟对俄制裁双方损失巨大。欧俄经贸关系密切，俄是欧盟继美国和中国之后的第三大贸易伙伴，双方年贸易总额超过4000亿美元，俄还是欧盟能源供应的主要来源地。而美国与俄年贸易额仅400亿美元左右，不可与欧俄贸易同日而语。

欧盟在美国胁迫下不断扩大对俄制裁范围，确实给俄造成了严重后果：经济增长停滞、资金外流、卢布大幅贬值以及国际石油和天然气价格下跌，使俄经济遭到重创。但是，制裁也伤害了欧盟本身，尤其是与俄经贸关系密切的德国、意大利、法国等欧盟国家受害更大。据欧盟观察网站估计，欧盟2014年因对俄制裁损失将达400亿欧元，占欧盟GDP的0.3%，2015年将损失500亿欧元。这对刚经历过债务危机和经济危机、经济复苏乏力的欧盟来说，无疑是雪上加霜。

德国是俄最大贸易伙伴，占欧盟对俄贸易额的32%。制裁将使德国丧失35万个工作岗位，可能使德国2014年经济增长率降低0.5个百分点。德国联邦统计局2014年10月29日公布的数据显示，2014年前8个月，德国对俄出口下降了16.6%，损失约60亿欧元，而且下降势头还在增加，8月份同比下降达到26%。其他欧盟国家也受到不同程度的负面影响，俄实行水果、蔬菜反制裁措施后，就让一些国家叫苦不迭，而波兰每年向俄出口50万吨苹果断了销路，损失达7亿美元。

欧盟与俄罗斯在制裁和反制裁问题上，尽管调门高，但都留有一定余地，双方高层仍保持着必要的联系和沟通。2014年11月的G20峰会期间，欧委会主席容克和德国总理默克尔分别与普京就双边关系和乌危机问题进行了会谈。冬季来临之际，俄与欧、乌共同签署冬季天然气供应协议，可以说是俄做出的一个让步姿态。随后在11月举行的欧盟外长会议上，外长们讨论了外交与安全政策高级代表莫盖里尼访问莫斯科、寻求对话解决乌克兰危机的可能性问题，也是欧盟的一个妥协姿态。另一个值得注意的动向是，法国总统奥朗德12月6日突访莫斯科，与普京讨论了缓解乌克兰危机的办法。12月13日，默克尔说，“我们希望与俄罗斯拥有良好关系”，表示她支持与俄就经贸问题进行对话的想法。法德都发出了愿缓和欧俄紧张关系的信号。

然而，乌克兰危机毕竟对欧俄关系造成了巨大伤害，双方积怨太深，通过外交对话解决危机并非易事。何况美国利用北约与俄对抗从中搅局，使得问题更加复杂化。欧盟目前处境尴尬，进退两难，即使想缓和与俄关系也会受到美国的牵制。目前问题的关键是，欧俄双方如何找到缓和紧张关系的“台阶”。

欧俄围绕乌克兰危机的博弈，是2014年欧洲地缘政治斗争中的一个重大事件，它正影响着欧美俄相互关系深刻变化。在欧洲地缘力量格局新调整中，欧俄关系如何重新定位，也将对世界格局产生重大影响。

简析中东欧国家对乌克兰危机的立场

◎ 朱晓中

2014 年爆发的乌克兰危机是冷战结束以来中东欧国家面临的重大安全挑战。由于对乌克兰危机性质的认识不同，以及与俄罗斯和乌克兰的经济联系的广度和深度的差异等因素的共同影响，中东欧国家在乌克兰危机问题上的立场并非一致。

一、中东欧国家同俄罗斯的关系

因历史、地缘政治因素的影响，中东欧国家与俄罗斯的关系亲疏有别。在政治上，中东欧 16 国大抵与俄罗斯保持着正常的国家关系。在经济上，入盟的 11 个成员国出口总额的 5% 面向俄罗斯[①]。其中，波兰与俄罗斯的贸易额最大，2012 年双边贸易额为 292 亿欧元，占波兰外贸

朱晓中，国务院发展研究中心欧亚社会发展研究所研究员，中国社会科学院俄罗斯东欧中亚研究所研究员。

① 欧盟 15 个老成员国对俄罗斯的贸易额仅占其外贸总额的 2. 4%。参见 World Bank，"EU11 Regular Economic Report，June 2014，http：//www - wds. worldbank. org/external/default/WDSContentServer/WDSP/IB/2014/07/16/000016351 _ 20140716150355/Rendered/PDF/894270WP00PUBL0mic0report0july02014. pdf，2014 年 8 月 10 日访问。

总额的 14%。贸易量最少的是斯洛文尼亚，只有 15.3 亿欧元[①]。

在能源方面，部分中东欧国家对俄罗斯天然气的依赖程度相当高（见表 1）。为保持稳定的天然气来源，免受“俄乌斗气”的影响，保加利亚、塞尔维亚、匈牙利、斯洛文尼亚、克罗地亚等国同俄罗斯在“南溪”管道项目上进行合作。在依赖俄罗斯天然气进口的同时，部分中东欧国家也同俄罗斯进行能源合作。塞尔维亚、匈牙利、捷克和斯洛伐克等国同俄罗斯进行能源生产和存储合作。波兰、捷克和斯洛伐克是俄罗斯向其他欧洲国家输送天然气的过境国家。

表 1　中东欧国家对俄罗斯天然气的进口依赖程度

国家	天然气进口依附率（%）	天然气进口中俄罗斯的份额（%）	俄罗斯天然气在消费中的比例（%）
斯洛文尼亚	100	60.2	60.2
斯洛伐克	98.4	83.5	82.2
捷克	98.0	58.6	57.5
保加利亚	97.7	100	83.3
匈牙利	78.2	100	78.2
波兰	72.0	81.3	58.6
克罗地亚	34.5	—	—
罗马尼亚	24.3	100	24.3

资料来源：“Russian Gas Supplies to Europe: The Likelihood, and Potential Impact, of An Interruption in Gas Transit via Ukraine”, http://gpf-europe.com/upload/iblock/c52/egf_energy_special_contribution_pdf.pdf，2014 年 11 月 27 日访问。

中东欧国家与俄罗斯还在核能领域中进行合作。目前，捷克、斯洛伐克、匈牙利、保加利亚、罗马尼亚、斯洛文尼亚、克罗地亚 7 个欧盟新成员国拥有核电站。根据欧盟的减排计划[②]，中东欧国家必须减少传

---

① Eurostat, “Record Levels for Trade in Goods between EU27 and Russia in 2012”, 83/2013 - 3 June 2013, http://europa.eu/rapid/press-release_STAT-13-83_en.pdf, last accessed on 10 October 2014.

② 欧盟计划到 2030 年时的温室气体量在 1990 年基础上减少 40%，可再生能源在能源使用总量中的比重至少提升至 27%，能源使用效率至少提升 27%。EU Commission, 2030 framework for climate and energy policies, http://ec.europa.eu/clima/policies/2030/index_en.htm, last accessed on 10 August 2014。

统能源，特别是煤炭的使用量，增加清洁能源的使用量。为此，中东欧国家考虑建设、扩大和升级现有的核电设施。除了罗马尼亚使用加拿大设计的重水反应堆之外，另外6个拥有核电站的中东欧国家都使用苏联或俄罗斯设计的高能反应堆。这就使得俄罗斯在中东欧国家核电站改造、升级或扩建、新建核电站过程中具有技术传统与核燃料方面的双重优势。此外，俄罗斯允诺提供优惠信贷、给项目所在国创造就业岗位、项目工程本土化等，使其在中东欧国家的核电项目竞标中具有竞争优势。

二、中东欧国家与乌克兰的关系

在中东欧16国中，波兰、匈牙利、罗马尼亚和斯洛伐克与乌克兰接壤。根据2001年乌克兰人口调查，其境内有20.4万保加利亚族人、15万罗马尼亚族人、15.6万匈牙利族人和14.4万波兰族人[①]。2014年2月23日，乌克兰议会通过地区语言法，要求乌克兰语成为地区各级唯一正式语言[②]。虽然乌克兰总统否决了这一法律，但它还是引起了邻国对在乌克兰少数民族处境的担忧，要求乌克兰保证境内少数民族使用本民族语言的权利。捷克虽然在乌克兰没有境外少数民族，但乌克兰族人是捷克境内最大的劳动力移民族群。

在经济上，2012年欧盟中的11个中东欧成员国对乌克兰的出口占其外贸总额的2%。其中，波兰对乌克兰出口43亿美元，占波兰外贸的5%。现波兰有2000家企业投资乌克兰，投资额为28亿兹罗提（约7

① Demographics of Ukraine, http://en.wikipedia.org/wiki/Demographics_of_Ukraine, last accessed on 29 November 2014.

② Language policy in Ukraine, http://en.wikipedia.org/wiki/Language_policy_in_Ukraine, last accessed on 29 November 2014.

亿欧元)。乌克兰的11 家企业在华沙股票交易所挂牌，融资 30 亿兹罗提（约 7.5 亿欧元)[①]。

匈牙利、斯洛伐克、罗马尼亚、克罗地亚、保加利亚 5 国从俄罗斯进口天然气 100%需从乌克兰过境运输，波兰和捷克从俄罗斯进口的天然气需过境乌克兰的占 43.9%和 40.6%[②]。在没有绕过乌克兰的新输送管线情况下，中东欧国家在天然气进口方面对乌克兰的依赖无法消除。

三、中东欧国家对安全威胁的认识差异

中东欧国家分布在中欧北部平原（波兰和波罗的海三国)、波西米亚高原（捷克）和多瑙河盆地（保加利亚、匈牙利、罗马尼亚、斯洛伐克和斯洛文尼亚)。不同的地理位置使得中东欧国家具有不同的地缘政治偏好，这也反映在成员国对俄罗斯和欧洲邻国的不同敏感度上。中欧北部平原国家由于没有任何自然缓冲区，因而对俄罗斯潜在威胁的敏感度较高，对乌克兰的不稳定也特别担忧。波兰与乌克兰同处喀尔巴阡山东侧，认为自己是乌克兰危机的“前线国家”。因此，这一地区的国家更倾向于同美国保持更密切的伙伴关系，更看中北约的安全担保，并在欧盟内部力主对俄罗斯采取强硬的立场。多瑙河盆地国家因为距离俄罗斯较远，对来自俄罗斯的潜在威胁不敏感，它们更加关注巴尔干和北非地区。波罗的海三国在地理上虽与乌克兰存在距离，但因与俄罗斯存在历史纠结，也认为乌克兰危机和克里米亚归属的变更对其安全构成了

---

① Jacek Ciesnowski, “Ukraine: The Fallout for the Polish Economy”, *Warsaw Business Journal*, July 15, 2014, http://wbj.pl/ukraine-the-fallout-for-the-polish-economy/, last accessed on 9 September 2014.

② IEA, “Gas Trade Flow in Europe”, http://www.iea.org/gtf/index.asp last accessed on 27 October 2014.

直接的威胁。

四、欧盟内部分歧的影响

乌克兰危机爆发后，欧盟及其老成员国释放了混乱的信号。欧盟委员会强烈反对和批评俄罗斯干预乌克兰危机，称俄罗斯变更克里米亚归属的行为破坏了乌克兰的国家主权和领土完整，对欧洲大陆安全构成了威胁，并借此联手美国对俄罗斯进行制裁。但与此同时，欧盟的一些主要成员国因本国利益驱动采取了与欧盟官方立场相反的政策。法国在乌克兰危机爆发后的很长一段时间内，依然坚持要向俄罗斯出售两栖攻击舰。意大利和奥地利两国因参与“南溪”项目而不愿与俄罗斯公开对峙。德国因为与俄罗斯密切的能源关系而对俄罗斯的态度十分暧昧。2014年年中之后，德国与波兰在乌克兰危机上的磋商减少，进而将波兰排除在管控乌克兰危机进程之外。英国虽然参加了有关乌克兰危机的布达佩斯谈判，但事实上对乌克兰危机“隔海观望”[①]。欧盟成员国这些与欧盟官方政策背道而驰的做法同欧盟目前没有具有约束力的统一的外交和安全政策有关，但欧盟老成员国对中东欧国家的安全担忧持冷漠态度，使中东欧国家感到不安。

上述政治、经济、地缘政治和欧盟内部分歧等因素不仅影响了中东欧国家对乌克兰危机可能带来的安全风险的判断，也决定了它们对乌克兰危机所采取的立场。

① Kılıç Buğra Kanat, Central and Eastern Europe in the Era of Putin, http://www.dailysabah.com/columns/kilic-bugra-kanat/2014/09/08/central-and-eastern-europe-in-the-era-of-putin, last accessed on 27 October 2014。

五、中东欧国家的应对措施

乌克兰危机爆发后，中东欧国家，特别是维谢格拉德集团国家采取了四方面的应对措施。

1. 在政治方面

乌克兰危机爆发后，维谢格拉德集团作为一个整体一直采取共同的政治立场。2014 年 1 月以来，该集团国家就乌克兰危机发表了八份共同声明，支持在国际法框架内承认边界内的独立、民主、稳定、现代化和繁荣的乌克兰，反对俄罗斯干预乌克兰内部事务，不断重申它们对欧盟有关不承认克里米亚并入俄罗斯的官方立场，赞成欧盟与乌克兰尽快签署联系国协定和建立深入全面的自由贸易区[①]；要求俄罗斯遵守 1994 年“布达佩斯安全备忘录”，以避免欧洲出现类似 1956 年、1968 年和 1981 年式的“新现实”。

虽然发表了若干共同声明，但由于对乌克兰危机性质的看法存在分歧、对俄罗斯威胁的认识存在差异，以及各自的地缘政治利益所驱动，中东欧国家对乌克兰危机和对俄罗斯实施制裁问题上的立场明显不同，形成了所谓的强硬派和温和派。

持强硬立场的是波兰和波罗的海三国。波兰是中东欧国家中最坚定支持乌克兰与欧盟反对俄罗斯干预乌克兰内部事务的国家。波兰一直积极支持乌克兰的“民主”运动。在乌克兰危机爆发后，2014 年 2 月 21 日，在波兰、德国和法国外长的斡旋下，时任乌克兰总统亚努科维奇与反对派领导人签署了解决危机的协定；时任波兰外长西科尔斯基称，克

① 有关乌克兰危机的声明参见 http：//www. visegradgroup. eu/calendar/2014。

里米亚事件是“能够引发地区冲突的危险游戏”。波兰总统科莫罗夫斯基在访问土耳其时称，克里米亚的公投违法。在克里米亚归属俄罗斯之后，波兰积极推动和参与欧盟对俄罗斯实施经济制裁。与此同时，波兰吁请北约在波兰驻军1万人以备不测。

因为历史原因，波罗的海三国对俄罗斯有天然的戒心。作为北约和欧盟成员国，波罗的海三国承认乌克兰新政府，抗议俄罗斯涉足乌克兰事务。波罗的海三国的外交部、议会和政府首脑不断发表有关反对俄罗斯占领乌克兰的声明，称克里米亚归属俄罗斯是侵害了乌克兰主权，对欧洲安全构成了威胁，要求加强波罗的海三国之间的军事合作，扩大北约在波罗的海三国的军事存在，对俄罗斯进行制裁等。立陶宛从莫斯科召回了驻俄大使，敦促乌克兰立即同欧盟签署联系国协定。但是，除基本立场之外，波罗的海三国也各自表达了对乌克兰危机的看法。立陶宛总理阿·布特克维丘斯称，应该通过对话寻求解决乌克兰危机的方法，制裁俄罗斯“有可能会伤及立陶宛的商人”①。拉脱维亚总统安德里斯·贝尔津什说，“制裁俄罗斯可能会伤及自身”。在爱沙尼亚，国家要应对的主要问题是政府总理辞职问题，而非乌克兰问题。

温和派的基本立场是缓和对俄罗斯的批评，避免乌克兰危机升级。持这一立场的有匈牙利、斯洛伐克、保加利亚等国。乌克兰危机爆发后，匈牙利的官方立场至少受到三方面考虑的影响：15万匈牙利族人生活在外喀尔巴阡山、国内选举和2013年底与俄罗斯的经济协定（有利于匈牙利）。因此，匈牙利总理欧尔班在谈及乌克兰危机时首先关注居住在西乌克兰的匈牙利族人问题。2014年5月10日，欧尔班呼吁乌克兰政府给予在乌克兰的匈牙利少数民族双国籍权利，要求乌克兰政府保护匈牙利族人的“完全的集体权利”。虽然匈牙利与维谢格拉德集团

① Vladislav Vorotnikov: The Baltic countries have recognised the forces that came to power in Kiev and adopted vigorously anti-Russian positions, in Ukraine crisis. The Reaction of Neighboring Countries, http://russiancouncil.ru/en/inner/?id_4=3272#top.

其他三国发表共同声明，也支持欧盟关于维护乌克兰主权和领土完整的官方立场，但匈牙利从一开始就对乌克兰危机以及乌—俄冲突持中立态度，欧尔班只在极少数场合下谈及乌俄冲突问题，避免与俄发生摩擦。

匈牙利极右翼的尤比克则与政府立场相反，支持俄罗斯保护在克里米亚同胞的行动。该党称，乌克兰的新政府不合法，要求匈牙利政府捍卫在德涅斯特河左岸匈牙利族人的利益。该党将乌克兰危机视为莫斯科—华盛顿—布鲁塞尔轴心日益升级的僵持局面的一部分。

斯洛伐克没有制定对乌克兰危机的特定立场。总统加斯帕罗维奇一直小心翼翼地说，斯洛伐克不会在乌克兰危机中单打独斗，总理菲措属左翼民粹主义政党，对俄罗斯持温和态度。他认为，不值得为乌克兰危机单独表态，因为乌克兰危机是俄罗斯与美国的地缘政治冲突；欧盟卷入后，已经使包括斯洛伐克在内的小成员国遭受损失。2014 年 3 月 4 日欧盟首脑会议之后，斯洛伐克外长发表声明，支持乌克兰领土完整，要求所有武装人员回到各自的营地；对俄罗斯实施制裁将带来副作用，只会使冲突升级，不利于乌克兰危机的政治解决。

捷克和罗马尼亚处于鹰派和鸽派之间。捷克对克里米亚归属发生变动反应强烈，冻结了同俄罗斯的所有政治接触。但是，由于国内不同部门、不同派别对乌克兰危机看法的不同，导致捷克一度出现从鹰派到鸽派的各种主张。捷克总理索博特卡要求维持乌克兰的领土完整，他强调说，不能用武力解决政治分歧。捷克外长扎奥拉雷克对俄罗斯联邦委员会关于克里米亚问题的决定反应激烈，担心未来俄罗斯的部队在欧洲的各地降落，美其名曰“保护公民权”。根据捷克电视台第 24 频道的民调显示，66% 的受访者认为俄罗斯在克里米亚的军事存在是占领，15% 受访者认为是保护讲俄语居民的适当的措施。但是，克里米亚并入俄罗斯之后，46% 的受访者将其与 1968 年苏联干预捷克改革相提并论，10% 的受访者认为这与 1938 德国占领捷克斯洛伐克的苏台德地区如出一辙。随着乌克兰危机的不断演进，经济务实派占了上风。捷克总统泽曼认为，乌克兰危机是乌克兰内战，不能说“俄罗斯军队入侵”乌克兰，只有类似于1968年那样的大规模入侵，西方国家做出反应和进行经济制裁才是合理的。他在2014年11月17日再次批评欧盟对俄罗斯的制裁是双输的政策①。

罗马尼亚官方多次强调，支持和维护乌克兰的领土完整。罗马尼亚总统伯塞斯库称，俄罗斯在克里米亚的行为违反了国际法，等同于公开侵略，并称俄罗斯失去了通过它的总统同罗马尼亚保持良好关系的最佳时机②。罗马尼亚对克里米亚危机的担忧主要在两个方面：第一，担心克里米亚归属变化对摩尔多瓦德涅斯特河左岸地区产生影响。罗马尼亚认为，俄罗斯有可能利用它同德涅斯特河左岸的联系在摩尔多瓦制造动乱，进而动荡局势有可能溢出至罗马尼亚东部地区。第二，罗马尼亚担心克里米亚归属俄罗斯之后，后者会加强在黑海地区的存在和影响。罗马尼亚采取三项措施来应对乌克兰危机。首先，努力将摩尔多瓦置于罗马尼亚势力范围之内。罗马尼亚与欧盟一道努力将摩尔多瓦拉向欧盟。其次，进一步密切与美国和地区大国波兰的军事联系，认为美国在罗马尼亚（和波兰）驻军符合中东欧国家的利益。再次，能源进口多元化。虽然罗马尼亚自产的天然气可以满足其消费量的75%，但其进口部分均来自俄罗斯。罗马尼亚希望能够通过支持欧盟的纳布科天然气管线项目扭转进口单一来源的现状，同时，加快本国页岩气的勘探和开发。

保加利亚、斯洛文尼亚和克罗地亚大致与欧盟对乌克兰危机的观点一致。但这些国家没有发表措辞严厉的声明，因为其经济形势不佳，需要欧盟的援助，这导致它们外交政策的独立性较弱。保加利亚一直关注着乌克兰局势，其中更关注在乌的保加利亚族人问题。保加利亚国家安全委员会授权总统定期讨论乌克兰局势，采取具体措施，规避乌克兰危

---

① Czech President：Economic assistance to Ukraine makes no sense，17. 11. 2014.

② Roxana Vasile，Romanian reactions to the Ukraine crisis，2014 - 04 - 14，http：//www. rri. ro/en_gb/romanian_ reactions_ to_ the_ ukraine_ crisis - 15951，last accessed on 4 December 2014.

机带来的风险。这些风险包括：如果输气管线关闭了怎么办，如果出现大规模难民潮怎么办等。而其他巴尔干国家对乌克兰危机没有特定的反应。

2. 在军事方面

乌克兰危机爆发后，中东欧国家纷纷表示要增加国防预算，加快军事现代化的步伐，并向北约军事行动提供装备和各类军事人员。波兰宣布在近期内将国防预算从占 GDP 的 1.9% 提升至 2.4%，提供 4 架米格－29在波罗的海上空进行巡逻。匈牙利宣布从 2016 起到 2022 年，将国防预算从占 GDP 的0.8%增加到1.39%，扩大北约在匈牙利的空军基地，于 2015～2018 年间派战斗机在波罗的海巡航，并准备参加北约在波罗的海的军事演习。捷克政府表示，将把国防预算从目前占 GDP 的 1.1%提升到2020 年的 1.4%、派战斗机参加波罗的海巡航，派出 150 人和运输直升机参加北约的快速反应部队。斯洛伐克计划到 2020 年将军费从现在占 GDP 的 1.1%增加到 1.6%，在国内建立一个军事后勤中心，参加北约在波兰什切青的指挥中心[①]。但在是否按照北约纽波特首脑会议的安全倡议，在北约东部成员国的东部边界部署武装力量问题上，维谢格拉德集团国家存在分歧。波兰表示准备接受北约的军事部署，而捷克、斯洛伐克和匈牙利三国认为，北约加强成员国东侧的军事部署会导致东西方之间的紧张情绪[②]。维谢格拉德集团国家还表示要进一步加强防务合作。罗马尼亚在 2014 年增加军费 2.18 亿美元（占当年 GDP 总额的 0.2%），欢迎美国向设在罗马尼亚黑海附近的军事基地增派 175 名海军陆战队员。

---

① András Rácz, Divided stands the Visegrad? *FIIA Briefing Paper* 158, June 2014, http://www.fiia.fi/en/publication/428/divided_ stands_ the_ visegrad/last accessed on 6 September 2014.

② V4 divergences: symptom of a deeper crisis in Europe? December 13, 2014, http://en.delfi.lt/opinion/v4 – divergences – symptom – of – a – deeper – crisis – in – europe.d? id = 66663186.

表 2　　2012 年中东欧国家军费开支一览表

国家	占 GDP 比重（%）
美国	4.4
欧盟	1.5
爱沙尼亚	2.3
塞尔维亚	2.2
波兰	1.9
克罗地亚	1.7
捷克	1.1
斯洛伐克	1.1
罗马尼亚	1.2
斯洛文尼亚	1.6
保加利亚	1.5
立陶宛	1.4
拉脱维亚	1.4
波黑	1.3
匈牙利	0.8
阿尔巴尼亚	0.8
马其顿	1.7
黑山	1.8

资料来源：SIPRI Yearbook 2013，数据由各国国防部提供，根据 2010 年美元汇率进行计算。

3. 在经济制裁方面

虽然不少中东欧国家参加了欧盟对俄罗斯的前两轮具有象征性的经济制裁，但在是否对俄罗斯采取更严厉的措施问题上，中东欧国家之间存在不同意见。波兰和波罗的海三国坚持要对俄罗斯采取更严厉的制裁，而捷克、斯洛伐克、罗马尼亚、匈牙利等中东欧国家与老成员国中的德国、法国、奥地利和意大利一样，出于经济考量，在是否支持和参加新一轮对俄罗斯制裁问题上犹豫不决。

捷克总理呼吁，在实施新的经济政策之前，欧盟应该倡议同俄罗斯进行政治谈判，以打破威胁和暴力的怪圈。他认为，迄今为止，制裁没有达到积极的效果，扩大制裁会打击捷克经济，而且会让其他国家乘虚而入，使捷克在冲突结束之后不能重返俄罗斯市场。他强调，应该保护捷克的出口商，特别是那些同俄罗斯市场有关系的机械和重工业的出口商[①]。斯洛伐克政府表示，如果多数成员国支持对俄罗斯制裁，斯洛伐克也不会抵制，但希望范围有限，在制裁名单上不包括在斯洛伐克的俄罗斯联邦储蓄银行。斯洛伐克还认为，欧盟应该放弃制裁，因为制裁俄罗斯导致紧张情绪升级，使得外交解决更加困难。欧盟应该支持在乌克兰停火，支持政治解决危机的努力，维持同俄罗斯“开放和密集的对话”[②]。而且，早期的制裁已经使斯洛伐克的农业—食品行业遭受损失，欧盟其他成员国的水果和蔬菜大量涌入了斯洛伐克。

匈牙利政府致力于同俄罗斯发展关系，质疑欧盟制裁俄罗斯行动的有效性和合理性。匈牙利认为，制裁俄罗斯会使匈、俄经济和能源关系受损。匈牙利试图说服欧盟不要禁止所有公司从俄罗斯银行借贷，因为这将使帕克什核电站项目无法进行。

在中东欧国家中，波兰和波罗的海三国坚定地参与对俄罗斯的制裁。这些国家也遭到俄罗斯的反制裁。波兰经济学家认为，俄罗斯的反制裁不会对波兰的宏观经济产生严重影响，但农业少数部门和食品加工业会面临巨大的压力。2014 年 1 月，俄罗斯以在立陶宛发现非洲猪瘟为由，禁止欧盟成员国向俄罗斯出口猪肉。同年 8 月 1 日，俄罗斯又以卫生条件恶劣为由关闭了俄罗斯与波兰的水果和蔬菜边贸市场。该市场 2013 年的贸易额为 3160 万欧元，其中，苹果贸易占 90%。因苹果出口

---

① Mateusz Gniazdowski，Jakub Groszkowski，Andrzej Sadecki，“A Visegrad cacophony over the conflict between Russia and Ukraine”，2014 - 09 - 10，http：//www. osw. waw. pl/en/publikacje/analyses/2014 - 09 - 10/a - visegrad - cacophony - over - conflict - between - russia - and - ukraine，last accessed on 11 October 2014.

② Ibid.

受阻，波兰将损失5170万美元。波兰副总理别霍辛斯基估计，相互制裁将使波兰经济下降0.6%[①]，而波兰政府原计划2014年的经济增长率为3.4%。

乌克兰虽然不是波罗的海三国的主要贸易伙伴，但波罗的海三国同其他中东欧国家一样，也感受到乌克兰危机和对俄罗斯制裁带来的影响。立陶宛经济学家认为，乌克兰危机很可能导致立陶宛经济增长减少10%。拉脱维亚和爱沙尼亚也大致如此。如果欧盟对俄罗斯实施新的制裁，三国的经济会遭受新的冲击。

4. 援助乌克兰

中东欧国家援助乌克兰主要体现在两个方面：其一，由斯洛伐克向乌克兰反向输送天然气；其二，维谢格拉德集团国家宣布在各领域援助乌克兰。2014年4月28日，斯洛伐克和乌克兰签署了从斯洛伐克向乌克兰反向输送天然气的协定。同年9月2日，斯洛伐克正式向乌克兰输送天然气，年供气能力为100亿立方米。2014年12月16日，维谢格拉德集团宣布，建立维谢格拉德集团援助乌克兰基金，并将在四个领域向乌克兰提供援助：斯洛伐克将在能源安全和安全领域提供援助；捷克将帮助乌克兰建立公民社会、改善传媒和教育；波兰帮助乌克兰进行公共财政改革；匈牙利对乌克兰的中小企业提供支持[②]。爱沙尼亚中间党领导人萨维萨尔表示，只有当基辅和西乌克兰恢复秩序之后，才能向乌克兰提供援助。

时至今日，乌克兰危机依然在变化之中，中东欧国家对乌克兰危机

---

① Reuters, " Polish Apple Farmers Hammered By Russian Import Ban", August 7, 2014, http: //www. themoscowtimes. com/business/article/polish - apple - farmers - hammered - by - russian - import - ban/504752. html.

② Visegrad Group and Regional Consequences of the Russian - Ukrainian Conflict, http: //visegrad-plus. org/analyse/visegrad - group - regional - consequences - russian - ukrainian - conflict.

的立场也会随之变化。但无论如何，乌克兰危机不仅成为欧盟和美国的战略联盟的试金石，也是对欧盟成员国能否形成共同外交和安全政策的考验。随着乌克兰危机的发展，以及欧盟和美国对俄罗斯战略威胁评估的变化，中东欧国家也将借此检验其在新的战略博弈中的地缘政治和地缘经济利益，重新定位在欧盟和北约中的地位与作用。

中东欧经济正在复苏之中

◎ 周东耀

中东欧国家在经历了世界金融危机和欧债危机后，2014 年迎来了经济复苏阶段，主要国家的经济增长达到了危机后的最好水平。尽管由冲突演变成战乱的乌克兰事件把它们卷入西方和俄罗斯的制裁与反制裁中，经济增长受到两面夹击的损失，但中东欧各国为了各自国家的利益进行着艰难的周旋和抗争，并取得较显著效果。乌克兰危机目前还在延续，变数和困难仍很多，但中东欧国家经济复苏的大势已不可遏止，多数国家终将恢复到金融危机前的大体水平。

中东欧国家在经历了近几年的世界金融危机和欧债危机之后，2014 年迎来了一个较为明显的复苏年份，但乌克兰危机又把它们卷入西方和俄罗斯的争斗中，在相互制裁中受到两面夹击的损失。中东欧国家为了自己的利益，进行了艰难的斗争，终于演绎了一出世界金融危机后从未有过的经济复兴好戏。目前西方和俄罗斯的制裁与反制裁斗争虽然还在变换花样，变数和困难仍很多，但中东欧国家经济复苏的大势已不可遏止，多数国家终将很快恢复到金融危机前的大体水平。据报道，欧元区 2014 年第三季度 GDP 同比增长 0.6%，第四季度增长率仅为 0.1%，全

周东耀，国务院发展研究中心欧亚社会发展研究所研究员。

年可能只保持微弱的增幅。但比较而言，中东欧主要国家经济同期却都有明显回升，大多增长在2% ~3%之间，整个地区业已走出衰退和低迷状态，处于复苏和上升阶段。

一、波兰创20年不败纪录

世界金融危机以来，波兰经济表现一直领先，是欧洲唯一保持了20年不败纪录的国家，即没有过负增长，这在近7年世界金融和欧债危机双重压力下更是难能可贵。这首先应该归功于以图斯克总理为首的政府政局稳定，政策得当。

据波经济部数据，波2014年前三个季度GDP的增速分别为3.3%、3.2%和3.4%，预计全年可达3.4%，2015年将持续增长3.4%。波副总理兼经济部长皮耶豪钦斯基说，2014年上半年波国内各经济特区总计引入438个投资项目，是2013年全年数量的近两倍，吸引资金216亿兹罗提（约合72亿美元），新增2万多个就业岗位。他强调，波兰须进一步挖掘工业发展潜能，将工业产值占GDP的比例由22%提升至25%以上①。波汽车年产量已突破50万辆，计划2015年将达到61万辆，成为欧洲最大汽车出口国之一。外资正面看待波市场是因为波稳定的政治、经济和财政环境以及高素质人才，具有竞争的新优势。皮耶豪钦斯基还引用联合国贸发会调查结果说，在投资环境方面波位居欧洲第5位、全球第14位；知识型经济已成为外国对波投资的新趋势，2014年将近60%的外资项目属于知识型经济领域，主要是商业服务和研发中心，其中商业服务就创造了13万个就业岗位②。

---

① “副总理谈经济”，波通社华沙2014年7月16日讯，http：//www.pap.pl。
② 同上。

波2014年主要农作物获得丰收，粮食产量达3190万吨，同比增长12.3%；菜蔬和水果产量同比分别增长15.2%和3%。法国《费加罗报》认为，波位于欧洲中心、庞大的银行网络、便利的融资、有吸引力的税制、灵活和廉价的劳力等都是向外资“提供的王牌”[①]。波近20多年来一直保持较高的经济增长率，追赶欧盟经济发展标准，预计2022年波人均GDP将达到欧盟平均水平的80%。由于波前总理图斯克已于2014年12月出任新一届欧洲理事会主席，波在中东欧乃至整个欧盟的作用将进一步显现。

二、匈牙利经济创八年来最高增长率

匈牙利从2013年第四季度起，经济明显复苏，2014年表现尤为突出。匈统计局称2014年上半年匈经济“创八年来最高增长率”，GDP第一季度同比增长3.5%，高于2013年第四季度的2.7%。第二季度势头更猛，同比增长3.9%，第三季度增长3.2%，全年增长3.2%[②]。主要原因是制造业、建筑业和农业表现突出，如建筑业总产值2014年上半年同比提高25%以上，其中房屋建设、民用工程和特殊建筑增长都在两位数。

据匈统计局数据，2014年第三季度匈国内投资总额达1.3万亿福林（约合53亿美元），较前一年同期增长16.3%，其中制造业和设备生产领域投资增长22.2%，建筑领域投资增长12.2%。奥迪汽车2014年上半年投资3亿多欧元用于扩大生产线，建厂以来累计投资已达70.24亿欧元；营业收入达37.12亿欧元，同比增长33%；公司目前的主营业务

① “波兰创造经济奇迹的原因”，法《费加罗报》，2014年11月22日。

② 匈牙利中央统计局，magyar kozponti statisztikai evkonyv，2014。

是发动机及零部件生产，并从 2013 年开始增加整车生产，员工人数达到创纪录的 10756 人，增长约 14.5%。

2014 年上半年匈外贸总额达 802.68 亿欧元，其中出口 419.23 亿欧元，外贸顺差 35.77 亿欧元，同比增长 7.4%。由于生产上升，匈的就业率也随之提高，总人数超过 410 万人，失业率降至 7.1%[①]。

即使前几年对匈牙利经济一直持批评态度的欧盟，不久前发布的 2014 年秋季经济形势报告也对匈经济发展持乐观态度，认为出口是其拉动经济增长的主要因素。到 10 月初，匈天然气储量达 40 亿立方米，比 2013 年最高值时还增加了 38%。由于这方面未受俄乌冲突影响，俄根据双方合同还增加了对匈供应。但专家们也认为，匈国内需求复苏缓慢，虽然社会消费品零售总额呈上扬态势，但经济增长动力依然不足，居民收入实际增加不多。

三、捷克和斯洛伐克表现不俗

捷克 2014 年复苏远超预期。据捷克国家统计局数据，第一季度 GDP 增长 2.9%，是金融危机爆发以来的最高增长率；第二季度同比增长 2.5%，也是近两年来的最好水平，第三季度同比增长 2.3%，增长主要来自于制造业和化工[②]。经合组织的专家不久前也撰文看好捷的经济和发展前景。同时，随着目前国内外需求增长，捷央行又采取克朗贬值政策，出口可望增加。捷克的制造业尤其是交通运输设备、橡胶和塑料产品等，已成为拉动经济的引擎，其中汽车工业的显著增长对经济复苏作出了不小贡献，新车出口量在外贸出口总量中占比 10% 以上。2014

① 匈牙利中央统计局，magyar kozponti statisztikai evkonyv，2014。

② 捷克国家统计局材料，2014 年 11 月 17 日。

年头 10 个月捷小轿车产量同比增长近 12%，其中最大制造商斯柯达公司的轿车产量增长 5%，达到了 60 万辆。以中国市场为例，2014 年 10 月，斯柯达汽车在华销售 2.56 万辆，同比增长 19.1%，2013 年在华销售总数 22.7 万辆，占其全球总销售额的四分之一，中国成为其在全球的最大市场①。

在旅游方面，中国游客对捷克历史和文明古迹表现出浓厚的兴趣，2014 年旅捷游客达到 18 万人次，增长率高达 65%，给捷克经济带来新的活力。捷克投资局在招商引资方面发挥了重要作用，如 2013 年投资局协调了 108 个项目，引资 24 亿美元，创造万余个就业机会，比前两年显著增长。捷克目前失业率降至 7.4%，是中东欧国家中失业率最低的国家之一。经济研究分析报告称，捷经济未来 5 年（2016～2020 年）将继续保持增长态势，平均增速预计会达到 1.7%。根据购买力平价计算，这将使捷的人均 GDP 逐步接近欧盟的平均水平，到 2020 年将达到欧盟平均水平的 85%～86%②。

斯洛伐克 2009 年初加入欧元区，GDP 增速是中东欧最快国家之一。据该国国家统计局数据，2014 年第一季度经济增长率达 2.4%，在欧盟 28 国中列第六位。第二季度同比增长 2.5%，经季节性因素调整后，环比增长 0.6%，环比增长率在欧盟成员国中排名第四（拉脱维亚 1%，匈牙利 0.8%，立陶宛 0.7%），保持良好态势。第三季度同比增长 2.4%，环比增长 0.6%，高于欧盟 0.3% 和欧元区 0.2% 的平均水平③。在拉动经济的主要指标中，国内消费增长 3.4%，投资增长 3.6%，其中工业领域投资增长 1.4%，贸易出口增长 9.6%，进口增长 10.8%，显示经济发展的良好势头④。

---

① “斯柯达销量增长”，捷《布拉格邮报》2014 年 11 月 12 日。

② 捷《布拉格观察报》，2015 年 1 月 14 日。

③ 斯洛伐克统计局材料，2014 年 12 月。

④ 同上。

据欧洲经济专家分析，就投资项目、创造就业、基础设施、税率、经营成本等因素来看，中东欧国家投资顺序应该是波兰、斯洛伐克、捷克、匈牙利、罗马尼亚和保加利亚。但因最大贸易伙伴德国经济 2014 年第二季度环比下降，受其影响 2014 年下半年斯洛伐克经济增速有些放慢。

国际货币基金组织最近发布报告认为，斯洛伐克将成为欧洲经济增速最快的国家之一，预计国内消费在低迷了两年之后将有较大增长，健康的银行业也对投资产生了积极影响，并肯定其在公共财政整合方面取得的成绩；但同时它认为如果俄乌之间的地缘政治紧张局势加剧，能源供应可能受到消极的影响。据欧盟委员会最新发布的秋季经济预测（2014 年 11 月 5 日），斯洛伐克 2014 年经济增速为 2.4%，有望在欧元区排名第五，而 2015～2016 年经济将加速发展，在欧元区和欧盟均名列前茅。

四、罗马尼亚和保加利亚正在努力追赶

据罗统计局数据，罗 2014 年第一季度 GDP 增长曾达到创纪录的 3.9%，位列欧盟国家之首，个人消费和净出口增加促进了经济增长，但第二季度只增长 1.4%，投资的大幅下降成为影响经济增长的负面因素。增长的主要原因是国内需求增加，年初最低工资的上涨带动了更多的私人消费，同时汽车生产和销售也取得了不菲的成绩，带动工业保持增长。罗第三季度 GDP 同比增长 3.3%，环比增长 1.9%，前三季度 GDP 同比增长 3.1%[①]。另据欧盟统计局统计，罗第三季度 GDP 同比增速仅次于波兰（3.45%），居欧盟国家第二位，环比增速则居欧盟国家

① 罗马尼亚统计局材料，2014 年 12 月。

之首，随后为波兰（0.9%）、英国和希腊（均为0.7%）[①]。

罗2014年经济发展有赖于工业主要行业领域均保持增长，其中能源行业同比增长35.5%，制造业和采矿业等也有较大增幅，耐用品行业增长12.4%，消费领域同比增长7.4%。2014年前10个月，罗吸引外商直接投资总额近16亿欧元。由于农产品、食品及服务业价格下降，罗目前通胀率降低，2014年6月份通胀率仅为0.66%，创24年来历史新低。2014年下半年，罗消费者可支配收入和信心增加又进一步刺激了消费，投资也逐步回暖。据罗国家统计局数据，2014年前三个季度零售业营业额同期增长7.4%，其中非食品类增长11.1%，反映出日益增长的需求得到了适度刺激和经济的快速增长。通过过去两年采取的措施，罗较好地平衡了经济发展和社会公平的关系，如通过提高养老金，增加发放最低生活保障金，增加教育和医护行业人员的工资，削减面包增值税等，加上历史最低的通货膨胀水平，增强了消费者购买力。

据保加利亚国家统计局数据，2014年第一季度保GDP同比增长1.1%，出口仍是拉动经济增长的主要动力。保2014年夏粮丰收，小麦和燕麦收成都创纪录，分别收获500万吨和80万吨。第二季度经济同比增长1.6%，显示经济逐步加速的趋势。GDP构成中服务业比例最高，占61.2%，其次是工业，占34%，农业，占4.8%。欧洲的专家们认为，保经济复苏总体来说仍然缓慢，主要原因是内需不足，劳动力市场不稳定。保2013年的失业率达到13%，农业的好收成带动了农业领域就业增长，为就业市场注入了活力，但工业和制造业领域仍在裁员。此外，由于保与俄乌经济联系密切，乌克兰危机已对该国的外贸和旅游业造成冲击，“南溪”输气管道问题悬而不决，对其经济复苏仍是一个不稳定因素。

---

① http：//europa. eu/index_ en. htm.

五、波罗的海三国和斯洛文尼亚、克罗地亚的经济也较快提升

波罗的海三国在欧元区中仍属发展水平最低国家。拉脱维亚从2015年起接任为期半年的欧盟轮值主席国，前总理东布罗夫斯基任欧盟委员会负责欧元和社会对话事务副主席。拉脱维亚2014年初加入欧元区，2011年GDP曾增长5%，2013年同比增长4.1%，属欧盟增幅首位。2014年第一季度增长2.4%，第二季度增长2.3%，第三季度增长2.4%。

爱沙尼亚经济从2010年开始复苏，2011年曾破纪录地增长8.3%，此后下降，2014年第一季度增长-1.4%，第二季度增长2.4%，第三季度增长2.2%。立陶宛于2015年初加入欧元区，据其统计局2014年11月28日公布的数据显示，立陶宛第三季度GDP同比增长2.6%，在欧盟28国中以较高的经济增长率位居第六位，全年可望增长2.7%，高科技和工程技术的创新潜力很大。

预计2015年波罗的海三国经济增长将保持中速。三国政府都在为改善经济结构、提高就业率、提高最低工资标准、减少社会不公等方面而努力。经济学家们认为，这三个面积都不足7万平方公里、人口350万以下的小国，“船小好掉头”，只要大环境合适，政策对头，加快经济发展、较快提高人民生活水平都是可能的。

斯洛文尼亚是中东欧人均GDP超过2万美元的唯一国家，但前两年经济增长却下滑至-2.6%和-1.0%。据斯通社2014年12月23日报道，该国宏观经济发展研究院预测2014年经济增长2.5%，2015年和2016年将分别增长2%和1.7%，出口仍然是增长的主要引擎，失业率将进一步下降，通胀率也将继续走低，但地区政治紧张还是影响经济的

德国启动巴尔干“柏林进程”着力解决三大关键问题

◎ 王洪起

德国总理默克尔于2014年倡导举办了“西巴尔干经济论坛”，开启“柏林进程”。明确了近三年（2015～2017年）欧盟要着重采取的三大外交步骤，解决西巴尔干地区的三大关键性问题：希腊与马其顿之间关于马国名争端问题，贝尔格莱德和普里什蒂纳之间关系正常化问题和波斯尼亚和黑塞哥维那内部机制问题。从西巴尔干地区的地缘战略政治考量，此举旨在应对本地区出现的三个新角色——俄罗斯、土耳其和中国，特别是要抵制俄罗斯在巴尔干地区恢复并进一步扩大影响力。

乌克兰危机发生以来，特别是俄罗斯兼并克里米亚、美国及西方国家对俄罗斯实施制裁之后，欧盟，尤其是欧盟中最重要的、主导巴尔干入盟事务的德国，高度关注俄罗斯在巴尔干地区的行动，担心由于西方对俄罗斯的制裁措施和敌对行为，俄罗斯在巴尔干地区进行反弹，恢复并进一步扩大影响力，从而给欧盟本来就不平静的“后花园”再添后顾之忧。德国总理默克尔多次发出警告说，如果俄罗斯不受到严厉制裁，乌克兰危机一幕还可能在格鲁吉亚和摩尔多瓦重演；俄罗斯还会将塞尔维亚和整个西巴尔干划入其势力范围，阻挠该地区向欧盟靠拢。她多次

王洪起，国务院发展研究中心欧亚社会发展研究所研究员。

风险因素。

从2003年至2007年，克罗地亚经济曾稳定增长，年均增长率超过4.8%。此后受金融危机影响，增速放缓，2009年陷入衰退，下降7.4%，此后连年下滑，2010年下降1.7%，2012年下降2.2%，2013年下降0.9%。专家们分析认为，克经济形势严峻，主要原因是缺乏正确的宏观经济调控手段、改革进程缓慢、预算收支不平衡。

六、中东欧经济在乌克兰危机中损失严重

欧盟2014年8月底就乌克兰问题向俄罗斯发出“最后通牒”，实行新一轮制裁，包括禁止对俄出口部分高科技产品和石油勘探设备；俄罗斯则对美国和欧盟进行报复，禁止从这些国家进口海鲜、肉类、果蔬、奶制品等，这使正在复苏中的中东欧经济遭受重大损失。据欧盟农业网站数据，俄是欧盟农产品第二大出口市场，2013年欧盟对俄农产品出口约120亿欧元，约占欧盟农产品出口总额的10%。受俄进口禁令影响的产品有肉、蔬菜、水果、乳制品和鱼，其中乳制品、肉类和水果是影响最大的产品。2013年欧盟国家出口的水果和奶酪约三分之一销往俄，被禁产品金额约为52亿欧元，占2013年欧盟对俄农产品出口总额的44%①。

大部分中东欧国家与俄乌两国的经贸关系十分密切，深受乌克兰危机的影响。例如，配合欧盟对俄制裁表现积极、与俄关系早有纠结的波兰经济就遭受重大损失。据波兰经济部预测，2014年波兰对乌、俄两国出口分别下降40%和20%；波在乌俄约有150家大型企业，损失巨大。2013年，波兰向俄罗斯出口果蔬4.32亿美元，占波兰果蔬出口总

① http：//europa. eu/index_ en. htm，2014，08，18.

量的54%，由此造成的损失将高达7亿美元。由于对俄乌两国的出口大幅减少，波兰全年外贸总额降幅很大。波官方估计乌克兰危机使波2014年GDP增速减少0.4~0.5个百分点。波被迫建立危机应对小组，努力寻找出口市场，包括向阿塞拜疆、印度、印尼、蒙古和巴尔干等国家和地区的出口。

波兰向欧盟申请2580万欧元用于补偿受俄罗斯禁运影响的波兰农民。波兰农业部长萨维茨基表示，这是目前能申请到的最大金额。

捷克也是俄罗斯的重要经贸伙伴，大型工程公司“CKD”集团自2014年6月起已陆续失去在俄罗斯原本要签署的三个项目，总价值达1.1亿欧元。捷克的一些主要食品出口商甚至连农户和小食品生产商也受到牵连。捷克一家耐用品和冷冻食品的主要厂家营业额20%来自俄市场，公司损失近500万美元，他们要求这一损失能从捷政府或从欧盟那里得到补偿。捷农户和食品生产商还担心，由此造成的欧盟内部食品供应过剩会使食品价格大幅下跌，从而使包括法、德、波等农业大国生产商获得本国政府的特殊照顾。据捷官方估计，欧盟因乌克兰危机而对俄采取的制裁行动，使捷企业至少造成1.1亿美元的损失，并减少700个工作岗位。

欧盟决定给予受俄禁令影响蒙受损失的农户拨款12.5亿欧元，主要用于补贴原计划出口俄的蔬菜和水果，防止欧盟市场价格下跌。但对广大农民来说这只是杯水车薪。据报道，欧盟已要求非欧盟的塞尔维亚不要增加对俄出口或借机取代欧盟有关国家在俄的市场地位，因俄2014年8月初禁止从欧盟等国农畜产品入境以来，非欧盟成员国的塞尔维亚成为少数未受此禁令影响的欧洲国家之一，并计划将对俄食品的出口由2013年的1.72亿美元增加至2014年的3亿美元。

中东欧国家不仅由于西方与俄罗斯之间的相互制裁而蒙受有形的经济损失，更重要的是这场乌克兰危机给它们造成了严重的心理创伤，它们短期内看不到明确的前景，难以做出复苏经济的具体规划，一些企业批评俄罗斯干涉东欧国家内政，指责俄罗斯通过政治和经济手段使巴尔干国家完全依赖于它。默克尔日前更是一语道破了她的担忧：“如果塞尔维亚在俄罗斯支持下发动科索沃冲突，我们并不感到吃惊。”

一、默克尔倡导“柏林进程”，应对巴尔干地区“新角色”

正是在这一背景下，默克尔总理于2014年8月28日在柏林倡导举办了高级别的“西巴尔干经济论坛”，开启“柏林进程”。

这是自2003年欧盟在希腊萨洛尼卡举办西巴尔干国家峰会以来第二次西巴尔干高级别会议。会上，默克尔传达的信息是，“巴尔干属于欧洲而不属于其他地区”，（弦外之音就是说巴尔干不属于俄罗斯），“德国全力支持西巴尔干国家加入欧盟”。德国经济部长加布里尔在会上表示，“德国将增加在西巴尔干的投资，为该地区注入持久活力”。在欧洲缓步走出危机、欧盟多国对扩容仍然患有“疲劳症”之际，德国领导人的上述表态，无疑给尚未加入欧盟、民众一度对入盟的前景感到迷茫而患上“入盟忍耐疲劳症”的西巴尔干国家来说是打了一剂“强心针”。会议特别提出了欧盟对西巴尔干应采取的三个战略步骤：增加投资，增加出口，优化职业培训。显然，这也是为了应对俄罗斯在该地区实施的“经济外交”——“外交政策经济化，经济重点资本化”所采取的具体举措。会议最后还明确了近三年（2015~2017年）欧盟要着重采取三大外交步骤，解决西巴尔干地区的三个关键性问题：希腊与马其顿之间国名争端问题，贝尔格莱德和普里什蒂纳之间关系正常化问题，以及波斯尼亚和黑塞哥维那（简称波黑）内部机制问题。显然这除了由于该地区客观存在的现实之外，也出于对俄罗斯插手这些问题的担心。考虑到俄罗斯在这一地区的千丝万缕的联系和影响力，如果这些复杂棘手的问题得不到适当解决，不仅将严重阻碍这些国家的入盟进程，而且很可能使它们脱离欧盟的轨道。

对德国启动的“柏林进程”，欧盟给予积极支持，并具体推进这一进程。欧盟新任外交政策和安全事务的高级代表费代丽卡·莫盖里尼（Federica Mogherini）、欧盟负责扩大事务（睦邻和扩容谈判）的委员约翰内斯·哈恩（Johanes Hahn）于 2014 年 12 月上旬走访西巴尔干，在波黑首都萨拉热窝发表谈话时，强调西巴尔干出现了新的地缘政治形势，那就是俄罗斯、中国和土耳其成为该地区的“新角色”。他们特别提请俄罗斯注意，不要把西巴尔干也卷入乌克兰危机之中，卷入西方与俄罗斯之间增长着的分歧之中。哈恩指出，西巴尔干国家坚持加入欧盟，但俄罗斯却利用该地区目前的困难，利用信仰东正教的斯拉夫族民众的亲俄情绪，恢复和扩大地区影响力；俄罗斯借助其在巴尔干地区的文化和政治联系及该地区国家在能源、金融领域对俄的依赖，迫使它们背离欧盟道路。

欧盟官员对当前西巴尔干国家情势的描述是：克罗地亚和斯洛文尼亚已经入盟；塞尔维亚和黑山开启了入盟谈判；阿尔巴尼亚和马其顿是欧盟候选国，但未开启谈判；波黑虽签署了《稳定与联系协议》，但入盟进程停顿；科索沃等待签署《稳定与联系协议》。欧盟认为，本地区未入盟国家的巨大危险是经济停滞不前、腐败根深蒂固。俄罗斯正是在这种情势下将该地区的欧洲化道路复杂化。在这其中，塞尔维亚在欧盟与俄罗斯之间进退两难，“新角色”（俄罗斯、中国、土耳其）在西巴尔干正在重建其利益，这一复杂局势造成整个地区的入盟前景模糊不清。故此，欧盟表示从乌克兰危机中吸取教训，对入盟目标重新定位，首先是对西巴尔干地区将给予优先关注。西巴尔干地区虽今后 5 年内不会有任何国家入盟，但德国将在该地区扩大活动空间，在推动一体化方面发挥越来越大作用，使巴尔干地区尽快实现“欧洲价值”，成为欧盟（而不是其他“新角色”）可能取得成功的地区。

2014 年 10 月 31 日，美国国会议员、参议院欧洲问题小组主席克里斯·墨菲（Chris Murphy）在访问西巴尔干诸国后在华盛顿发表谈话，表达出美国政府对西巴尔干地区的三个担忧：地区和平态势脆弱；巴尔干成为“伊斯兰国”恐怖组织招募境外“圣战者”的兵源地；俄罗斯在本地区的影响力增加。美国政府对西巴尔干地区将做出“再承诺”。墨菲说，俄罗斯在巴尔干，特别是在塞尔维亚、黑山增加影响力，企图在那里进行巨大投资和发展不动产。美国在巴尔干拥有巨大优势，可以重新通过国际开发总署（美国的援外机构 USAID）发挥作用。另据《电讯报》2014 年 12 月 17 日报道，美国国会正在酝酿和讨论关于加强与东南欧和巴尔干国家防御合作的新框架，以便预防俄罗斯扩展影响力。为此，共和党议员鲍勃·科克里（Bob Corker）与另外 26 名议员草拟了一项法律草案，提交国会外交政策委员会。草案中包括，美国通过北约或通过双边方式与巴尔干各国（含科索沃）经常开展军事演习，使其常态化。

北约议会大会副主席罗伯特·瓦尔特（Robert Valter）2014 年 12 月 8 日发表谈话表示，为了防范和对抗俄罗斯，为了巴尔干地区的稳定，北约应该尽快接纳黑山入约，北约应该关心马其顿国名问题的尽快解决，应该改善科索沃面临的形势和严重的波黑政局。

二、西巴尔干地区仍处于“裂变时代”

地处西巴尔干地区的前南斯拉夫各国，目前虽然进入“后内战时代”，但就整个地区来说，仍然处于“裂变时代”，“去巴尔干化”远未提上日程。

柏林的德国政策和国际安全问题研究所是欧洲最具权威性的智库，它向德国议会和政府提供咨询意见。该智库几年前发表的一份研究报告分析了西巴尔干的局势，曾预计将来该地区有可能重新改变现行边界。

报告说：科索沃、波黑以及马其顿的政治局势，虽然处于西方的监督和保护之下，但仍然脆弱。这些国家不断发生种族、政治冲突，由此导致的新一轮改变边界潮流可能将很快浮现。过去 20 年来，这种冲突的后果往往是改变政治和行政边界，而冲突的进程只有少数情况下是以和平方式进行的。因此，很难预见今后改变边界的进程不会有暴力发生。

美国国家情报总监詹姆斯·克拉珀（James Clapper）2013 年底在国会的一个专门委员会发表报告指出，2014 年该地区的特点仍然是“继续保持深刻的种族矛盾和政治分歧”。他强调，波黑和马其顿的局势由于种族分歧而“特别不稳定”。美国国务院官员在谈及巴尔干在融入欧盟进程中出现积极进展的同时也把波黑和马其顿称为“例外”。美国巴尔干问题专家迈耶（Steven Meyer）甚至宣称，巴尔干地区诸国的最终边界地图尚未划定。他指出，马其顿，特别是波黑，都存在分裂的危险。其中波黑是在西方压力下成立的国家，这仅是一种“试验”，因为这个国家从一开始就无法运行。德国 Fridrih Ebert Shtiftung 基金会两年前发表的文件《波黑 2015》就预计到：“由于波黑腐败政权的糟糕的经济政策，将会发生群众抗议活动；波黑如果不进行迅速而根本性的改革，等待着它的只能是不安定，甚至会有被解体的危险。”2014 年 2 月波黑发生的大规模社会动乱不幸被他所言中。

美国中央情报局以及俄罗斯情报机构“格鲁乌”（GRU）甚至不约而同地断言，2035 年巴尔干的阿尔巴尼亚族领土将实现合并。俄罗斯科学院院士安尼娅·菲拉莫尼 2013 年 10 月 27 日说，巴尔干的“阿尔巴尼亚人时代”已经开始。大阿尔巴尼亚已经不再是空谈，未来几年内将会成为现实。

难题之一：马其顿“国名”争端

马其顿早于 2001 年 4 月与欧盟签署《稳定与联系协议》，2005 年年底便获得候选国资格，是西巴尔干地区较早启动入盟进程的国家。但正当马其顿准备于2006年开启入盟谈判之际，希腊以欧盟成员国身份向马发出警告：如果马其顿与希腊在马国名问题上的分歧不能得到合理解决，希腊将在欧盟使用否决权，如同希腊否决马加入北约一样。2008年2月19日，联合国秘书长特使尼米兹提出了国名问题“新方案”，其中包括马其顿的5个复合国名供双方谈判时考虑并选择。这5个国名是：“马其顿立宪共和国”、“马其顿民主共和国”、“马其顿独立共和国”、“上马其顿共和国”和“新马其顿共和国”。近年来，马希两国在尼米兹特使调解下，虽经旷日持久的谈判，双方分歧始终未得到解决。也正因为如此，马作为欧盟候选国，历经8年，迄今仍未能开启入盟谈判，虽然马其顿已连续六次获得开启谈判的建议。

2014年下半年，尼米兹特使在马其顿—希腊之间的穿梭外交期间又提出“上马其顿共和国”的国名选择建议。希腊坚持的“红线”是，马其顿必须放弃宪法规定的国名，使用无论双边还是国际社会均普遍适用的国名（erga omnes）。马其顿政府称，雅典目前不存在对话解决的愿望，不指望很快解决国名事端。因此，马其顿的加盟入约的愿望迄今仍为泡影。此外，马其顿与保加利亚的紧张关系，马国内不断发生的民族纠纷和党派矛盾，也是马加盟入约进入死胡同的原因。

马总理格鲁埃夫斯基日前表态说，加盟入约符合马的国家利益，将努力实现之，但这可能要拖上5年或更长时间；马愿意通过对话和妥协的办法解决争端，但不会因此而做有损于民族特征和国家尊严的事。舆论认为，马其顿在加盟入约受阻的同时，不排除还有其他选择。目前，马当局正在毫不犹豫地深化与东方国家的合作，特别是与俄罗斯和中国的合作。马对欧盟要求其参加对俄罗斯的制裁采取消极态度。

为了解决马其顿与希腊之间的国名分歧，德国近5~6年来曾对马希双方施压，但未获成功。德国总理默克尔2013年曾直接过问马其顿国名争端事宜，并与联合国特使进行过接触，甚至还有传言说欧盟可能接替联合国直接参与国名问题的解决。

作为欧盟在西巴尔地区采取的三大外交步骤之一，马其顿国名问题的解决被列入欧盟议事日程。现在欧盟正在制定有关解决国名问题的新倡议，但尚未成形，未予公开。欧盟关于马其顿事务报告员理查德·霍尔特（Riçard Houit）2014年12月4日公开告诫说，应该十分警惕马其顿可能再起新的冲突，对此他深感不安。国际社会应该帮助马其顿寻求和解的办法，解决宗教分歧和民族纠纷，阻止重新点燃冲突的事态发展。欧洲议会关于马其顿事务新任报告员伊沃·瓦格尔（Ivo Vajgel）同样认为，西巴尔干地区发生新冲突的可能性并未消除，所以该地区唯一的选择就是加入欧洲大家庭。欧盟关于马其顿入盟进展报告要求马其顿在国名问题上采取决定性的步骤，同时许诺为马提供帮助。哈恩委员在2014年12月欧盟峰会前夕发出警告说，今年欧盟不会开启马其顿的入盟谈判，如果2015年不解决国名问题，欧盟将改变对马其顿立场。英国驻马大使表示，为了使国名问题走出死胡同，欧盟有必要给予新动力。尼米兹特使虽做出了非凡努力，但重要的是应该寻找成功的方式，马其顿也必须做出尽可能的最大努力。美国助理国务卿也表示美国准备帮助马其顿的加盟入约进程。

难题之二：塞科关系难以正常化

在美国的幕后操纵和欧盟的公开调解下，塞尔维亚和科索沃自2011年3月就塞尔维亚—科索沃双方关系正常化而进行的马拉松式的技术谈判和2012年10月以来进行的高级别政治对话，终于在2013年4月19日达成初步共识。这一天，由塞尔维亚总理达契奇和科索沃总理萨奇在欧盟外交与安全事务高级代表阿什顿的见证下在布鲁塞尔草签了塞科关系正常化协议。然而，由于双方严重缺乏互信，这项自1999年以来双方首次签署的、被联合国秘书长潘基文誉为“里程碑式的历史性协议”，在具体付诸实施过程中面临重重困难和巨大挑战。据透露，自2011年以来，双方所达成的有关正常化协议仅落实了25%，也就是说，总共

16 项协议只有 4 项得到了落实。

2014 年以来，由于欧盟机构选举，以及塞尔维亚和科索沃先后举行议会选举，双方谈判就此停止。特别是科索沃 6 月议会选举后，陷入了旷日持久的政治危机，直至 12 月才组建新的议会和政府。根据欧盟的要求，双方总理将在 2015 年 1 月下旬或 2 月初在欧盟新任外交政策和安全事务高级代表费代丽卡·莫盖里尼主导下继续进行政治谈判。据透露，谈判最终将达成（类似两德条约那样的）和平条约。由于双方在关键问题上立场对立，可以想象，最后要达成这个条约，需要智慧与妥协，对塞更是困难的抉择。然而，这对塞入盟，又是必须跨越的门槛。

在解决诸如科索沃问题等西巴尔干难题方面起决定性作用的，传统上认为是美国，但最近的事态发展证明，德国在巴尔干事务中的作用日益重要。这已经成为明显的和不争的事实。塞尔维亚的入盟钥匙掌握在德国手中。就目前来讲，塞尔维亚是西巴尔干地区的欧盟第一候选国，科索沃问题是地区第一要务，德国在欧盟中对巴尔干问题具有第一决定权，有关塞科关系正常化协议的第 35 章被列为塞入盟谈判开谈的第一章。德国重申，塞方如不落实该协议所规定的所有义务，入盟谈判就不开谈。迄今，欧盟中只有德国还没有给塞开谈打开绿灯，而德国议会的非纸质文件中还给塞开谈提出了 7 ~ 8 项条件，要求塞入盟至少需要 6 年时间。欧盟委员约翰内斯·哈恩也说，塞尔维亚在下一个 5 年内不能加入欧盟，它必须在 2018 年底之前履行所有的义务，才能准备入盟。欧盟官员暗示，塞在成为欧盟成员之前，在入盟进程的最后阶段将被迫承认科索沃。

另据俄媒 2014 年 1 月 20 日报道，约翰内斯·哈恩在访问塞尔维亚前夕还透露，塞尔维亚如果想加入欧盟就必须针对俄罗斯实施制裁。欧盟虽“不强迫塞尔维亚（在欧盟和俄罗斯之间）作简单选择”，但塞尔维亚是自己宣布其战略目标为加入欧盟。

科索沃方面对与塞方对话的立场是，坚持未来 3 ~ 5 年内结束“两国间”的对话，发表两国关系完全正常化声明，签署两国间和平条约。科索沃前外长、现任议会外事委员会主任恩维尔·霍察伊认为，迄今两国关系正常化进程远未结束，但塞方事实上和暗中承认科索沃机构的存在，将很快会建立“半外交关系”，由日前在双方首都建立的联络处来代理欧盟法治使团的职责。霍查伊认为，今后双方谈判的重点在于：①具体落实所有已达成的协议；②解散科索沃北部所有塞族平行机构；③塞族人融入科索沃国家机构；④同意科索沃加入地区和国际组织，包括不阻止科索沃加入联合国；⑤双方相互承认，最重要的以法律文件的形式达成和平条约。然后科索沃入盟，实现欧洲化。

塞尔维亚方面对与科方对话的立场是，表示准备继续进行“贝尔格莱德和普里什蒂纳之间”的对话，实现关系正常化，但永不承认科索沃为国家。塞尔维亚总统尼科利奇近来多次指出，欧盟委员日前明确告诉他：不解决科索沃问题，塞不可能入盟；既然欧盟大多数成员承认科索沃，那么塞就要与其保持一致，欧盟不想遗留悬而未决的问题。尼科利奇承认，塞处于要么入盟、要么承认科索沃的两难境地。但他表示，他将会拒绝签署贝尔格莱德和普里什蒂纳“国家间的协议”，因为塞尔维亚“政治因素”不能接受贝尔格莱德和普里什蒂纳建立外交关系。他重申，贝尔格莱德政权永远都不会接受科索沃自行宣布的独立。他说，如果承认科索沃作为条件，那就意味着欧盟不想让我们入盟。尼科利奇总统透露，总统府已拟定了新的最终解决科索沃问题的方案，准备提交塞尔维亚政府研究，以便形成塞科继续谈判的计划。他说，塞的新方案“不会使每个人都完全满意，还可能会遇到西方国家的反对”。

塞尔维亚政府总理武契奇近日也表达了与尼科利奇总统相似的看法：“如果欧盟把承认科索沃设定为塞的入盟条件，那就说明他们不喜欢我们。”但他又说，他“从未听说过这一条件”。塞尔维亚第一副总理兼外长达契奇在新闻招待会上说：“我们既不放弃加入欧盟，也要保留科索沃。欧盟在同塞尔维亚正式交往中从来没有以文字和语言的方式要求塞尔维亚承认科索沃单方宣布的独立。欧盟的文件只是说塞尔维亚有义务同普里什蒂纳进行对话并要取得进展。”他强调，欧盟在塞科对话中，对科索沃地位是采取中立态度的。也就是说，对话中不涉及科索沃地位，也不会就科索沃地位达成有约束力的协议。塞方永远不会改变在科索沃问题上的立场，何况欧盟中还有5个成员国没有承认科索沃。就此，德国驻贝尔格莱德大使海因斯·威廉近日明确表示：“完全执行关于塞科关系正常化的布鲁塞尔协议是塞入盟的唯一条件，就目前来说，承认科索沃不是塞的入盟条件，但是谁会知道10年或15年以后事情会怎么样呢?”

关于塞尔维亚对科索沃问题所持立场，塞尔维亚与科索沃谈判的代表团前团长斯特凡诺维奇（Borko Stefanoviq）2014年12月发表的一番言论道出了塞官方的内在心声和现实考虑。他说：塞尔维亚绝大部分人，特别是政府接受科索沃的存在，那里的阿尔巴尼亚人有他们自己的、独立于塞尔维亚的机构。塞尔维亚接受这一事实，即我们控制不了科索沃，我们作为国家对科索沃没有什么该管的，但是我们不想正式承认科索沃。所以这就是塞的实情。我们正在与科索沃通过民主方式选举出来的代表进行谈判。我认为，从历史的角度看这是一个巨大进步，因为此前我们不接受科索沃存在这一事实。我们不正式承认科索沃为独立国家，但是我相信塞尔维亚国家将做除承认独立之外的一切事情，甚至与之签署重要协议，或允许科索沃成为最重要国际机构的成员。

难题之三：波黑国家机器运行不畅

一个国家，两个实体，三个主体民族的国家体制，造就了塞、穆族分而治之的现实。各自为政，把本民族利益放在第一位，无视实体内整体利益，民族团结实际上是一纸空文。分歧和龃龉，造成波黑在一些关键改革政策的实施上举步维艰，严重阻滞该国经济发展，使波黑目前成为前南地区最落后的地方。正是这一原因，2014年2月，波斯尼亚和黑塞哥维那（简称波黑）国内穆克联邦地区的 34 个城镇爆发了大规模反政府示威，数以万计的失业青年出于对社会现状的不满走上街头，要求各级政府下台并对行政体系进行全面改组。抗议活动还伴随着打砸抢烧事件，并与警察发生暴力冲突，酿成自 1992 ~ 1995 年波黑内战以来最严重的社会动乱，给脆弱的国家政体带来巨大冲击。

2014 年 10 月，波黑当局迫于（社会动乱的）压力，不得不举行"紧急状况下的提前选举"。欧盟对选举后的形势发展给予格外关注。波黑虽于 2006 年与欧盟就《稳定与联系协议》开始谈判，2008 年完成谈判并加入该协议，从 2010 年就是潜在的候选国，但三个宗教派别的政治代表相互敌对，迄今未能正式纳入入盟常轨。2014 年 10 月，欧盟关于西巴尔干国家入盟进展评估报告才首次在末尾添上了波黑的名字。

作为欧盟在西巴尔干采取的三大外交举措之一，德国和英国在 2014 年 11 月 17 日开启"波黑外交倡议"。倡议要求，10 月选举出的波黑新领导者必须签署联合文件，书面保证落实相关的各项改革措施，使国家机器正常运行。作为交换，欧盟随之宣布 2008 年签署的《稳定与联系协议》生效，允许波黑办理申请入盟正常手续，开启入盟进程。

德英两国首次联合提出"波黑外交倡议"，得到美国的支持。其背景是：在乌克兰危机爆发之后，西方认为俄罗斯把势力范围和地缘政治空间扩展到巴尔干地区，特别是扩展到塞尔维亚以及波黑的塞族共和国；俄罗斯 14 年来第一次在联合国安理会就先后由北约和欧盟领导的和平部队继续驻扎波黑的议案投了弃权票，支持波黑的塞族共和国解体波黑国家。因此，这一倡议被看做应对波黑危机的积极有效的措施，代表着德英及欧盟对波黑承诺的新的重要阶段，证明欧洲继续关注西巴尔干局势的稳定，特别是认识到解决波黑危机的迫切性。

总之，以德国为首的欧盟，虽然为解决马其顿、塞尔维亚（科索沃）、波黑三大棘手问题而在采取上述三大重要外交步骤，但要在三年内彻底解决这些问题，很难。

图斯克当选欧洲理事会主席及其对波兰和欧盟政策走向的影响

◎ 苗华寿

波兰前总理图斯克当选欧洲理事会主席，不仅会对波兰，也会对欧洲今后的政策走向产生一定的影响。图斯克的上任对波兰执政联盟在2015 年的总统和议会大选也会产生积极的影响。图斯克作为一个中东欧国家的领导人参与欧盟领导层工作，对欧盟今后的政策走向影响令人关注。他的出任必将进一步加强中东欧国家，特别是波兰在欧盟的话语权。另外，他的上任还有可能会进一步推动中欧关系和中国—中东欧国家关系的发展。

波兰前总理多纳尔德·图斯克于 2014 年 8 月 30 日当选为新一届欧洲理事会主席，并于当年 12 月 1 日正式接替前主席范龙佩。图斯克任职波兰政府总理 6 年多，他的离任对波兰对内对外政策走向肯定会产生一定的影响；由于图斯克是第一个出自中东欧国家的欧盟领导人，所以他的就任也必然会对欧盟今后的政策走向产生某种影响。但影响到底有多大，对当前国际形势的发展是否有影响，这些都值得我们去探讨。

苗华寿，国务院发展研究中心欧亚社会发展研究所研究员。

一、图斯克当选并非偶然

图斯克当选欧洲理事会主席在波兰人眼中具有几分戏剧色彩。按照波兰政府最初的设想是要推荐其外长西科尔斯基作为欧盟外交和安全政策高级代表阿什顿的接班人，以进一步提高波兰在欧盟的外交话语权。但接着发生了西科尔斯基的“录音带丑闻”，在 2014 年 8 月 30 日欧盟峰会举行之前欧盟各国领导人已将西科尔斯基排除在外。德国总理默克尔竭力推荐图斯克出任欧洲理事会主席一职。其实，早在 2013 年春，欧盟委员会的时任专家、英国人胡果·勃拉迪就曾公开撰文说，图斯克是欧洲理事会新领导“最有希望获胜的候选人”，当时一度引起人们的关注。如今，勃拉迪是图斯克办公室的成员，负责为图斯克起草发言稿①。

图斯克 1957 年 4 月生于波兰格但斯克市，是波兰少数民族卡舒比人（现有居民人数约 20 万人，主要居住在波北部沿海地区），出身于工人家庭。1980 年毕业于格但斯克大学历史系。在大学期间，就创建了学生团结委员会，后发展为“独立波兰学生联合会”。图斯克是自由民主大会党的创立者之一，1991 年他当选该党主席，并进入波兰议会。1994 年图斯克当选为由民主大会党和民主联盟党合并的自由联盟的副主席之一。1997 年他当选参议员，2000 年他退出自由联盟。2001 年他参与组建公民论坛（后被译为公民纲领党），同年该党在下院获得 65 个席位。2003 年起，图斯克继任该党主席直至 2014 年 11 月。2005 年，图斯克参加了总统选举，但是被莱赫·卡钦斯基击败。在 2007 年的议

① Autor：pk//rzw/，Kto w gabinecie Tuska? Dużo kobiet，skład międzynarodowy，ale najliczniejsi Polacy，Źródło：PAP，27 listopada 2014.

会选举中，他领导的公民纲领党获得了41%的选票，他作为党主席当选为政府总理。图斯克已婚，有一子一女。

图斯克属波兰中右党派的领导人，冷静有毅力，处事稳健，善于协调和妥协，能够安定和团结人心。他对自己的评价是：立场坚定，但不激进。波兰现任总理艾娃·科帕奇对他的评价是：图斯克出身于普通工人的家庭，年轻时还做过油漆工，是他创建了波兰公民纲领党，并多次引导她取得了胜利；感谢图斯克领导联盟政府使波兰取得了多年的稳定和发展。因此，2014 年 11 月 8 日在华沙举行的与波兰公民纲领党的告别大会上，图斯克获得了波兰公民纲领党荣誉主席的称号①。

二、对图斯克当选欧洲理事会主席的反应

1. 波兰国内的反应

从图斯克的执政党来看，波兰国内总体反应是好的、积极的，而且对公民纲领党参加 2015 年的波兰总统和议会大选肯定也是有利的。按波兰总统布罗尼斯瓦夫·科莫罗夫斯基的说法，欧盟的这一选择是对“波兰的成就及其在欧洲地位的认可”②。舆论界普遍认为，这是对波兰执政联盟执政 7 年的一个肯定。但人们关心的是图斯克的出任对波兰国内各党派的力量对比会产生怎样的影响。从波兰民调机构当时的调查结果看，总体上讲，图斯克的离开没有削弱波兰公民纲领党。CBOS 于 2014 年 9 月的民调结果是：44% 的被访者认为，图斯克离开波兰政界削弱了波兰公民纲领党，39% 的人认为没有多大的影响，而 8% 的人认为是加强了波兰公民纲领党。同时，上述调查结果还显示，45% 的人认

---

① Autor：pk \ mtom，Kopacz do Tuska：dziękujemy，wiele ci zawdzięczamy，Źródło：PAP，08 listopada 2014.

② 宗和：“波兰总理图斯克当选‘欧盟总统’”，《新京报》，2014 年 9 月 1 日。

为，图斯克的离开对联合政府的职能没有多大的影响，而32%的人却认为会削弱联合政府。波兰主要反对党——法律与公正党主席卡钦斯基的反应却与众不同，他在图斯克当选前声称，作为波兰人，我们希望图斯克能当选为欧洲理事会主席。后在另一场合他又开玩笑说，图斯克离开波兰越远越好。在图斯克当选后，他一方面表示祝贺，另一方面又说图斯克作为总理是一个很坏很坏的总理，但我希望他能做一个好的（欧洲理事会）主席①。

2. 国外的反应

与容克当选欧盟委员会主席相比，对图斯克的当选还没有什么太大的负面反应。选举结果公布后，欧盟委员会时任主席巴罗佐对图斯克当选表示祝贺，称其是"一位很棒的欧洲人和朋友"。新一届欧盟委员会当选主席容克则称"非常高兴将和我的朋友图斯克一同工作"②。中国习近平主席和李克强总理也先后向图斯克发了贺电。而朝鲜金永南的贺电却引起了外界的注意，这说明朝鲜要与欧盟保持良好的关系。

三、对波兰内外政策走向的影响

1. 执政党支持率得到提高

图斯克的离去不仅没有降低人们对波兰公民纲领党的支持，反而使民众的支持率有所提高，超过了主要反对党法律与公正党。根据波兰TNS民调机构于2014年10月中旬所做的民调结果看，波兰公民纲领党的支持率为28%，而法律与公正党为27%，这与9月的27%对31%相

---

① Autor：kg//gak/kwoj/，Kaczyński kibicuje Tuskowi. "Liczę na to，że dojdzie do tego wyboru"，Źródło：PAP，30 sierpnia 2014.

② 孙奕，周珺："波兰总理图斯克当选新一届欧洲理事会主席"，新华网，2014年8月31日。

比，后者的支持率有所降低。据称，这种情况在2013年3月之后就没出现过①。从2014年11月举行的全国地方自治机构选举结果来看，波兰公民纲领党在全国的得票率为26.36%，虽略少于法律与公正党的26.85%，但在自治机构代表的席位上却高于法律与公正党，并在8个省占据多数席位，法律与公正党只在6个省占有优势②。这说明执政联盟仍然占据上风。从2015年初的民调意向看，图斯克当选欧洲理事会主席肯定对执政党参加2015年即将举行的总统和议会大选是非常有利的。

2. 新政府已站稳脚跟

以科帕奇为首的波兰新联合政府已较为顺利地度过了成立之初的动荡。当时反对派主要对新总理科帕奇（特别是对她的就职演说）以及新外长格热高什·谢提纳（质疑他的对俄立场）提出质疑。现上述问题已经解决。后又因农业部部长萨维茨基的失言而引起的风波也已基本平息。但对现议长西科尔斯基（前外长）的议论仍没结束。

总之，科帕奇政府上台后经过一番磨难，现在基本上已站稳了脚跟。但从新政府的组成看，波兰新政府（只任命了5位新部长）基本上仍会继续执行图斯克政府原来的内外政策。有人专门统计了科帕奇和图斯克的就职和述职报告中的不同用语，科帕奇用“将怎样做”和“成就”代替了图斯克经常使用的“危机”和“压力”的用语。科帕奇政府的地位业已得到加强，也得到了CBOS于2014年11月进行的民意调查结果的验证：对政府工作评价“好的”为43%（比9月的民调增加了6个百分点），评价“不好的”为15%（比9月的民调下降了37%）；对政府能否改善国家经济形势，说“是”的为40%（比9月民调上升

---

① Kraj Obserwuj3187，Najnowszy sondaz TNS Polska。PiS i PO idą “łeb w łeb”，Polub Onet Wiadomości10 paź，2014.

② Wybory samorządowe 2014，Źródło：PAP | Wideo：tvn24，1. grudnia. 2014.

了9%），说“不”的为38%（下降了20%），22%的被访者选择“很难说”（增长了11%）①。

3. 经济上仍能保持一定的增长

波兰公民纲领党是剧变之后第一个连选连任的执政党。前几个执政党都是因为经济上失误而下台，图斯克政府在经济上却取得了一定的成功。在世界金融经济危机的冲击下，波兰经济增长也曾出现较大的下滑，但仍能保持一定正增长（除2009年外）。据波兰市场经济调查研究所于2014年11月公布的报告，预计2014年波兰的经济增长将达到3.2%，而2015年将达到3.5%，比此前的预测要高一些。这主要是因为预计国内需求将增加（3.8%）、个人消费将提高（3%）、固定资产投资将增长（6.5%）、进口将增加（6.6%）和出口将增加（5.2%）。失业率仍会保持12.2%的水平。从2015年初有关方面公布的初步统计看，上述预测比较接近实际增长。这也说明，图斯克去欧盟任职，波兰政府经济发展政策并没有受到影响。

4. 外交政策仍将采取务实的政策

在科帕奇新总理的施政报告中，有关波兰对外政策的内容占据了相当大的篇幅。她强调，在波兰外交和国防政策上，波兰各党派应该超越党派的界限，共同确保波兰在欧洲和世界上的安全。在乌克兰问题上，波兰将采取务实的政策，帮助乌克兰进行经济、军事和政治转型②。

在谈到军队现代化建设时，科帕奇说，鉴于波兰东部边境的危机，新政府将尽一切努力确保波兰家庭不受到可能的威胁。波兰将增加军费开支，2016年国防支出将达到GDP2%的水平，以确保波兰军队能够获

---

① Autor：pk/ja/，Sondaż：rośnie poparcie dla premier Kopacz i rzą du》，Źród ł o：PAP，21 listopada 2014.

② 汤黎：“波兰新总理科帕奇发表施政纲领”，国际在线，2014年10月2日。

得价值8亿兹罗提（相当于2亿欧元）的现代化装备。波兰政府同意增加美国在波兰的军事存在。此外，加入欧元区也被科帕奇列为政府首要任务之一。

在对外政策上，科帕奇仍会坚持图斯克政府的政策。首先在对美、对欧政策上不会有新的变化，但由于图斯克当选欧洲理事会主席，波兰政府在欧盟的话语权会更加有分量，合作也会进一步加强。波兰对中国政策也不会有大的变化。科帕奇总理2013年以波众议长的身份访问过中国，对中国的态度相当友好。波兰对乌克兰危机的态度仍会与美国和欧盟保持一致，会更加务实。

四、对欧盟政策走向的影响

欧洲理事会主席是根据《里斯本条约》规定设立的，被形象地称为“欧盟总统”。欧洲理事会主席的职责包括主持欧盟理事会，以及在欧盟成员国之间进行协调以取得共识。欧洲理事会主席经欧盟首脑会议选举产生，任期两年半，可连任一次。正是由于图斯克具有超强的协调和妥协能力，才被欧盟各国首脑一致推举为新一届欧洲理事会的主席。

图斯克几乎用了一个多月的时间成立了一个由欧盟各成员国知名专家组成的工作班子。据报，其中波兰的人数最多。他的办公室主任由原波兰外交部负责欧洲事务的副部长彼得·塞拉非担任。

负责图斯克外交政策的首席专家是爱沙尼亚外交部原主管欧洲事务的副外长利娜·奇奥卡，她曾与欧盟前共同外交和安全政策事务的高级代表雅维尔·索纳拉合作过。此外，还有瑞典外交官卡尔·哈尔采尔和斯洛伐克外交问题专家苏扎娜·米哈尔科娃·苏提亚科娃，前者曾是欧盟前外交事务专员阿什顿办公室的成员，而后者曾为索纳拉工作过。

图斯克的经济事务主要顾问是法国人杰-皮尔·维达尔，他2012

年曾在范龙佩办公室工作过，曾是欧洲中央银行布鲁塞尔办公室的主任。图斯克办公室的经济事务负责人则由德国经济学家克丽斯汀娜·约尔旦担任，她在欧盟委员会经济和货币部以及欧洲中央银行有工作的经验。图斯克办公室副主任是卢森堡人安德莱·吉利森，他原在欧盟委员会总秘书处工作。

为图斯克撰写发言稿的是英国人胡果·勃拉迪。勃拉迪曾在欧洲改革中心的思想库工作过。图斯克的新闻发言人是41岁的丹麦外交官帕莱本·阿曼，他曾是欧洲理事会前主席范龙佩新闻办公室的副主任。

在图斯克办公室工作的还有原在波兰外交部欧盟经济司工作的保罗·卡尔鲍夫尼克和波兰外交部部长秘书处副主任卡塔日娜·斯梅克，以及波兰前政府发言人和波兰公民纲领党的前总书记保罗·格拉什。

从图斯克新工作班子的组成来看，一是除波兰人外，全都是从欧盟各国选出的专家，且大都拥有在欧盟领导机构中工作过的经验；二是工作人员大多数来自欧盟中有较大影响的国家；三是波兰人不仅人数最多，且占据的职位也较为重要，都是图斯克信得过的人。这说明，图斯克既要继承欧盟前任领导人的工作方式，又要体现自己独特的工作风格。

1. 协调和妥协将是图斯克工作的主导思想

欧盟是当前世界上最大的、由各个主权国家组成的联合体，虽然有《里斯本条约》的制约，但各成员国主权的让渡仍有一定的限度，欧盟所有的重大决定都需要得到各成员国首脑的认可。这就要求欧洲理事会主席加以协调。所以，图斯克作为主席的工作任务不仅是主持每年几次欧盟和欧元区的峰会，以及参加欧盟与其他大国或国家组织的会议，而更多是要奔走在欧盟各成员国的首都之间，与各成员国的国家元首和政府首脑进行充分协调和磋商，寻求就一些关键问题作出妥协，以便能为每次欧盟峰会作出决定打下坚实的基础。因此，图斯克于2014年12月

1 日在接替范龙佩工作的交接仪式上，特别赞扬了范龙佩“建立妥协、寻找解决方法和建立互信的才能”，并称他是范龙佩在欧洲工作的最大崇拜者①。这充分表明，图斯克在其任职期间定会拿出十二分的努力，使出他善于协调和妥协的才能来完成他的新使命。

2. 加强与美国的关系仍是他今后工作的重要目标

图斯克非常重视对美关系，这从他在上任的头一天即与奥巴马通电话的急切心情就看得出来。他在通话中，首先向奥巴马表示，他非常重视欧盟与美国的关系②。图斯克和奥巴马都一致强调，他们在乌克兰冲突问题上的立场是共同的。他们都为乌克兰危机而感到不安，并肯定了他们至今所作的一切努力。虽然图斯克并不会采取一边倒的亲美政策，但他认为，美国是欧洲安全的保障，是遏制俄罗斯的主要力量。同时，他还表示，他将进一步推动欧美的自由贸易和投资伙伴协定的签订。

3. 促进欧盟内部团结是他在欧盟工作的最根本出发点

图斯克在担任波兰总理时，就处处以欧盟团结的维护者自居，无论是在制定《里斯本条约》，还是在落实 2014 ~ 2020 年欧盟的财政预算中，图斯克都充当了协调人的重要角色，并深得德国总理默克尔的称赞。当然，在波兰议会和百姓面前，他总是极力表白自己所做的一切，都是为了保证波兰在欧盟中的地位和利益。在这些协调行动中，图斯克确实深深体会到保持欧盟内部团结的重要性。然而，图斯克不得不承认，欧盟当前面临最严重的问题是欧盟内部团结问题。这既包含希腊的财政及新政府走向问题，也有英国声称要退出欧盟的问题，更有乌克兰

---

① Autor：dln，pk//plw，mtom/，W tych trudnych czasach Europa potrzebuje sukcesu，Źród ł o：PAP，tvn24. pl，01 grudnia 2014.

② Autor：pk，kg\ \ mtom，rzw/，Pierwszy dzień Tuska w nowej pracy. Rozmowa z Obamą i liczne spotkania，Źród ł o：tvn24. pl，PAP，01 grudnia 2014 .

危机这样的问题。所以，在图斯克正式接任欧洲理事会主席的当天，他就公开地强调欧盟内部团结的重要性。他说，欧盟要取得成功，就需要四个必备的基本因素，其中第一个因素就是需要“加强内部团结”①。他认为，这是欧盟的基本价值所在，不可动摇。因为只有欧盟内部有了团结，才能使欧盟战胜经济危机和建立“真正的经济与货币联盟”，才能使欧盟变得越来越强大。他一再强调，这是他来到布鲁塞尔工作的最基本的出发点。

五、强调欧盟与俄罗斯的关系要有共同战略

图斯克上任后，在他面临的诸多问题中，如何处理对俄关系仍是最突出的问题之一。众所周知，波兰对乌克兰问题最为敏感，也是乌克兰的坚定支持者。据称，对乌克兰危机的看法，图斯克与波兰前外长西科尔斯基有所不同。图斯克属稳健、务实派。但在乌克兰危机处理上，他与奥巴马的看法是一致的，同时还强调，不能以投降或牺牲乌克兰为代价来求得乌克兰的稳定与和平②。他清醒地看到，当前欧盟各成员国对俄关系及对俄制裁的看法有很大的差别，因此，他强调欧盟对俄要有一个共同的战略，否则，无法解决乌克兰问题。下一步是否加强或放松对俄制裁，图斯克不主张立即作出决定，这可能也是为什么图斯克没有邀请乌克兰总统波罗申科参加 2014 年 12 月 18 ~ 19 日的布鲁塞尔欧盟峰会并把讨论乌克兰问题安排在 18 日午餐时进行的主要原因。同时，图

① Autor: dln, pk//plw, mtom/, W tych trudnych czasach Europa potrzebuje sukcesu, Źród ł o: PAP, tvn24. pl, 01 grudnia 2014 .

② utor: nsz/, Tusk: Pokój na Ukrainie nie za cenę kapitulacji. Planu spotkania z Putinem nie mam, Źród ł o.

斯克还建议到2015年3月的欧盟峰会再讨论乌克兰问题[①]。在最近一段时间里，图斯克在处理欧盟与俄罗斯的关系时原则上不会有太大的变化。

图斯克虽然多次强调，范龙佩是他的楷模，但在工作实践中已开始显露出他与其前任不同的工作风格和做法。在他第一次主持的2014年12月欧盟峰会日程安排上，就体现了他自己的风格。如在图斯克的要求下此次峰会省略了冗长的结束语环节，在28国领导人8个小时的讨论后便宣告结束。而且，这次峰会的综合陈述也仅为两页半纸，与上次峰会的15页相比也确实令人惊讶[②]。关键是，此次峰会上欧盟各国领导人已同意了容克的投资计划，并决定保持对俄罗斯的现有制裁，峰会的主要目的已经达到。图斯克缩短会议的举措，赢得了大部分领导人，如德国总理默克尔的支持。但也受到一些人的质疑，如比利时人范豪夫斯塔德就批评峰会的综合陈述过于简单，认为图斯克是一个政治领袖，而不是外交家。因此，今后图斯克的工作风格能否为欧盟各国所接受，还有待观察。图斯克的上任为欧盟的改革和发展开创了一个新的机遇，但能否使欧盟顺利渡过这一艰难的时期，克服所面临的政治和经济危机，加强欧盟内部的团结以及与世界各个大国和国际组织的联系，这将是对图斯克的一个严峻考验。

---

① Autor：adso/，Tusk na zakończenie szczytu：Unia musi dostrzec własną siłę w relacjach z Rosją，Źródło. PAP，19 grudnia2014 .

② 邹越："欧盟理事会新主席推行开短会欧盟峰会8小时开完"，环球网，2014年12月19日。

波兰加入欧盟10年的成绩与问题

◎ 马细谱

波兰加入欧盟10年来，把握住机遇，社会政治稳定，经济迅速发展，对外贸易成倍增加，国力逐渐增强。波兰在欧盟的地位和作用不断提高，被誉为中东欧转型的“优等生”。波兰社会经济仍存在一些需要重视和解决的问题。近年来，中波经贸关系发展迅速，前景广阔。

2014年一开始波兰就举办了一系列庆祝活动，如加入北约15周年，举行自由选举25周年。5月1日是波兰加入欧盟10周年纪念日，波兰各界纷纷组织庆祝会和研讨会，总结入盟10年来的得失。波兰政界和学界多数人认为，波兰加入欧盟的选择是正确的，由此获益良多，已成为中东欧地区最大的欧盟基金受益国。近10年来，波兰较好地把握住加入欧盟的机会，社会政治稳定，经济迅速发展，对外贸易成倍增加，失业率和贫困人口不断减少，国力逐渐增强。波兰崛起，后来居上，被誉为中东欧转型的“优等生”。

马细谱，国务院发展研究中心欧亚社会发展研究所研究员。

一、波兰在欧盟的地位和作用不断提高

波兰加入欧盟10年来，欧盟对波兰的社会经济产生了深远的影响。10年前，为了达到加入欧盟的标准，波兰像其他申请国一样，进行了一系列包括社会、政治、经济、法律、市场等领域的改革。经过几年的努力，2004年5月1日，波兰同马耳他、塞浦路斯、匈牙利、捷克、斯洛伐克、斯洛文尼亚、爱沙尼亚、拉脱维亚、立陶宛一起，共10个国家正式成为欧盟成员国。这是欧盟历史上的第五次扩大，也是规模最大的一次扩大。扩大后的欧盟成员国从原来的15个猛增到25个，人口也从原来的3.8亿扩增至约4.5亿，使欧盟的国内生产总值增加约5%。这无疑是欧洲一体化进程中的标志性事件。它既使欧盟成为当今世界更加强大的一极，也使新成员国在欧盟的帮助下迅速发展。

2014年，波兰总统科莫罗夫斯基在纪念波兰加入欧盟10周年的会上说，加入欧盟在波兰发展道路上具有里程碑意义。波兰时任总理图斯克强调，10年间波兰取得历史性进步，值得引以为豪。参加庆典活动的市民表示，10年来波兰人的生活水平有了很大提高，基础设施建设也有很大改善，但仍面临诸多问题需要解决。

波兰时任外交部长西科尔斯基对波兰入盟以来的情况做了如下的回顾和评价。他说："10年前，波兰与另外9个国家加入了欧盟。入盟的可能性要归功于我们为达到成员国标准所付出的巨大努力。成为欧盟的一分子是因为我们进行了全面的改革，实际上自下而上地重塑了我们的国家。我们曾用不到10年的时间，建立了民主制度和自由市场经济——欧洲联盟的两个支柱。"他还指出，"入盟10年间，波兰的GDP飞涨了48.7%。即使在2008~2013年间全球金融危机最严重时，我们的经济还是增长了20%，在欧盟表现最好。2012年波兰的外国投资总量达

1789 亿欧元，几乎是 2003 年的 4 倍。入盟 10 年间，波兰增加了 200 万个就业岗位。”① 这些数字无可辩驳地说明波兰入盟以来的巨大变化和所取得的成绩。

入盟后波兰在欧盟和国际上的地位不断提升，影响力不断扩大，尤其是在中东欧地区的影响力明显加强，也得到了部分周边邻国的认可。波兰在由波兰、匈牙利、捷克和斯洛伐克参加的维谢格拉德集团中起着领导者的作用，在由德国、法国和波兰组成的魏玛三角中发挥着积极影响。波兰是欧盟“东方伙伴关系”的主要倡导者。

波兰在白俄罗斯、乌克兰、格鲁吉亚、摩尔多瓦以及科索沃等问题上发挥着自己的独特作用，承担了欧盟传声筒和联系人的角色。波兰认为，加入欧盟使它有精力和有能力去关心更多的地区安全问题。波兰主动参与欧洲以外的由美国主导的军事行动，包括积极支持美国在中东和西亚、北非地区的军事行动，并向阿富汗派出了自己的军队。

加入欧盟前，波兰曾经担心丧失独立性、国家尊严和利益受到损害，但入盟 10 年来，波兰在欧盟的活动中学会了更好地保护自己的利益，在欧盟的重大决策中和欧洲议会里，越来越感到既要维护本国的利益，又有责任推动欧洲一体化进程。波兰成为欧盟成员国中活跃的一员，威望不断提高。入盟 10 年，波兰在欧盟的地位和角色已经发生变化。10 年前，波兰刚刚入盟时，波兰是学生，认真学习欧盟的法律、规章制度和运行机制。有些欧盟老成员国因为自身的经济实力和悠久历史，不习惯听取包括波兰在内的新成员国的声音。随后不久，在 2008 年的经济危机中波兰表现突出，成为唯一保持稳定增长的国家。特别是 2014 年 8 月底，波兰总理图斯克当选为欧洲理事会主席，这既是对波兰在欧盟中的影响日益增长的承认，也是中东欧新入盟成员国 10 年努力的结果。这还说明在欧盟事务中，波兰也彻底改变了前几年“欧盟麻烦

① 转引自中国国际广播电台主办《琥珀》，2014 年第 2 期，第 7 页。

制造者”的形象，成为欧盟一体化思想的积极维护者和推销者。目前，波兰在欧盟中的地位和作用要比前几年重要许多，“这不仅仅是因为我们经济的增长，也因为我们积极地投入到欧盟的政治活动中去”①。

二、波兰的经济发生巨大变化

入盟前波兰担心入盟可能成为纳税者，得不到好处。但成为欧盟成员后，波兰是接受欧盟资金援助的主要国家，是最大的受益国之一。根据波兰与欧盟达成的协议，2004~2006年，波兰从欧盟获得的各项援助资金和补贴计有192亿欧元，几乎占同期入盟的10个新成员总共获得的409亿欧元的一半。从2004年5月到2013年底，波兰共获得欧盟各种援助基金超过700亿欧元（亦说614欧元）。目前，波兰是欧盟成员国中规模较大的一个建筑市场，很多工程项目都得到欧盟基金的支持。这些资金帮助波兰改善了过去落后的基础设施、电信、道路、交通工具等，从而有利于加速波兰的发展步伐，促使其经济持续增长。

波兰是欧盟的重要投资地。对于欧盟老成员国来说，10国入盟带来的是巨大的投资机遇。新入盟10国的经济基础都比较薄弱，而老成员国大都经济实力较强，将从对新成员国进行的投资和贸易中获得诸多的好处。欧盟认为，波兰是中东欧地区最好的投资目的地。从2004年起，外国在波兰的直接投资已超过4050亿兹罗提。最近10年，外国对中东欧地区的直接投资有1/3进入了波兰。

波兰加入欧盟后，与其他成员国的贸易往来也大幅增加。在入盟前的2003年，波兰与欧盟的贸易额只有135亿兹罗提（约合45亿美元），而2013年双边贸易额超过了1000亿兹罗提（约合330亿美元），增长

① 转引自波兰驻华大使塔德乌什·霍米茨基的讲话，《琥珀》，2014年第2期，第10页。

了7倍多。波兰农产品在欧盟市场受到普遍接纳和欢迎。在对欧盟贸易方面，波兰成为中东欧新成员国向欧盟出口增加最快、最多的国家，波兰已占整个中东欧欧盟成员国向欧盟出口的27%。2012年波兰全年出口1420亿欧元，进口1517亿欧元，贸易逆差97亿欧元。波兰出口额中有70%出口到欧盟，进口额中有60%来自欧盟。

入盟还促进了波兰的人才成长。为了鼓励欧盟内非英语国家尤其是新加入欧盟的成员国的人才发展和流动，欧盟专门设立教育发展基金，鼓励学习外语，向愿意学习外语的青年人和成年人免费提供学习外语的机会。但是，在高报酬的诱惑下，波兰一大批年富力强、受过良好教育的年轻人离开波兰到他国就业。据不完全统计，截至2011年底，共有201万波兰人在国外打工，其中在欧洲打工的有171万人。大量有知识、有劳动能力的年轻人外出打工，造成了国内高层次劳动力的短缺，也造成了劳动力人口比例的不平衡。

基于上述条件，波兰加入欧盟的最大好处是经济获得持续发展。1989年波兰制度剧变时，国家几乎面临破产的边缘。工业生产处于停顿状态，农业生产效率低下，公共交通落后，物价飞涨。当时的经济情况并不比其他东欧国家和邻国乌克兰好多少。20世纪90年代初，经历颇受争议的“休克疗法”，波兰开始步入正轨。改革的过程是漫长而又痛苦的，波兰虽然经过了几年的经济衰退期，但这正是波兰经济好转的起步点。

据波兰权威部门统计，波兰在2004年加入欧盟后，其GDP每年平均增长率达到4%以上。近10年GDP增长了48.7%，提高了将近一半。这种速度远远高于欧盟其他新成员国和欧盟的平均速度。唯一能与波兰比肩的是斯洛伐克。如果以2013年的GDP为100，那么2004年至2013年中东欧欧盟成员国的增长情况如下：匈牙利的增长率最低，为9%，欧盟27国平均增长率为11%，斯洛文尼亚为14%，捷克为28%，爱沙尼亚为33%，立陶宛为33%，保加利亚为34%，罗马尼亚为37%，拉脱维亚38%，波兰为49%，斯洛伐克为49%[①]。

波兰成功经受了2008年世界经济金融危机和2010年欧债危机的考验。2009年，波兰是欧盟中唯一实现经济正增长的国家（+1.7%）。2010年，波兰经济再创佳绩，继续增长3.8%，增速位居欧盟各国之首。2011年，欧盟主要国家都笼罩在欧债危机的阴霾下，而波兰经济仍继续保持较快增长的势头。据称，在2008~2011年中，整个欧洲的经济下降了60%，而波兰则增长了16%。因此，波兰逐渐成长为中东欧乃至整个欧盟经济的新领头羊，这无疑提高了波兰在整个欧盟的地位和作用。

随着经济迅速增长，2003年波兰人均GDP（按购买力平价计算）只有欧盟人均GDP的48.8%，而到2012年已经达到66.9%，9年之内增长了18.1个百分点。2005~2012年波兰濒临贫困的人口减少到700万，其中130万已经摆脱贫困。波经济部预计2022年波兰人均GDP将达到欧盟平均水平的80%，届时波兰将成为全世界最富裕的20个国家之一。

波兰货币政策稳定，物价波动保持在可控范围。到2013年年中，波兰央行货币政策调控委员会一直采取措施降低利率，同时维持实际利率为正从而刺激储蓄。近年来，波稳定的利率政策使得波境内企业运营更加合理向好。2014年年中，CPI指数维持在较低水平，降到0和0以下。预计到年底将逐渐回升至2.5%。波兰学者指出，由于央行推行稳定金融系统的政策，所以与西欧发达经济体相比，国际金融危机仅对波兰产生了较小的影响。

2011年起，波兰与欧盟的发展鸿沟在逐渐缩小。2005年到2007年，波兰经济增长速度年均超过5%，投资每年增加12%~14%，通货膨胀保持在3%~4%左右，进出口增长率大约为8%~9%。剧变早期的斯洛文尼亚被誉为改革的优等生。但近年来，它已落后于波兰。2013

① 本文中的一些重要数据，如经济增长速度、国内生产总值、进出口贸易、外国直接投资等，均见波兰外交部主编：《波兰与欧盟——波兰入盟10周年报告》（10 *PLUE Polskie 10 lat w Unil RAPORT*），华沙，2014年版。

年，斯洛文尼亚人均 GDP 为欧盟平均水平的 83%，比上一年降低 1 个百分点，个人消费水平为欧盟平均水平的 77%，下降 2 个百分点。斯洛文尼亚与欧盟的差距有所拉大①。波兰则正在缩小。

据 2014 年 7 月波兰报纸报道，目前 100 万波兰货币兹罗提约合 24 万欧元。据最新数据统计，2013 年波兰有百万富翁 14700 多人，比 2012 年增加了 1200 多人，即增加了 9%。全国有超过 2500 名百万富翁居住在首都华沙。首都所在地的马佐夫舍省平均每 10 万居民中有 75 个百万富翁，排名第二的是克拉科夫市所在的小波兰省，平均每 10 万居民中有 42 个百万富翁。如果比较 7 年前的统计数字，2013 年波兰百万富翁增加了 3000 多人②。

波兰经济部预测 2014 年第二季度 GDP 增速为 3.1%，比第一季度的 3.4% 有所放缓，全年 GDP 增速预期为 3.3%，失业率预期从 13.5% 下调至 12.3%，通胀率预期从 1.2% 下调至 0.3%。

据波兰统计局材料，2014 年头 5 个月，波兰对外贸易出口 667.5 亿欧元，同比增长 7%，进口 666.9 亿欧元，同比增长 4.8%，贸易顺差为 6470 万欧元。波信息与外国投资局局长马伊曼说，2014 年头 5 个月波成功引入的外国投资已超过上年全年总额。波兰计划从 2015 年起提高最低月工资 4.2%，即从目前的 1680 兹罗提，提高至 1750 兹罗提，约合 3500 元人民币。

总之，波兰入盟后国家经济发展进入了一个新时期。许多波兰人认为，进入欧盟是美好生活的开始。波兰人算了一笔账，如果波兰不加入欧盟，2013 年的人均 GDP（按购买力平价计算）比欧盟 2009 年 27 国人均 GDP 低 11%；2013 年的对欧盟出口会减少 1640 亿兹罗提，即减少 25%；2004 ~2013 年的外来投资会减少 2000 亿兹罗提，就业机会将减

---

① 《欧洲时报》（中东欧版），2014 年 7 月 4 日，总第 861 期，第 5 版。

② 引自波兰华人青年联合会主编：《欧洲青年报》，第 6 版。

少10%，失业率会攀升至38%，即失业人数会多出50万。经济发展会比目前缓慢得多。

根据对18个欧洲国家共17万名经济人士的调查结果，华沙的商业环境在37个欧洲城市中位居第三。评价指数包括经济环境、基础设施及生活质量等。与其他城市相比，华沙在中小企业融资可得性、劳动法规弹性等方面表现突出。也就是说，波兰稳定的政治、经济和财政环境以及高素质人才成为新的竞争优势。

三、波兰社会经济仍存在一些问题

第一，波兰与欧盟的关系问题。近年来，中东欧新成员国与欧盟的关系并不融洽。这里既有老成员国的抱怨，也有新成员国的不满。一些老成员国担心，如果新成员国加入欧盟后的经济增长短期内无法达到欧盟的理想水平，经济发展水平的差异及东西欧国家的居民收入差距过大很可能导致大量中东欧地区移民涌入西欧发达国家，对西欧国家福利体系造成过大压力。同时，欧盟新成员国劳动力市场很大，而劳动成本却远远低于欧盟老成员国，如果东欧技术工人大量向西欧输出或是大量就业机会和资金向东欧转移，有可能造成一些老成员国的失业率上升。另外，新成员国入盟对欧盟决策进程的影响也不容忽视，它们希望拥有更多的发言权。原有的15个老成员国在欧盟决策过程中已常常出现议而不决的现象，一个拥有28个成员国的欧盟要就重大问题取得共识甚至采取一致行动将更加困难。同时，欧盟也不是人们想象得那么美好。入盟国的期望值过高，社会发展水平和生活水平的提高不可能很快实现，新老成员国之间的差距在继续扩大。所以，面对严酷的现实，近年来疑欧论有所抬头。

第二，欧盟现有28个成员国，很难统一为一个声音，很难形成共同的政策。在共同的农业政策、共同的能源政策、共同的外交政策（包括最近的乌克兰危机）等问题上摩擦不断。多数经济学家认为，波兰今后的经济发展在很大程度上将取决于欧元区经济形势的发展。但波兰认为，它之所以成功避开了欧债危机的冲击，是因为坚持独立的货币和金融政策。所以波兰人庆幸没有加入欧元区。就目前来看，波兰约有 2/3 的民众反对加入欧元区。波兰何时能够加入欧元区还很难回答，因为废除波兰货币兹罗提需要修改宪法。这是近期内做不到的事情。

第三，波兰经济的主要问题是：最近几年经济增长速度较低，以及居高不下的失业率。

第四，有的经济学家认为，未来波兰经济面临的最大挑战是中等收入陷阱。波兰人普遍不习惯存款和投资，看中消费。这导致“2004～2011 年国内生产总值中的储蓄率只有 17%，而投资率只有 21%，都未达到欧盟平均水平”①。波兰的经济转型尚未完成，还有很多的部门需要重组，如农业部。波兰的交通等基础设施需要进行建设和完善，一些大型的国有企业需要现代化重组。尽管有人认为“波兰的黄金时代已来临”，但国家的发展任重而道远。

第五，乌克兰危机将使波兰经济遭受重大损失。波兰是欧盟第六大食品生产国，2005～2010 年食品行业年均增长 4.7%，2013 年波农产品食品出口达 200 亿欧元，占波出口总额 13%。据波经济部预测，波兰 2014 年对乌克兰和俄罗斯出口将分别下降 40% 和 20%；波兰在乌克兰和俄罗斯约有 150 家大型企业，造成的损失肯定是巨大的。2013 年波兰对俄出口果蔬 4.32 亿美元，占波果蔬出口总量的 54%。如果俄罗斯继续对其他食品也实施禁运，由此造成的损失可高达 7 亿美元。由于对俄罗斯和乌克兰的出口下降，尤其是苹果等农产品出口锐减，全年外贸总

① “波兰已踏入‘黄金时代’”，波兰华人青年联合会主编：《欧洲青年报》，2014 年 7 月 4 日，第 3 版。

额将明显减少。波兰和波罗的海三国已向欧盟总部提出请求，补偿其因俄反制措施而遭受的损失，但欧盟的杯水车薪解决不了问题。

四、中波经贸关系发展前景广阔

波兰在中东欧地区，无论领土面积还是人口都是最大的，它的影响力和在国际事务中的作用也都是重要的。近年来，中波两国高层交往不断，各省市政府间的交流与合作也非常频繁，良好的政治基础促进了双方经贸关系平稳发展和合作领域的不断拓宽。本来，波兰是对中国经贸合作开放相对比较晚的国家，但随着中国的经济实力和国际影响力的不断提升，波兰也在调整对中国的开放程度。中方在实施“新丝绸之路规划”，波方则推出了“走向中国”计划。两国在煤炭、能源、电信、基础设施、农产品、食品加工等领域存在较大合作空间。双方正在文化、教育、技术等各个领域全面合作。过去几年，中波关系得到了迅速发展。2011年12月波兰总统科莫罗夫斯基访华，2012年中国总理温家宝访问波兰。2013年在波兰格但斯克举行了中波地方合作论坛。

中波关系是中国中东欧关系和中国欧盟关系的一部分，是平行一致的。过去几年中国与欧盟已经建立了战略伙伴关系，在经贸关系方面有了迅速发展。同样中国和波兰的关系既是老朋友关系，又是新型战略伙伴关系。波兰看重双边友好合作关系，为中国和中东欧领导人会晤作出了重要努力和贡献。

在中东欧国家与中国的合作中，波兰肩负着重要的使命和义务。在经济贸易方面，波兰始终是中国在中东欧地区最大的贸易伙伴，两国贸易额稳步增长。波兰政府和商界领袖也高度重视发展与中国的关系。波兰政府建立了一套特殊机制，鼓励企业与中国开展合作。波兰建立了波兰—中国经济合作中心，以帮助中国投资者顺利进入波兰市场。目前，波兰政府“走向中国”特别项目已启动，将鼓励更多的波兰企业前往中国。

据波方统计，在对华贸易方面，2012 年波兰向中国出口 14 亿欧元，占波兰全年总出口额的 1%，从中国进口 136 亿欧元，占波兰全年总进口额的 9%。中国排在德国和俄罗斯之后为波兰的第三大进口来源地。据中方统计，2013 年双边贸易额达到 148 亿美元。

波兰既是中国在中东欧地区最大的经济伙伴，也是中国企业进入欧洲的桥头堡。广西柳工、湖北三环集团等实体企业已进入波兰，中国银行、中国工商银行已落户华沙，中水电、中国电力工程集团、新希望集团、武汉烽火等相继进军波兰，都在利用波兰的良好发展潜力，展示中国公司的实力。

除经贸领域外，在文化、教育、科技、体育、军事等其他方面的合作也在不断深化。2014 年 8 月中国火箭帮助发射了波兰的卫星。中波文化交流和教育合作也起了重要变化。尽管从总体上讲，留学波兰的人数偏低，不能和西欧相比，但到波兰的中国留学生在过去 3 年翻了一番。

波兰具有诱人的经济发展前景，地理位置上的优越性使波兰成为中东欧市场的最佳入口。波兰作为中东欧最大的经济体，消费人数 3800 万，比捷克、斯洛伐克和匈牙利三个国家总和还要多。波兰信息和外国投资局局长马伊曼指出，世界银行发布的最新报告显示，波兰经济正处于历史上最佳时期。经济发展、社会文明、生活幸福，波兰在这些领域引领欧洲繁荣的梦想不再遥远。中华民族伟大复兴的中国梦，与波兰梦有异曲同工之妙。波兰人民愿同中国人民携手，共同为实现梦想而努力。在国家自强与发展的道路上，波兰与中国均致力于务实合作。中国正重新认识曾经沉睡的中东欧，针对该地区国家制定全新的政策。中国正优雅地来到中东欧[①]。

---

① 马伊曼：“中国优雅地来到中东欧”，《人民日报》，2014 年 1 月 8 日，第 3 版。